Manfred Flügge

Das flüchtige Paradies

atb aufbau taschenbuch

Manfred Flügge, geboren 1946, studierte Romanistik und Geschichte in Münster und Lille. Von 1976 bis 1988 war er Dozent an der Freien Universität Berlin. Heute lebt er als freier Autor und Übersetzer in Berlin.

Veröffentlichungen (Auswahl): »Gesprungene Liebe. Die wahre Geschichte von ›Jules und Jim‹«, »Die vier Leben der Marta Feuchtwanger«, »Stéphane Hessel – ein glücklicher Rebell«, »Das Jahrhundert der Manns« und zuletzt »Stadt ohne Seele. Wien 1938«.

2014 erhielt er den »Literaturpreis Hommage à la France der Stiftung Brigitte Schubert-Oustry« und in Cognac den Prix Jean Monnet du Dialogue Européen.

Sanary-sur-Mer: Die verträumte Hafenstadt an der Côte d'Azur wird zwischen 1918 und 1940 zu einem Kulturzentrum von europäischem Rang. Maler, Fotografen und Schriftsteller lassen sich hier nieder, viele von ihnen Emigranten aus Deutschland und Österreich. Den besonderen Charme der Küste hatten zunächst englische Autoren wie Katherine Mansfield, D. H. Lawrence und Aldous Huxley entdeckt. Dann kamen französische Maler wie André Masson und Moïse Kisling, aber auch deutsche Künstler wie Rudolf Levy, Walter Bondy und Anton Räderscheidt. Nach 1933 wurde Sanary zur »Hauptstadt der deutschen Literatur im Exil«. Den Ruhm des Ortes mehrten Thomas Mann und die Seinen, Heinrich Mann, Bertolt Brecht, Lion Feuchtwanger, Franz Werfel, Alma Mahler-Werfel, Bruno Frank, Franz Hessel und viele andere. Sie alle waren wider Willen in diesem südlichen Paradies, als Vertriebene und Ausgebürgerte. »Wir waren in dem Land, in dem sich Gott am wohlsten fühlte«, schrieb Ludwig Marcuse. »Alles war azurblau, nur nicht unser Gemüt [...]. Wir waren im Paradies – notgedrungen.«

MANFRED
FLÜGGE

DAS FLÜCHTIGE PARADIES

DEUTSCHE SCHRIFTSTELLER IM EXIL AN DER CÔTE D'AZUR

atb aufbau taschenbuch

Erweiterte Ausgabe des 2008 im Aufbau Taschenbuch Verlag erschienenen Bandes »Das flüchtige Paradies. Künstler an der Côte d'Azur«

Mit 50 Abbildungen

MIX
Papier aus verantwortungsvollen Quellen
FSC® C083411

ISBN 978-3-7466-3579-8

Aufbau Taschenbuch ist eine Marke der Aufbau Verlag GmbH & Co. KG

1. Auflage 2019

Umschlaggestaltung U1 berlin, Patrizia Di Stefano
unter Verwendung eines Motivs von © ullstein bild – Roger Viollet
Satz und Reproduktion LVD GmbH, Berlin
Druck und Binden CPI books GmbH, Leck, Germany
Printed in Germany

www.aufbau-verlag.de

Inhalt

in memoriam Camille Bondy
(28. 11. 1910 – 25. 12. 2009)

Camille Bondy im Jahr 2005.
(Foto: Nathalie Huet)

Sanary-sur-Mer, um 1925.

Wintermärchen mit Palmen
Die Odyssee einer Heine-Statue

> »Über die Zeitereignisse sage ich nichts; das ist Universalanarchie, Welt-Kuddelmuddel, sichtbar gewordener Gotteswahn.«
>
> Heinrich Heine, 1848

»Wo wird einst des Wandermüden / Letzte Ruhestätte sein? / Unter Palmen in dem Süden? / Unter Linden an dem Rhein?«, fragte sich Heinrich Heine schon in einem frühen Gedicht. Und doch schien ihm die Antwort nicht so bedeutsam zu sein, Gottes Himmel umgebe ihn überall, jeder Ort auf der Welt würde von den Sternen beschienen. Das klingt gefasst, ja ergeben, aber es war doch nur die Ahnung, dass in seiner Nachgeschichte wie schon in seinem Leben von Ruhe und Ankommen keine Rede wäre.

Heine ist der Schutzpatron aller deutschen Künstler und Autoren, für die Frankreich bedeutsam wurde als geistige und ästhetische Inspiration wie als politische Zuflucht. Auf dem Pariser Friedhof Montmartre schaut sein melancholisch geneigtes Haupt von einer Stele auf seine Grabstätte herab. Ein dänischer Bildhauer hat dieses schöne Werk geschaffen, das auf die bange Frage des Dichters eine Antwort zu geben scheint. Aber eine andere Heine-Statue desselben Künstlers brachte eine wahre Odyssee hinter sich, die auf ihre Weise die deutschen Widersprüche, Sonderwege und Katastrophen spiegelt, auch die Vertreibung und die unmögliche Heimkehr der deutschen Künstler, die selbst in der Fremde den Traum von einem besseren Deutschland nicht aufgegeben hatten und der deutschen Sprache die Treue hielten.

Auch Statuen haben ihre Exilgeschichten, wie jene, die Kaiserin Elisabeth von Österreich (1837–1898; im Kreis der Ihren Sisi genannt, auf den Leinwänden der Welt aber Sissi) zu Ehren ihres Lieblingsdichters aufstellen ließ. Die einstige bayerische Prinzessin war eine rastlose Reisende; auch die Côte d'Azur hat sie mehrfach besucht, wo sie die Bucht von Villefranche und Cap Martin bei Menton besonders schätzte. Ihre letzte Ruhestätte würde die Kapuzinergruft in Wien sein, das wusste man von vornherein, ihren gewundenen Lebensweg und ihr tragisches Ende konnte niemand ahnen.

Die Kaiserin war nicht nur eine Spitzensportlerin (im Geländereiten), sie war auch eine Dichterin. Ihr Vorbild war Heinrich Heine, dem sie in ihren Versen nacheiferte, die sie kaum jemandem zeigte. Dass Heine immer wieder das Objekt von Hasskampagnen wurde, focht sie nicht an; auf die öffentliche Meinung gab sie ohnehin nichts. Und so engagierte sie sich, als im Jahre 1887 in Heines Geburtsstadt Düsseldorf ein Denkmalsstreit entbrannte. Der Genie- und Denkmalkult, der bald nach der Franzosenzeit in Mitteleuropa entstanden war, erreichte nach der Reichseinheit 1871 einen Höhepunkt. Wie es um dieses Reich bestellt war und welche düsteren Wolken hier schon aufzogen, wurde durch die Auseinandersetzung um Heine grausam deutlich.

»Mein Ruhm schläft noch in den Marmorbrüchen von Carrara«, schrieb Heine schon 1826. Sein eigentliches Denkmal sei das stattliche Haus seines Verlegers Julius Campe in Hamburg, den der Erfolg seiner Gedichtbände reich gemacht habe. Campes Haus sollte zum Schauplatz in der Geschichte von Heines Bildnis werden.

In Düsseldorf bildete sich im Herbst 1887 ein Komitee für die Errichtung eines Heine-Denkmals, zu dessen 28 Mitgliedern auch der Bürgermeister Ernst Lindemann gehörte. Man wollte den Dichter der Liebesgedichte und Balladen ehren und alles Politische, vor allem die Preußen-Kritik, heraushalten. Der Dichter Paul Heyse warb für die Statue, indem er die Düsseldorfer bat, Heines menschliche Makel zu vergessen – eingedenk dessen, »was heute von ihm noch in deutscher

Das 2011 restaurierte Heine-Denkmal im Parc Fréderic Mistral,
Le Mourillon, Toulon.
(Foto: Bernard Hannotin)

Sangeslust und deutschem Sangesschmerz durch die Saiten unserer vaterländischen Harfen rauscht«. Nationalisten und Antisemiten konnte solche Entpolitisierung freilich nicht besänftigen.

Die österreichische Kaiserin trat dem Komitee bei und war bereit, sich an den Kosten zu beteiligen. Sie schrieb Verse, in denen sie für den Plan warb, dem Dichter unsterblicher goldener Lieder den Dank »eines ganzen Volkes« abzustatten. Doch das Volk erwies sich als undankbar. Die Gegner lancierten wütende Pamphlete. Das Sündenregister des Dichters sei lang: Er habe alles Heilige verspottet, sei vaterlandslos gewesen, habe Napoleon verehrt und Frankreich geliebt, sei ein politischer Querulant und überhaupt ein viel zu sinnlicher Bursche gewesen. Und natürlich vergaß man nicht, dass er ein Jude war; Heine selbst hatte vom »nicht abzuwaschenden Juden« gesprochen. Wiener Hetzblätter schrieben, nur Juden und Judenknechte könnten sich für diesen schamlosen Menschen begeistern. Ein Artikel aus jenen Tagen nannte Heine den »Schmutzfink im deutschen Dichterwalde«. Heinrich von Treitschke bezeichnete seine Zeitgedichte als »blödsinniges Wutgeheul jüdischen Hasses«, Juden in andern Ländern hätten ihre Heimat nicht so mit Dreck beworfen (sie hatten wenig Grund dazu, und Wutgeheul machten doch nur Leute wie er, die nicht einsahen, dass die »National-Servilisten«, wie Heine sie genannt hätte, Deutschlands wirkliches Unglück waren). Aus Düsseldorf wandte man sich sogar an Fürst Bismarck in Berlin, der aber ließ wissen, er schätze den Dichter, man möge nicht vergessen, dass neben Goethe nur Heine als gleichrangiger Liederdichter genannt werden dürfe.

Albert Wolff schrieb im April 1888, Heine werde noch lange nach seinem Tod vom Hass der schwachköpfigen Reaktion verfolgt, die sich auf die Dummheit der Menschen stütze. Diesen Artikel druckte auch *Le Figaro* in Paris. Die Schriftsteller Émile Zola und Alphonse Daudet sprachen sich für das Denkmal aus, der Antisemit Édouard Drumont polemisierte gegen die Judenliebe mancher Herrscher (womit er Sisi meinte). In Deutschland war oft zu hören, ein Heine-Denkmal gehöre eher nach Frankreich.

Der Kunsthistoriker Franz Sandvoss nannte Heine einen »Pfahl in unserem Fleische«, er sei »der Prototyp des modernen entarteten Judentums«, eine Heine-Statue wäre eine »Schandsäule für das deutsche Volk«. Einer der Abonnenten der Zeitschrift *Der Kunstwart*, die diese Schmähschrift druckte, kündigte erbost: Friedrich Nietzsche. Für ihn war Heine wie nur wenige Deutsche ein europäisches Ereignis. »Den höchsten Begriff vom Lyriker hat mir Heinrich Heine gegeben. Ich suche umsonst in allen Reichen der Jahrtausende nach einer gleich süßen und leidenschaftlichen Musik. Er besaß jene göttliche Bosheit, ohne die ich mir das Vollkommene nicht zu denken vermag.« Das schrieb Nietzsche 1888 in *Ecce Homo*.

Im Juli 1888 stimmte der Stadtrat in Düsseldorf ab: 11 Stimmen für ein Heine-Denkmal, 11 dagegen. Zwar gehörte Bürgermeister Lindemann zu den Befürwortern, doch in der Sache änderte sich nichts. Das lag auch daran, dass der österreichischen Kaiserin die Entwürfe von Ernst Herter nicht gefielen. Er hatte einen Brunnen vorgeschlagen, dessen Mittelsäule von einer Loreley-Figur gekrönt wurde. Ein Abbild Heines war nur als Relief auf dem Säulenschaft vorgesehen, dafür spielten im Wasser drei nackte Nixen – als Verkörperung von Lyrik, Melancholie und Satire. Im Januar 1889 hieß es aus Wien, der Kaiser und die Kaiserin wollten nicht mehr in Zusammenhang mit dem Projekt genannt werden. Hatte sich Sisi der Staatsräson oder politischem Druck gebeugt? Sie hatte eigene Pläne, die sie in aller Stille verfolgte.

Der fruchtlose Streit in Düsseldorf dauerte noch einige Jahre. Schließlich zog sich der Bürgermeister aus dem Komitee zurück. Inzwischen plante man ein Denkmal für die Gefallenen des Deutsch-Französischen Krieges von 1870/71, was natürlich als Gegenaktion zu dem Heine-Plan gedacht war. Der sterbende

Soldat mit Löwe, entworfen von Carl Hilgers aus Berlin, wurde zügig erstellt und ist noch heute zu sehen. Eine Zeitung in Wien resümierte: »Uns scheint, Heines Denkmal wird wie der ewige Jude ohne Ruhe und ohne Rast wandern müssen.« Die Antisemiten sorgten dafür, dass es so kam.

Der von Sisis Absage enttäuschte Herter warb weiterhin für seine Entwürfe. Interesse regte sich in Kreisen deutscher Auswanderer in New York. Schließlich gab der Gesangsverein Arion, beheimatet in der Bronx, damals ein Deutschen-Viertel, bei Herter den von ihm entworfenen Loreley-Brunnen in Auftrag. Am 8. Juli 1899 wurde die »Lorelei Fountain« an der Ecke Mott Avenue/161. Straße Ost eingeweiht. Viele deutsche Vereine waren mit ihren Fahnen aufmarschiert, heimatverbunden und patriotisch ehrte man den Dichter.

Aber auch in New York erlebte dessen Abbild keine stillen Tage. Der Frauenvereinigung der Christian Temperance Union missfielen die nackten Nymphen, die sehr bald beschädigt wurden, so dass man Polizisten mit der permanenten Bewachung beauftragen musste. Um 1960, als jene Ecke der Bronx zum Viertel für arme Latinos geworden und reichlich heruntergekommen war, hatte auch der inzwischen weiß übermalte Brunnen, oder was von ihm übrig war, schwer zu leiden. Zwischen 1997 und 1999 wurde er mit Spendengeldern restauriert und neu aufgestellt, fordert seither aber immer wieder die Graffiti-Aktivisten heraus.

Zurück zu Sisi. Ihr Eintreten für Heine trug der Kaiserin eine Hetzkampagne in der völkischen und nationalistischen Presse ein, nur die liberale Presse rühmte ihr Engagement. Als Antwort an die Gegner ihrer Initiative (darunter wohl auch ihr kaiserlicher Gemahl Franz Joseph) schrieb sie ein Gedicht, in dem sie ihre Kritiker mit bellenden Hunden verglich. Es sollten noch manche Hunde bellen in dieser Sache, aber Sisi ließ sich davon nicht beeindrucken. Ihre unbegrenzten finanziellen Mittel machten sie unabhängig. Sie empfing einen Verwandten

Heines und ließ sich sagen, welches der erhaltenen Porträts dem Dichter am ähnlichsten sei.

Ein österreichischer Konsul hatte die Kaiserin 1888 auf eine alte Villa mit Park auf der Insel Korfu aufmerksam gemacht. Sisi erwarb das Terrain und ließ dort einen Palast mit 128 Zimmern bauen, den sie Achilleion nannte. Sie holte Herters Büste des Sterbenden Achill aus dem Park von Schloss Lainz nach Korfu und ließ sie dort aufstellen. Sie habe diesem Helden ihren Palast geweiht, erklärte sie ihrem Griechischlehrer und Vertrauten Constantin Christomanos, »weil er für mich die griechische Seele personifiziert und die Schönheit der Landschaft und der Menschen. [...] Er war stark und trotzig und hat alle Könige und Traditionen verachtet und die Menschenmassen für nichtig gehalten [...]. Er hat [...] nur seinen Träumen gelebt, und seine Trauer war ihm wertvoller als das ganze Leben.« In diesem trotzigen und tragisch früh gestorbenen Helden spiegelte sie sich selbst. Im Garten sollte auch die Statue ihres Lieblingsdichters einen würdigen Platz finden. Sie griff auf einen Entwurf zurück, den der dänische Bildhauer Hasselriis 1873 in Leipzig publiziert hatte.

Louis Hasselriis (1844–1912) wurde in Hillerød geboren, einem kleinen Ort nördlich von Kopenhagen. Er studierte an der dänischen Akademie von 1859 bis 1866 und lebte seit 1869 in Rom. Bis zu seinem Lebensende stellte er immer wieder in Kopenhagen aus, wo man heute noch viele seiner Werke sehen kann, andere befinden sich in Dresden, Oslo und Stockholm. 1879 schuf er eine Figur von Søren Kierkegaard (die heute vor der Königlichen Bibliothek in Kopenhagen steht), 1880 eine von Hans Christian Andersen für dessen Geburtsstadt Odense sowieso ein Kolumbus-Monument und 1903 eine Shakespeare-Statue. 1897 errichtete er eine monumentale Dänemark-Allegorie, die heute in einem Park in Kopenhagen eher versteckt wird.

Sein Heine-Entwurf zeigt nicht den schneidigen jungen Sänger der Liebe, sondern den »Lazarus«, den Leidenden der letzten Jahre, der die schmerzlichen Erfahrungen seines Lebens – politische Verfolgung, Zensur, Bespitzelung und schwere Krankheit – in Verse bannte. Im ersten Entwurf hält der im Hausmantel dasitzende Dichter die Masken der Musen des Tragischen und des Komischen in den Händen. In der für Sisi ausgeführten Fassung ist das Haupt nach unten geneigt, die rechte Hand liegt mitsamt der Schreibfeder auf dem Schoß, während die linke neben der Lehne schwebt und ein Blatt mit vier Versen hält: »Was will die einsame Träne? / Sie trübt mir ja den Blick – / Sie blieb aus alten Zeiten / In meinem Auge zurück.«

Die Marmorstatue mit einem Gewicht von 2250 Kilogramm und einer Höhe von 1,60 Meter wurde in Rom gefertigt, trat ihre erste Schiffsreise an und erreichte im September 1891 ihren Bestimmungsort auf der Adria-Insel. Vom Meer her sah man die weitläufige Anlage, man durchschritt ein Tor und stieg dann sachte aufwärts zu dem Hügel, den ein von sechs Säulen getragener Tempel krönte, dessen Dach eine Nike mit Lorbeerkranz zierte. In diesem kleinen Heiligtum wurde die Heine-Statue aufgestellt. Constantin Christomanos beschrieb sie so: »Sein Anblick ist immer erschütternd: In der Ewigkeit dieser Umgebung das Denkmal der Vergänglichkeit, die als solche ewig ist.« Die Kaiserin war glücklich: »Heine selbst würde mit diesem Platz zufrieden sein … Denn hier ist alles, was er liebte! Die schöne Natur, der lachende Himmel über sich, die prächtige Umgebung, Palmen, Zypressen und Pinien. Dort die Gebirge und hier unten das Meer, das er so liebte, diesen einzigen, labungsvollen Frieden.« Der Frieden war von kurzer Dauer.

Seinem Wunsch gemäß war Heinrich Heine, der sich ausgemalt hatte, wie er in Paris als Gespenst fortleben würde, nicht auf dem Friedhof Père Lachaise beigesetzt worden (auf dem Ludwig Börne ruht), sondern auf dem kleineren Friedhof von Montmartre (auf dem sich das Grab von Mozarts Mutter befindet). Auf Heines Grab stand zunächst ein flacher Stein mit

Spitzbogen und schlichtem Namenszug. Spenden aus Wien ermöglichten 1901 eine Umgestaltung. Das mit Marmor eingefasste Grab für ihn und seine Frau schmückt seither eine Porträtherme des Dichters, mit der man Hasselriis beauftragt hatte. Das geneigte Haupt ähnelt stark seinem Werk für Sisi. Ein Foto von 1901 zeigt einen deutschen Männergesangsverein, viele Herren in Schwarz, die meisten mit Zylinder. Vermutlich singen sie die *Loreley.*

Nach der Ermordung von Elisabeth von Österreich in Genf 1898 durch einen italienischen Anarchisten erbte ihre Tochter Gisela das Anwesen in Korfu. Sie verkaufte es an den kaiserlichen Familienfonds. 1905 besichtigte der deutsche Kaiser Wilhelm II. die Insel. Nach einigen Verhandlungen erwarb er das Anwesen vom Wiener Hof. Er ließ auf der Insel eine Straße bauen und Telefonleitungen verlegen, vor allem aber die Heine-Statue wegschaffen. Dafür bestückte er 1910 den Park mit einem neun Meter hohen Koloss, dem »Siegenden Achill« von Johann Gätz, der leicht erkennen ließ, welche Richtung die deutsche Politik einzuschlagen gedachte. Die Antisemiten jubelten, der Mann mit der einsamen Träne habe die längste Zeit auf die Adria geblickt, der *Simplicissimus* druckte eine Karikatur, in der der überlebensgroße Heine sich von seinem Marmorstuhl erhebt und zum aufblickenden winzigen Kaiser sagt: »Bitte, nehmen Sie Platz!«

Heinrich Julius Campe, der Sohn von Heines Verleger, erwarb die Statue für 10 000 Mark. Er bot sie der Stadt Hamburg als Geschenk an, doch der Senat lehnte ab, man schätze Heines »Bonbondevisenpoesie« nicht (aber Devisen schätzten die Hanseaten sehr wohl). Es war auch das übliche antisemitische Hundegebell zu hören. Dabei wollte man nicht nur den »vaterlandsfeindlichen« Dichter schmähen, auch der Verlegersohn hatte wegen seines Lebenswandels keinen guten Ruf bei den Pfeffersäcken. Er hatte sich von seiner französischen Frau Angèle scheiden lassen, die mit ihren Töchtern Gabrièle und Olivia wieder in Paris lebte.

Die Statue ließ Campe junior in einer Nische im Hof seines Kontorhauses Barkhof aufstellen, dem Sitz des Verlages in der Mönckebergstraße. Einer öffentlichen Aufstellung stand auch ein Parallelunternehmen im Wege, in dem Alfred Kerr und andere sich seit 1906 für ein eigenes Heine-Denkmal stark machten und diese »gebrauchte« Statue ablehnten (die kaum jemand gesehen hatte). Kerr fand viele Unterstützer, doch auch sein Vorhaben hatte keinen Erfolg.

Heinrich Julius Campe starb im Jahr 1909. Das Denkmal sorgte weiterhin für Aufregung. Es wurde besudelt und verhöhnt, schließlich mit Brettern abgedeckt – in Schutzhaft genommen, wie ein Zeitgenosse meinte. Im September 1925 beschloss der Magistrat der Stadt Altona, es zu übernehmen und würdig aufzustellen. Unter Klängen von Chopin-Musik und mit einer festlichen Rede des Bürgermeisters wurde das Heine-Denkmal am 2. Juni 1927 eingeweiht. Es stand nun in einem achteckigen Turm, auf einem Hügel inmitten des Geländes der Gartenbauausstellung von 1914, Donners Park genannt. Es blieb ein kurzes Zwischenspiel.

Inzwischen hatte sich Campes Witwe in Erinnerung gebracht, die noch eine Wohnung in Hamburg besaß. Sie hatte ihre Besitzansprüche angemeldet, die nach ihrem Tod (1930) an ihre Töchter übergingen. Campes Tochter Olivia, verheiratet mit dem Franzosen Edmond Bouchard, der aus Toulon stammte und dort ein Theater besaß, erhielt die Statue zugesprochen. Im Jahr 1939 beauftragten die Bouchards den Anwalt Alfred Engel, sich um den Abtransport ihrer Hamburger Besitztümer zu kümmern. Ihr Hab und Gut gelangte mit dem Schiff *Provida* nach Marseille, darunter auch die Skulptur. So verließ die Heine-Statue das Land der verbannten und verbrannten Dichter und wurde von Frankreich gerettet, wie so viele Künstler.

Von Marseille wurde die Statue mit einem Lkw nach Toulon gebracht. Der Fuhrunternehmer Filippi berechnete dafür 1978 Francs. Edmond Bouchard machte das Kunstwerk seiner Heimatstadt Toulon zum Geschenk, nachdem Bürgermeister Paul Conte und Museumsdirektor Fontan zugestimmt hatten. Das Bildwerk sollte in einem Park im Stadtteil Le Mourillon am südöstlichen Stadtrand aufgestellt werden. Doch im September 1939 brach der Krieg aus, und die Statue wurde vergessen und in einem Depot untergestellt. Sie befand sich immer noch in ihrer deutschen Transportkiste mit den Aufklebern »Hamburg Hbf.«, »oben«, »unten«. Vielleicht haben sie die deutschen Besatzer deshalb verschont? Die Stadt hatten sie nicht verschont, sondern eine Trümmerwüste hinterlassen.

Die Bouchards hatten Toulon in den Kriegsjahren verlassen. Madame starb im Jahr 1951, ihr Mann im Frühjahr 1956. Einige Wochen vor seinem Tod hatte er den Dichter und Journalisten Pierre Caminade empfangen. Eigentlich wollte Bouchard ihm etwas über die Pläne zum Wiederaufbau seines im Krieg zerbombten Theaters sagen, aber er erwähnte auch die Statue. 1948 hatte man ihm versichert, sie befände sich an einem sicheren Ort.

Am 17. Februar 1956 beging man Heines 100. Todestag. Wenig später schrieben die Hamburger Anwälte Alfred Engel und Edgar Waege an Edmond Bouchard und fragten, ob die Statue nach Hamburg zurückgeholt werden könne. Pierre Caminade veröffentlichte in der Zeitung *Le Petit Varois* am 16. März 1956 einen Artikel über dieses Thema. Nach Hinweisen von Lesern entdeckte er mit seiner Frau Madeleine zwei Tage später die Statue in einem Depot im östlichen Stadtteil La Rode. In jener Halle hatte die Französische Republik bei Kriegsausbruch vorübergehend einige Emigranten als »feindliche Ausländer« interniert, darunter Lion Feuchtwanger.

Nun schaltete sich die Weltfriedensbewegung ein, aber auch die deutsche und die dänische Regierung rührten sich. Ende März 1956 versicherte der Bürgermeister von Toulon, dass die Statue Eigentum der Stadt sei und bleibe, und er kündigte ihre baldige Aufstellung an. Der vorgesehene Park in Le Mourillon war 1949 zu einem botanischen Garten (jardin d'acclimatation) von 8000 Quadratmetern umgestaltet und nach dem provenzalischen Dichter Frédéric Mistral benannt worden. Am 24. November 1956 wurde die Statue an ihrem neuen Platz unter exotischen Bäumen vor einer großen Menschenmenge, umringt von französischen und deutschen Fahnen, feierlich eingeweiht. Ansprachen hielten der Bürgermeister Le Bellegou und mit dem Senator Biermann-Ratjen auch ein Vertreter der Stadt Hamburg.

Es gab wiederholt Initiativen, die Statue nach Hamburg zurückzuholen, 1959 durch den Dichter Hans Henny Jahnn, 2001 durch den Schauspieler Christian Quadflieg. Das hatte immerhin zur Folge, dass man sich an ihre Odyssee erinnerte. Die Statue blieb aber in Toulon, wo sie mehrfach restauriert wurde. So wurden zwischen 2010 und 2011 im Auftrag der Stadt Schäden an Kopf und Händen repariert, die Statue wurde auf einen höheren Sockel gesetzt und steht nunmehr frei auf einer Wiese und nicht länger direkt unter Bäumen.

Die Geschichte des Heine-Denkmals in Deutschland sei die klassische Biographie eines Volkes, das einem seiner größten Poeten und Freiheitskämpfer die öffentliche Ehrung verweigerte, urteilte Ludwig Marcuse 1931 in seiner Heine-Biographie, zwei Jahre bevor er selbst ins Exil nach Sanary ging und der Dichter-Schmähung weitere schändliche Kapitel hinzugefügt wurden. In der Neuauflage von 1951 schrieb Marcuse, der Kampf um Heine habe ein Jahr lang die niedrigsten Instinkte der Deutschen ans Licht gebracht. In seinem Werk stecke aber auch die Kraft, die besten deutschen Triebe zu wecken.

Wo die Bucht von Toulon ans offene Meer stößt, steht noch immer das Heine-Denkmal, das ein Däne im Auftrag der Kaiserin von Österreich schuf. Wieder schaut der Dichter auf das Mittelmeer, wie einst von Sisi gewollt, wenn auch nicht auf die Adria, sondern auf die Côte d'Azur. »Ich liebe das Meer wie meine Seele«, hatte er geschrieben. So liegt die letzte Ruhestätte des Dichterbildes »unter Palmen in dem Süden«, in jenem

Pierre und Mathilde Caminade mit der wiederentdeckten Heine-Statue, Toulon 1956.

Süden, der so vielen deutschen Dichtern und Künstlern zum Exil werden sollte. Insofern resümiert die Irrfahrt von Sisis Liebling eine sehr deutsche Reise, und die letzte Station ist nicht so willkürlich, wie es auf den ersten Blick scheinen mag.

War man einst in Düsseldorf der Meinung, man könne keine Heine-Statue in Sichtweite eines Kriegerdenkmals aufstellen, so sitzt der Dichter hier unweit des wichtigsten französischen Kriegshafens, in jener Stadt, in der einst die glorreiche Laufbahn Napoleons begann, jenes Napoleons, den Heine schon als Kind bewundert hatte (auch weil er den Juden in Deutschland die bürgerliche Freiheit brachte). Und man kann sich vorstellen, dass der Dichter an stillen Abenden über die Bucht hinweg lauscht und ganz leise das »Vive l'Empereur!« vernimmt, wie einst seine zwei Grenadiere.

Die Küste der Fremden

Der Unterpräfekt fährt in der Kutsche übers Land. Er hat die Paradeuniform angelegt und führt auch die verzierte Ledertasche mit sich, ohne die kein Staatsbeamter des Zweiten Kaiserreichs auf Dienstreise geht. Man erwartet ihn in einer provenzalischen Kleinstadt, wo er eine Landwirtschaftsschau mit einer feierlichen Rede eröffnen soll. Die Luft ist mild, der Himmel blassblau, in den Pinien zirpen Unmengen von Grillen, überall duftet es nach Thymian, Rosmarin und nach süßen, schweren Blüten. Ein Wäldchen lockt zum Spaziergang. Der Unterpräfekt lässt die Kutsche halten, steigt aus und verliert sich alsbald zwischen den Bäumen. Im Geiste unternimmt er mehrere Anläufe, einen knappen Redetext zu finden, aber ihm ist, als würden sich Blumen und Vögel über ihn lustig machen. Zum Teufel mit der Rede! Nach einer Stunde werden seine Begleiter etwas unruhig und gehen ihn suchen. Sie finden ihn erst nach einer Weile: Auf einer kleinen Lichtung liegt er am Boden, die Kleidung gelockert wie ein Bohemien, ein Blatt Papier und einen Stift in der Hand. Der Herr Unterpräfekt konzipiert keine Rede, er schreibt blumige Verse.

Alphonse Daudet hatte, als er die Schnurre *Der Unterpräfekt auf dem Land* in die Sammlung der *Briefe aus meiner Mühle* (1869) aufnahm, ein reales Modell vor Augen, seinen Freund Stéphen Liégeard, Staatsbeamter und Schriftsteller im Zweiten Kaiserreich, dessen erfolgreichste Schöpfung kein Versepos war, sondern ein Buchtitel, der zum geographischen Begriff wurde: *Côte d'Azur*. Als dieses Buch über eine Reise von Marseille nach Genua 1887 erschien, hatte die bis dahin namenlose Küste schon eine hundertjährige Tourismusgeschichte hinter sich.

Die touristische Erschließung der französischen Mittelmeerküste begann im 18. Jahrhundert. Natürlich waren es Engländer, die die Vorzüge des Klimas, insbesondere der milden Winter, als Erste erkannten. Zu Beginn des 19. Jahrhunderts kamen dann auch russische Aristokraten. Bevorzugtes Ziel war Nizza, in der Antike von griechischen Siedlern nach einem Sieg über die Ligurer gegründet und nach der Siegesgöttin Nike benannt. Im Mittelalter war Nizza eine oft umkämpfte Festung in isolierter Grenzlage, seit Ende des 14. Jahrhunderts gehörte die Grafschaft Nizza zu Savoyen.

Die erste ausführliche Stadtbeschreibung stammt aus der Feder des bei Hofe beamteten Schriftstellers Michel de l'Hospital (1507–1573), der die Winde, Düfte, Blumen und Gärten rühmte. Den Midi bereiste auch Madame de Sévigné, die 1672 nach Marseille und Aix kam. In einigen Briefen idealisierte sie die Küste als Garten am Meer mit üppigen exotischen Pflanzen, obwohl sie gar nicht dort gewesen war, sondern sich auf Erzählungen anderer verließ. Hundert Jahre später, im Sommer 1776, erlebte die Schriftstellerin und Pädagogin Madame de Genlis auf der Reise nach Italien den Zauber von Fréjus, Antibes und Nizza, wovon ihre Briefe über Erziehung *(Adèle et Théodore)* zeugen. Der von Voltaire und d'Alembert geschätzte Jurist Charles Dupaty, einer der Väter des modernen Strafrechts, nannte um 1780 Nizza eine Art Gewächshaus für Menschen mit zarter Gesundheit, das Reisende aus vielen Ländern anziehe. Manche Dichter beschworen das Blau des Himmels und des Meeres als dominante Farbe.

»Grand Tour« hießen die Bildungsreisen der englischen Adligen, die den modernen »Tourismus« begründeten. Man fuhr in die Heilbäder der Pyrenäen, zu den Ärzten in Montpellier, in die schönen Städte Italiens, so auch nach Turin. Von dort

Caféterrasse in Nizza, um 1930.

wurde Nizza entdeckt. Die Anreise von London, zunächst mit dem Schiff, dann mit der Kutsche durch Frankreich, dauerte zwei Wochen. Die Überquerung des Flusses Var, bis 1792 die Grenze zwischen Frankreich und Italien, war ein riskantes Abenteuer mit brüchigen Holzbrücken, winzigen Booten und unzuverlässigen Trägern.

Auf der Rückreise von Venedig machte der Maler Reynolds 1752 in Nizza Station. In London berichtete er über seine »Entdeckung«. Gewissermaßen der erste Kurgast in Nizza war 1764 der Herzog von York, der Bruder des englischen Königs Georg III. Im Herbst 1763 kam der schottische Schriftsteller und Schiffsarzt Tobias George Smollett. Er war vierzig Jahre alt und hoffte, ein Lungenleiden auskurieren zu können. Jahrzehntelang schickte man Tuberkulosekranke an diese Küste, aber die Sonne tötete sie nur noch schneller. So starb auch Smoletts kleine Tochter. Smolett schrieb mehrere Romane, eine *History of England* und übersetzte Voltaires Werke ins Englische. 1766 erschienen in London seine *Briefe aus Nizza*, in denen er die Schönheit der Landschaft pries, sich über die Einwohner aber sarkastisch äußerte.

Seit etwa 1770 kamen regelmäßig englische Touristen nach Nizza. Um 1800 lebten schon 110 englische Familien dauerhaft am Ort. Das Wort »Engländer« wurde zum Synonym für »Ausländer«. 1787 wurde ein anglikanischer Friedhof eingeweiht. 1848 wurde die Erlaubnis erteilt, öffentlich nichtkatholische Gottesdienste abzuhalten, 1858 eine anglikanische Kirche eingeweiht, ein Jahr später eine russisch-orthodoxe.

Mit der Französischen Revolution wurde Nizza zum Schauplatz politischer Ereignisse. Schon 1789 emigrierten einige französische Adlige hierher. 1792 wurde die Stadt von den Truppen der Revolution beschossen. Ein Jahr später beschloss die Convention, Nizza an Frankreich anzugliedern. Als 85. Département der Republik wurde die Region »Alpes-Maritimes« geschaffen. Die Adligen flohen weiter nach Turin. 1794 kam Bonaparte in die Stadt. Der junge General genoss seinen frischen Ruhm als Sieger der Schlacht um Toulon und erlebte in Nizza ein Liebesabenteuer. Kommandant vor Ort war Augustin Robespierre, der Bruder des großen Revolutionärs, genannt »Robespierre le jeune«.

1796 kam Bonaparte ein zweites Mal in die Stadt. 1806 ließ er – nun als Kaiser Napoleon – aus militärischen Gründen die Küstenstraße ausbauen, La Grande Corniche, die 1811 Menton erreichte. Napoleons kurzer Versuch, nach seiner Verbannung nach Elba wieder an die Macht zu kommen, die sogenannten »100 Tage«, begann mit der Landung am Cap d'Antibes, von wo er nach Cannes und Grasse aufbrach. Aber seine Endstation hieß Waterloo. Nach 1815 fiel die Grafschaft Nizza wieder an Savoyen, das Bündnisverträge mit England abschloss.

Die Napoleonische Ära konnte die Entwicklung des Tourismus nur vorübergehend unterbrechen. 1847 zählte man schon 30 Hotels. 1834 entdeckte der englische Politiker Lord Brougham den kleinen Ort Cannes, als Nizza vorübergehend wegen der Cholera gesperrt war. Er ließ sich dort eine Villa bauen, die zur Keimzelle einer zweiten englischen Kolonie wurde. Aber auch die Franzosen entdeckten die Küste. 1852 besuchte der Maler und Romancier Eugène Fromentin den Ort Saint-Raphaël, in seinen Briefen lobte er den antiken Charme der Region.

Johanna Schopenhauer, die Mutter des Philosophen, publizierte 1825 ihre Erinnerungen an eine Reise ins südliche Frankreich, die sie 1804 unternommen hatte. Von Marseille kommend, musste kurz vor Toulon eine einsame und beängstigende Wegstrecke genommen werden, auf der einst Räuberbanden ihr Unwesen getrieben hatten, nämlich die enge Schlucht, welche das Flüsschen La Reppe, das bei Sanary ins Meer mündet, zwischen den Städten Le Beausset und Ollioules in die Felsen geschnitten hat. Diese kurvenreiche Strecke durch die »Gorges d'Ollioules« hatte wenige Jahrzehnte zuvor der Robin Hood der Provence, Gaspard Bouis alias Gaspard de Besse, unsicher gemacht. Dieser Deserteur aus der königlichen Armee überfiel mit seiner Bande Reisende und Steuereinnehmer, verteilte gelegentlich seine Beute unter den armen Leuten der umliegenden Ortschaften und erreichte durch kühne Streiche eine gewisse Popularität, die als hartnäckige Legende seine Hinrichtung auf dem Rad lange überdauerte.

Jenseits dieser unwirtlichen Gegend fand die Reisende aus Deutschland an der Küste ein kleines Paradies, das Hinterland der Bucht von Sanary. »Eine gute Stunde lang durchzogen wir diese steinerne Wüste, bis sich wieder die ersten Olivenbäume zeigten, als freundliche Boten des wiedererstehenden Lebens der Natur. Wir erblickten von ferne das Dörfchen Ollioules in dem immer weiter und freundlicher werdenden Tale. Wir kamen näher und sahen mit unaussprechlicher Freude die ersten Orangenbäume in den Bauerngärten, sich beugend unter der Last der goldenen Früchte und dabei mit Blüten besät. So plötzlich waren wir aus dem Eingang der Hölle ähnlichen Felsenschlund in das dem Elysium ähnliche Land unserer schönsten Träume versetzt, so dass uns alles wie Feenzauber erschien.«

Als die Diskussion um Nizzas Anschluss an Frankreich begann, waren Engländer und Russen, sonst eher in Rivalität lebend, einmütig dagegen. Napoleon III. hatte diese Konzession als Preis für seine Unterstützung der italienischen Einheitsbestrebungen gefordert. Im April 1860 fiel Nizza an Frankreich, ein Plebiszit hatte eine fast hundertprozentige Zustimmung zu diesem Anschluss ergeben. Noch im September desselben Jahres kam Kaiser Napoleon III. zu Besuch und erklärte, er habe noch nie so etwas unvergleichlich Schönes gesehen. Das Umland der Städte Grasse und Nizza wurde zum Département Alpes-Maritimes zusammengefasst. Die Stadt nahm nun einen gewaltigen Aufschwung. Der seit 1830 bestehende Chemin des Anglais wurde 1862 zur Uferpromenade ausgebaut. Basis für die weitere Entwicklung war eine wichtige Veränderung: 1864 erreichte die Eisenbahn die Stadt.

Von der neuen Linie profitierte auch der kleinste und damals ärmste Staat Europas: Monaco. 1861 war seine Unabhängigkeit von Frankreich bestätigt worden. Florestan I. herrschte über 21 Quadratkilometer. Steuern auf Olivenöl und der Zitronenhandel waren die einzige Einnahmequelle. 1863 wurde ein Casino eröffnet, der Casinochef François Blanc aus Bad Homburg abgeworben; noch Jahrzehnte lang blieb diese Position in seiner Familie. Schon nach kurzer Zeit erzielte der Kleinstaat große Gewinne aus dem Glücksspiel. 1868 wurde die Eisenbahnstation eingeweiht. 1869 traf der neue Regent Charles III. zwei historische Entscheidungen: Er führte für einen Teil des Felsenstaates den Namen Monte-Carlo ein, und er gewährte allen monegassischen Untertanen Steuerfreiheit. Heilung von diversen Gesundheitsproblemen suchte hier im Jahre 1882 Karl Marx aus London.

Zwei Konstanten kennzeichnen den frühen Tourismus: Er war auf die Wintersaison beschränkt, und es kamen vor allem Aristokraten sowie zahlreiche Künstler. Zwar war die Küste bei Nizza immer ein blühender Garten gewesen, aber der uns heute vertraute Anblick wurde erst gegen Ende des 19. Jahrhunderts geschaffen, von italienischen und englischen Gärtnern, die etwa die Palmen einführten.

Im 19. Jahrhundert konnte sich Nizza mit den Namen illustrer Gäste schmücken: Chateaubriand, Berlioz, Tocqueville, Mérimée, Musset, George Sand, Flaubert, Jules Verne, Victor Hugo, Giuseppe Verdi, Rodin, Renoir. Elisabeth von Österreich ließ 1894 in Cap Martin ein Hotel nach ihren Wünschen einrichten. Königin Viktoria kam 1895 zum ersten Mal und danach jedes Jahr. Aus Russland kamen Mitglieder der Zarenfamilie und Künstler wie Lermontow, Gogol, Tschaikowski, Tolstoi. Friedrich Nietzsche war ab 1883 in fünf Wintern in der Stadt. Er kam aus gesundheitlichen Gründen und war in der »herrlichen Lichtfülle« sehr produktiv und schrieb wichtige Werke wie den *Zarathustra*. Er wanderte gern an der Bucht von

Villefranche entlang oder stieg in das Höhendorf Èze hinauf, von dessen Schlossberg man an guten Tagen am Horizont Korsika sehen konnte. Und noch heute heißt der etwas ungemütliche Weg vom Strand nach Èze Nietzsche-Pfad. Nach Nietzsche ist auch ein Platz auf dem Schlossberg in Nizza mit schöner Aussicht auf die Engelsbucht benannt.

Ein Künstler mit Geschäftssinn war es, der Nizza endgültig zur Blumenstadt machte: Alphonse Karr, ein Pariser Original, Journalist, Dichter, engagierter Republikaner, Gegner des Zweiten Kaiserreichs, ein Bohemien aus Montmartre, der schon für sich und seine Künstlerfreunde die normannische Küste als Reiseziel entdeckt hatte. Karr gab ein satirisches Wochenblatt heraus, *La Guêpe* (Die Wespe), das er unter wechselnden Pseudonymen allein redigierte. 1852 kam er unfreiwillig das erste Mal in das noch italienische Nizza: Er war in Paris politisch unerwünscht. Nun fand er eine neue Existenzgrundlage: den Blumenhandel. Er hatte die Idee, Blumen (in erster Linie Nelken) in die französischen Großstädte zu schaffen, nach der Eröffnung der Eisenbahnstrecke belieferte er viele europäische Metropolen. Seine Pariser Künstlerfreunde wie Alexandre Dumas Sohn oder Théodore de Banville kamen oft zu Besuch. Aber auch die Könige Viktor Emanuel von Italien und Ludwig I. von Bayern machten dem berühmten Gärtner ihre Aufwartung.

Seit dem 14. Jahrhundert ist der Karneval in Nizza bezeugt, nach einer Unterbrechung durch die Revolutionskriege wurde die Tradition 1821 mit Blumenumzügen fortgesetzt. Seit 1873 hatten die Umzüge jedes Jahr ein festes »Thema« und einen Karnevalskönig. Erst 1880 entdeckte man, dass das hiesige Klima für Lungenkranke eher ungesund ist (die gegenteilige Annahme stand am Anfang von Nizzas Geschichte als Touristenstadt).

Allmählich wollte auch die übrige provenzalische Küste vom Tourismus profitieren. 1903 fand ein erster Kongress der »Syndicats d'Initiatives« statt, der städtischen Reisebüros. 1900 wurden 2500 Jahre Marseille ausgiebig gefeiert. Bis 1914 wurden

Promenade des Anglais, Nizza, um 1920.

nach und nach die kleinen Hafenstädte »entdeckt«, wie Hyères oder Saint-Tropez, 1899 lanciert von dem Maler und Yachtbesitzer Paul Signac.

Die »Société des wagons-lits« setzte einen speziellen Zug ein, der London direkt mit Nizza verband und den man *Le train bleu* nannte. Wie man in Agatha Christies Kriminalroman *The Mystery of the Blue Train* (1928) nachlesen kann, umrundete dieser Zug Paris im Osten, machte Zwischenstation an der Gare de Lyon, dem Südbahnhof, und fuhr dann weiter über Lyon, Marseille und Toulon bis Nizza. In dem Restaurant, das man 1901 in der Gare de Lyon eröffnete und das ebenfalls *Le Train Bleu* hieß, kann man noch heute großformatige Gemälde aller wesentlichen Orte der Strecke sehen, von London bis Nizza. 1926 schrieb Jean Cocteau die Handlung zu dem Ballett *Le train bleu*, die Kostüme entwarf Coco Chanel, die damit zugleich eine neue, besonders sportliche Sommermode lancierte. Cocteaus Lieblingsort an der Küste war die Grenzstadt Menton, wovon noch heute seine Ausgestaltung des Hochzeitssaales im Rathaus und ein schönes Museum in der Hafenmauer zeugen. In Küstennähe wurden kleine Tempel der Kunst des 20. Jahrhunderts errichtet: für Matisse in Vence, für Picasso in Vallauris und Antibes, für Cocteau in Villefranche und Menton, für Léger in Biot, für Chagall in Cimiez.

Ab 1920 nahm die Zahl der Reisebücher über die Küste bei Nizza deutlich zu. Der Massentourismus setzte aber dort, wie in ganz Frankreich, erst ein, als die Volksfrontregierung 1936 den bezahlten Urlaub einführte. Nach 1918 wurde die traditionelle Wintersaison an Bedeutung allmählich von der Sommersaison übertroffen. 1929 gab es erstmals ebenso viele Sommer- wie Wintergäste.

Neben der touristischen Erschließung der Côte d'Azur steht ihre Entdeckung durch Maler und Literaten. Toulouse-Lautrec, aber auch die Brüder Goncourt hatten Vincent van Gogh geraten, Paris zu verlassen und in den Süden zu gehen. Van Gogh kam nur bis Arles. Andere Maler entdeckten bald die Reize des intensiven Lichts: Matisse (1896), Derain (1904), Friesz und Braque in La Ciotat (1906), Seurat in Saint-Tropez. Seit 1907 hielt sich Picasso oft im Vaucluse auf. Moïse Kisling und Ernest Pignon malten nach 1918 in Sanary-sur-Mer. Erwähnung verdient auch der aus Grasse stammende Fotograf Charles Nègre, der in der Mitte des 19. Jahrhunderts die Küstenorte und das Hinterland mit der Kamera dokumentiert hat.

Die Maler und Literaten verliehen der Küste eine poetische Patina. Paradoxerweise behielt Nizza, die »Königin der Riviera«, außerhalb Frankreichs die italienische Namensform. Ein Schlager versuchte die Stadt aufzuwerten: »O Nice, belle Nice, ô Naples de la France.« Der Dichter Frédéric Mistral schwärmte: »Du bist ein Paris mit dem Himmel Italiens, mit goldener Sonne und einem klaren Meer.« Ein unbekannter Dichter schrieb: »Wenn ganz Europa noch von Schnee bedeckt ist, sieht Nizza schon die Sonne und die Rosen.«

Der Ruhm der Namensgebung aber gebührt Stéphen Liégeard, der 1830 in Dijon geboren wurde, also in der Landschaft mit dem Namen *Côte d'Or*. Dieser Anwalt und Literat war im Zweiten Kaiserreich politischer Beamter. Das Wohlwollen Napoleons III. hatte er durch ein Gedicht auf dessen Vermählung mit der spanischen Prinzessin Eugénie erworben. 1864 wurde Liégeard Unterpräfekt in Carpentras, im Département Vaucluse. Nach dem Ende des Kaiserreichs 1870 blieb er Bonapartist und besuchte den exilierten Kaiser in London. Er wurde für lange Zeit Bürgermeister eines burgundischen Dorfes und kandidierte vergeblich für die Académie Française. 1925, im Alter von 95 Jahren, starb der damals älteste Bürgermeister Frankreichs. Die Küste, die ihm den Namen verdankt, gewiss in Anklang an seine Heimatregion, aber auch in Erinnerung daran, dass die Kaiserin Eugénie die Küste ihrer baskischen Heimat »Côte d'Argent« getauft hatte, wurde von ihm so definiert: »Mit Côte d'Azur meint man die wunderbare Küstenstraße, die sich zwischen Marseille und Genua erstreckt.«

Liégeard schrieb noch weitere Reisebücher, etwa über die Pyrenäen und über die Alpen. Als 1887 sein Hauptwerk erschien, das von der Académie Française ausgezeichnet wurde, war die blaue Küste längst auch die Küste der Literaten. Die Autoren überboten sich in Evokationen des Blau. Das Azurblau ist die zentrale Metapher etwa bei Henri Morris, der in seinem Buch *Au pays bleu* (Paris 1911) schrieb: »Es ist wirklich das Land der blauen Farbe; man findet dort alle Nuancen des Blau, von den zartesten Tönen bis zu den kräftigsten, vom feinen Blau der Berge bis zum tiefen Blau des Himmels und zum Pfauenblau des Meeres, das Alphonse Karr den unteren Himmel nannte.«

Robert de Souza beschrieb Nizza als »Hauptstadt des Winters«. Nizza gehöre zu den Städten, die jeder kenne, ohne je dort gewesen zu sein. Eigentlich sei es eine Grenzstadt in sehr isolierter Lage, eine Festung hinter dem Var, in einer Landschaft, die schön, aber nicht fruchtbar sei. Er beklagte die zu rasche Expansion der Stadt, die ihr Gleichgewicht verloren habe, für 1942 sagte er die Einwohnerzahl von einer Million voraus – es wurden aber nicht einmal 400 000.

Für Maurice Maeterlinck war die blaue Küste schlicht »mon pays de prédilection«, sein liebster Aufenthalt. Im Juli funkele Nizza in einem Kelch aus Saphir und Silber. Alles sei hier versammelt für ein ewiges Fest der Augen, schrieb der symbolistische Dichter. Für Louis Bertrand von der Académie Française war die Küste der provenzalischen Riviera ein Arbeitsort für Autoren, kein Ort des Vergnügens, und das schon seit Mitte des 19. Jahrhunderts. Er zählte die »literarischen Gäste« auf und nannte Maupassant, Camille Mauclair, Anatole France, Claude Farrère, Jean Lorrain und andere.

Vom administrativen und vom poetischen Leben des Unterpräfekten Liégeard blieb ein Name, der Name einer Landschaft. Eine poetische und eine ökonomische Tat zugleich, denn erst durch diese Benennung wurde die Küstenlandschaft als regionale Einheit wahrgenommen, die den in- und auslän-

Hafenpromenade in Sanary-sur-Mer, um 1930.

dischen Gästen ihre wirtschaftliche Basis und den Malern und Literaten ihren Ruhm verdankt. Der unscheinbarste Punkt an dieser »Küste der Fremden« zwischen Marseille und Menton ist Sanary-sur-Mer.

Kurze Geschichte von Sanary

Durch bewaldete Hügel vor dem Mistral geschützt, sei Sanary ein Sonnennest voller Pflanzen und Blumen – so beschreibt der Michelin-Führer *Côte d'Azur* von 1938 den kleinen Fischerort. Sanary finde immer mehr Beachtung bei ausländischen Besuchern, die sich vom Charme der palmenbestandenen Promenade und der kleinen Cafés verzaubern ließen, schreibt ein anderer Reiseführer schon um 1930. Und noch 1965 warb der offizielle Tourismusprospekt von Sanary mit dem stillen Charme des Hafenortes, der immer schon die Künstler angezogen habe. Und man versuchte, einen Slogan zu lancieren: »Tout le monde sourit à Sanary.« Das Land des Lächelns ist es noch immer – wo man die Zeit vergessen und sich doch an eine besondere Geschichte erinnern kann.

Siedlungsspuren finden sich in der Gegend seit der mittleren Bronzezeit, insbesondere auf den Hügeln im Hinterland. Der Hafen wurde schon in der Römerzeit genutzt. Der Meeresspiegel war in der Antike 40 Zentimeter niedriger als heute. In Portissol grub man die Fundamente eines römischen Landhauses aus. Eine Urkunde aus dem 12. Jahrhundert erwähnt unter den Besitztümern der Abtei Saint-Victor in Marseille, der die ganze Gegend westlich von Toulon unterstellt war, eine Kultstätte oder vielleicht auch nur eine Kapelle, die dem heiligen Nazarius geweiht war. Saint-Nazaire, wie er auf Französisch heißt, wurde zum Namensgeber des Ortes. Der Legende zufolge war er ein römischer Soldat, der sich zum Christentum bekannte und im 1. Jahrhundert unter Kaiser Nero als Märtyrer gestorben sein soll.

Die Legende dieses Märtyrers ist im 12. Jahrhundert an der provenzalischen Küste verbreitet worden (auf Provenzalisch heißen der Heilige wie auch der Ort »San Nari«), vermutlich im Gefolge der ersten Kreuzzüge, als sich viele provenzalische Kirchen auf frühe Apostel beriefen. Die kleine Abtei in Sanary lag hinter Mauern und Gärten nahe am Fluss Vallat Daumas, der längst überbaut ist durch die heutige Rue Granet. Der Fluss Reppe kennzeichnet die östliche Ortsgrenze zu Six-Fours, das 1156 seine Unabhängigkeit von Toulon erwirkte.

Der Flecken gehörte zu Ollioules, dem Ort im Hinterland, der sich 1235 von Toulon lösen konnte, und hieß deshalb zunächst Saint-Nazaire-les-Ollioules. Zum eigenen Schutz ließ Ollioules ab 1266 in dreißigjähriger Bauzeit einen viereckigen Turm in diesem nordwestlichen Winkel der Bucht errichten, die sich als natürlicher Hafen eignete. Die Idee von Schutz und Verteidigung markiert den Anfang der Geschichte unseres Ortes, wenngleich es zunächst verboten war, in der Nähe des Turms Häuser zu errichten. Das Bauwerk nannte man »turris sive bastida Sancti Nazarii«, die Turmwächter wurden von Ollioules geschickt. Die Plattform, auf der Kanonen aufgestellt werden konnten, liegt in einer Höhe von 22,10 Metern. Die Ostseite ist acht Meter breit. Die Mauern sind fast zwei Meter dick. Der Turm war von einem Wassergraben umgeben, der mit dem Meer verbunden war.

Seit etwa 1500 siedelten sich längs der Bucht viele Familien an, die von der stark überbevölkerten Riviera bei Genua fortgezogen waren. Seit 1507 war es gestattet, auch in der Nähe des Turmes zu bauen. Noch 1694 gab es um den Turm einen Graben. Zugang bestand nur von der Ostseite her, von der sogenannten »rue de l'enclos de la tour«. Auf Abstand baute man acht Häuser im Viereck ringsum, ein Vorplatz hieß: Place d'Armes. 1694 wurde der Graben zugeschüttet.

1561 errichtete man auf dem Hügel an der Nordseite der Bucht die erste Kirche in Sanary, Notre Dame de la Pitié, von einem Eremiten bewohnt und bewacht, die nach und nach zur

Der Hafen von Sanary-sur-Mer, um 1920.

Kapelle der Seeleute werden sollte. Erst 1570 baute man mitten im Ort eine Kirche, l'Église de Saint-Nazaire – es fehlte aber zunächst ein Priester. Im Jahr 1650 wurden aus Mailand Reliquien des heiligen Nazarius in die neue Kirche überführt. Der Name war also zuerst dagewesen.

Nach 1600 begann der Prozess der Loslösung von Ollioules. Er dauerte lange und wurde vom König, der die Entscheidung fällen musste, zunächst nicht gefördert. Colbert und Vauban hatten vor allem die Befestigung und Verteidigung Toulons im Auge. Aber die Leute aus Ollioules verstünden nichts von Häfen, hieß es in Sanary. 1688 endlich wurde die Trennung durch die königliche Verwaltung in Versailles genehmigt. Der Unabhängigkeitstag war der 10. Juli. Um diese Zeit verzeichnete man 800 Einwohner, 250 Häuser, 40 Fischerboote, dazu 20 Barken im Dienste des Königs. Als Gegenleistung für den Erhalt der Stadtrechte verpflichtete man sich zum Ausbau des Hafens, der dreizehn Galeeren Platz bieten sollte, doch wurden die Arbeiten nach einer Weile eingestellt, da es an Geld mangelte. Die unabhängige Stadt »Saint-Nazaire« legte im Jahr 1697 ihr Wappen fest: ein (runder!) Turm unter kleinem Kreuz zwischen zwei goldenen Palmenzweigen (Palmen gab es noch keine, man hatte das Motiv aus anderen Urkunden kopiert). Um das Emblem zog sich ein Band mit der Devise: *turris civitatis custodia*. Der Turm als Wächter der Gemeinde. Der Schutzgedanke hatte sich also erhalten.

Drei Kompanien der Schweizer Garde wurden in Sanary stationiert, das 1707 den Angriff einer englisch-holländischen Flotte erlebte. Bei der erfolgreichen Verteidigung spielte ein Joseph Granet eine ruhmreiche Rolle. Er verlor im Kampf einen Arm und wurde mit einer königlichen Pension von 300 Francs entschädigt. Die auf der oberen Turmplattform stationierten Kanonen konnten bis zu 1000 Meter weit schießen. Schon früher war die Bucht Schauplatz blutiger Gefechte gegen Piraten gewesen.

Während der Belagerung von Toulon durch die Engländer 1792 beauftragte Bonaparte seinen Bruder Joseph damit, aus

Sanary Blei und Baumaterial herbeizuschaffen. Ein Jahr später wurde der erste Signaldienst längs der Küste eingerichtet, mit einem Posten in Sanary (Portissol). Zur Zeit der Revolution setzt sich der Name Sanary allmählich durch, doch findet sich auch die Bezeichnung Sanary-Beau-Port.

1793 wurden zwei Mühlen errichtet, beide auf dem östlichen Hügel (*moulin de la colline* und *moulin de la pitié* – wegen der benachbarten Kirche so genannt). Die Bevölkerung wuchs stetig, der Bedarf an Mehl nahm zu. Bauherr war der Stadtverordnete Édouard Allemend. Er wurde bald darauf in Toulon als Feind der Revolution füsiliert. Sein Nachfolger als Bürgermeister, Claude Pardignon, erlitt 1794 dasselbe Schicksal. Einer der Mühlentürme sollte 1938 zum Domizil des Emigranten Franz Werfel werden.

Bis 1815 blieb eine starke Truppenpräsenz in der Bucht von Sanary erhalten. In Portissol wurde eine Batterie angelegt, die noch im Zweiten Weltkrieg den deutschen Besatzern diente, von ihnen aber beim Abzug gesprengt wurde. In der Zeit des Empire registrierte man zahllose Verbrechen, Morde und Überfälle, verübt vermutlich von desertierten Soldaten. Im 19. Jahrhundert wurde es friedlicher, der Hafen konnte sich entwickeln, die Bevölkerung nahm rasch zu. 1837 zählte man bereits 2700 Einwohner. In einem Bericht aus dem Jahr 1826 heißt es: Im Ort lebt kein Ausländer.

Der Weinexport aus dem Hafen von Sanary war verboten, das blieb Privileg von Bandol. Sanary besaß drei Salinen und vier Ölpressen, aber keine Fabrik. Handel betrieb man vor allem mit Marseille. 1850 wurde die heutige Straße nach Bandol angelegt. Die Eisenbahnlinie zwischen Marseille und Toulon weihte man 1859 ein. Von Paris dauerte die Reise mit der Eisenbahn 13 Stunden. Dank der neuen Verbindungen entstand der Wintertourismus, der bis 1914 den Hauptumsatz ausmachte. Den Bahnhof baute man auf halber Strecke zwischen Ollioules und Sanary. Die Verbindung zu den Stadtzentren gewährleisteten zunächst Pferdebahnen, später Straßenbahnen.

Am 5. Februar 1871 ereignete sich ein schweres Eisenbahnunglück. Heimkehrende Soldaten des Deutsch-Französischen Krieges kamen mit dem Zug; in Marseille hatte man vier Waggons mit Schießpulver angehängt, die zwischen Bandol und Sanary auf dem Abschnitt Les Roches explodierten. Man beklagte 80 Tote und 200 Verwundete. Seither wurden Reisende und Waren mit verschiedenen Zügen befördert.

Eine Kuriosität betrifft den Ortsnamen. Dem lateinischen Sancti Nazarii entsprach das französische Saint-Nazaire. 1792 wurde der Name Sanary verpflichtend, als Transkription des provenzalischen San Nari, das nicht mehr geduldet wurde. 1809 verordnete der Präfekt des Départements Var wieder den Namen Saint-Nazaire. Im November 1890 kam ein neues Dekret, dieses Mal vom Präsidenten der Republik: Der Ort habe Sanary zu heißen. In den Zeiten des beginnenden Massentourismus wurde per Erlass vom 27. März 1923 der Name Sanary-sur-Mer verbindlich. Die provenzalische Namensform ist heute auf den Ortschildern unter dem offiziellen Namen zu finden.

Zu den Persönlichkeiten, die Stadt und Stadtbild entscheidend geprägt haben, gehörte Marius Michel Pacha (1819–1907), der gegen Ende des 19. Jahrhunderts zweimal Bürgermeister war. Das Leben des Kapitäns und Ingenieurs spielte sich zwischen Paris, Alexandria, Konstantinopel, Sanary und La Seyne ab. Blaise Jean Marius Michel wurde 1819 in Sanary geboren, wo die Familie seit 1730 ansässig war. In Marseille besuchte er das Kolleg der Königlichen Marine. Zwischen 1839 und 1841 absolvierte er seine Ausbildung auf dem Schiff *Marengo*, nach Einsätzen auf drei anderen Schiffen erhielt er das Kapitänspatent und führte Postschiffe für die Levante. 1849 heiratete er Marie-Louise Augustine Élodie de Séris, die aus Marseille stammte.

Am 1. Januar 1854 strandete ein von ihm befehligtes Postschiff vor Alexandria. Er konnte den Schaden in Grenzen halten und wurde dafür in Paris ausgezeichnet. Zugleich hatte er verstanden, dass das System der Leuchttürme rings ums Mittelmeer verbessert werden musste. Zu dieser Zeit versuchte das Zweite Kaiserreich, russische Expansionsbestrebungen einzudämmen, und verbündete sich mit dem Osmanischen Reich. Es war also eine politisch erwünschte Mission, als Michel 1855 eine Stelle im Osmanischen Reich annahm. In der Hauptstadt, die damals noch Konstantinopel hieß, war er zuständig für den Hafenausbau und die Erneuerung der Kaianlagen. In den zehn Jahren dieser Tätigkeit, die ihm diverse türkische Orden und den Beinamen Pacha einbrachte, gründete er mit seinem Kompagnon Camille Collas eine Firma, die zwischen 1856 und 1864 rings um das Mittelmeer 111 Leuchttürme errichtete. Das kam dem durch den Bau des Suez-Kanals stark vermehrten Schiffsverkehr zugute.

Seit 1863 war Michel Pacha immer wieder in seine Heimatstadt zurückgekehrt. 1864 erwarb er ein Grundstück in Pierredon am Ancien Chemin de Toulon. Schon ein Jahr später wurde er mit komfortabler Mehrheit zum Bürgermeister gewählt und konnte nun für sieben glorreiche Jahre zum Baron Haussmann von Sanary werden. Mit seiner ersten umfangreichen Baumaßnahme verbesserte er die Wasserversorgung. Er ließ die beiden Brunnen errichten, die noch heute die Hafenpromenade zieren (die Skulpturen symbolisieren die Landwirtschaft und den Fischfang). Wie in Konstantinopel ließ er die Hafenkais befestigen. Es folgten ein öffentliches Waschhaus neben dem Hafen, ein Gebäude für die neu einquartierte Gendarmeriebrigade, eine Schule, ein Altenheim, ein Grand Hôtel. Er gab Sanary ein schmuckes Aussehen, und er regte erste Regatten an, an denen er selbst teilnahm.

1872 ereilte ihn eine erste Familientragödie. Seine Tochter Amélie hatte sich in einen Maurer verliebt; als der 16-Jährigen die Heirat untersagt wurde, hungerte sie sich zu Tode. Bald drauf trat Michel Pacha von seinem Posten zurück, amtsmüde, erschüttert durch den Tod seiner Tochter, aber auch durch das Ende des Zweiten Kaiserreichs. 1889 traf ihn ein neuer Schlag, sein Sohn Alfred, in Paris verheiratet, starb plötzlich. Nun beauftragte er den aus der Schweiz stammenden Paul Page mit dem Bau eines prächtigen Mausoleums, das man noch heute auf dem Alten Friedhof in Sanary bewundern kann.

Dieses Mausoleum, auf dessen Dach ein Engel schwebt, wurde zum Schauplatz eines weiteren Familiendramas. Am 25. August 1893 begab sich Madame Michel wie jeden Freitag an das Grab ihrer Kinder. Freunde und Bekannte aus dem Ort, darunter der Arzt, begleiteten sie. Da tauchte ein Neffe ihres Mannes auf, der Futtermittelhändler Antoine Michel, ein stadtbekannter Alkoholiker. Er gab vor, ihr einen Brief überreichen zu wollen. Stattdessen zückte er einen Revolver und gab zwei Schüsse ab. Er wurde entwaffnet und in das Gärtnerhäuschen gesperrt. Seine Tat konnte er nicht erklären. Madame Michel war noch bei Bewusstsein und fragte nur: »Was habe ich ihm denn getan?« Sie wurde nach La Seyne gebracht, wo ein Arzt aus Toulon hinzugezogen wurde, ihr Leben war aber nicht mehr zu retten. Von La Seyne wurde sie in einem Boot nach Sanary überführt und im Mausoleum beigesetzt.

Als Michel Pacha im Mai 1895 erneut heiratete, gab er ein großes Fest. Seine zweite Frau war 38, er 76. Schon 1890 war er auf Drängen der Bürger erneut in die Kommunalpolitik eingestiegen und zum Bürgermeister gewählt worden. Nun aber waren seine Bauentscheidungen zweifelhaft. Ohne jede Debatte im Gemeinderat ließ er die Kirche von 1597 abreißen, die allerdings zu klein und überdies baufällig geworden war. Der Neubau von Pierre Page wurde 1892 eingeweiht: Ein neogotischer Spitzturm ersetzte den eckigen Turm im provenzalischen Stil, womit auch der für provenzalische Kirchen typische eiserne Turmaufsatz mit der Glocke verlorenging *(le campanile)*; die alte Turmuhr befindet sich heute in der Fassade des Rathauses. Ebenso zweifelhaft war die Idee, unmittelbar vor der neuen Kirche ein Wohnhaus mit Keramikfassaden in orientalischem Stil bauen zu lassen, das der Kirche die Wirkung und der westlichen Rosette teilweise das Licht nimmt.

Die Altstadt von Sanary-sur-Mer, um 1925.

Michel Pacha wollte Sanary zum Handelshafen ausbauen, aber das gelang nicht, die »option touristique« mit dem Bau eines Grand Hôtel des Bains erwies sich als zukunftsträchtiger. Ein anderes Projekt, das die Landschaft und den Badeort Sanary zerstört hätte, kam ebenfalls nicht zustande: ein sechs Kilometer langer Stichkanal von Toulon bis zur Bucht von Portissol, der die Schiffsroute abkürzen sollte.

Seit 1891 richtete sich Michel Pachas Hauptinteresse auf ein geradezu utopisches Projekt. Auf einem 10 000 Hektar großen Gelände in der Bucht von Toulon, südlich von La Seyne, ließ er aus dem noch neuen Baumaterial Beton eine orientalische Traumstadt bauen, mit Hotel, Thermalbad und meeresbiologischer Anstalt, mit breiter Promenade, mehreren Villen und einem Schlösschen als dem eigentlichen Wohnsitz der Familie. In Erinnerung an einen Roman von George Sand, die hier 1867 einige wunderbare Monate verbracht hatte, nannte er den Ort *Les Tamaris*. Berühmtheiten aus der Kunstwelt wurden eingeladen, von Auguste Renoir über Camille Saint-Saëns bis zu den Brüdern Lumière und Gabriele d'Annunzio. Von dem ehrgeizigen Projekt stehen heute nur noch wenige Bauten.

Als Michel Pacha einen Streit mit den Fischern des Ortes Le Brusc nicht zugunsten der Fischer von Sanary entscheiden konnte, reichte er beim Präfekten des Var seinen Rücktritt ein. Er zog sich nach Les Tamaris zurück, wo er am 6. Januar 1907 starb. Mit dem Schiff wurde sein Leichnam nach Sanary überführt, zunächst zur Kirche, dann zum Mausoleum auf dem Friedhof. Seine letzte Tat war die Stiftung eines von vier Nonnen geleiteten Armenhauses.

Gelobt wurden seit je das milde Klima und die geschützte Lage des Ortes in der hügelumsäumten Bucht. Schon vor 300 Jahren hieß es: »Qui veult estr guari s'en parte en San-Nary.« (Wer geheilt werden möchte, komme nach Sanary.) Das erste Hotel wurde 1859 eröffnet, das Hôtel Courrau, dessen Bouillabaisse Berühmtheit erlangte. Bald danach eröffnete das Grand Hôtel

Das Café Le Nautique der Familie Schwob,
um 1928.

des Bains. 1898 wurde in dem Haus, das an der Ostseite des alten Turms gebaut worden war, das Hôtel de la Tour eingeweiht. Pierre Chabanne kaufte und erweitere das Hotel 1929, versetzte auch den Turmzugang von Osten nach Norden. Seit 1930 ist das Hotel im Besitz der Familie Mercier, die es heute in dritter Generation führt. Noch vor 1914 wurden weitere Hotels eröffnet, wie das Hôtel de la Gorguette und das Hôtel du Parc. Zur beliebten Sommerfrische wurde das bescheidene und beschauliche Sanary in den zwanziger Jahren. Das Syndicat d'Initiative wurde 1926 gegründet. Nun erst wurde der Tourismus zur entscheidenden Existenzgrundlage der Einwohner von Sanary, der »Sanaryens«.

Zu den Cafés an der Hafenpromenade, die zu Treffpunkten der Emigranten werden sollten, gehörten das Café de Lyon, das Café La Marine und Le Nautique, dessen Gründer, Maximilien Schwob, aus einer elsässischen Familie stammte, die nach der Annektierung durch das Deutsche Reich 1870 für Frankreich optiert hatte und in den Südwesten ausgewichen war. Schwob wurde 1878 in Béziers geboren. Im Ersten Weltkrieg diente er in Tunesien, wo er seine Frau kennenlernte, die sehr katholische und sehr schwarzhaarige Carmelle. Sie konnte kaum lesen und schreiben, war aber eine temperamentvolle Person. Während des Krieges war Maximilien Dolmetscher in einem Lager für deutsche Kriegsgefangene. 1918 wurde in Tunis die Tochter Alice geboren.

1926 zog die Familie nach Sanary. Schwob kaufte die Bar-Tabac Au réveil matin an der Hafenpromenade und nannte sie Le Nautique, aber jeder sagte nur: Chez Schwob. Auf einer alten Postkarte sieht man Maximilien vor dem Kriegerdenkmal (Monuments aux Morts), als dies noch auf dem kleinen Platz vor der Kirche stand. Die kleine Alice hatte für die Jungfrau mit der Fanfare Modell gestanden; inzwischen ist das Denkmal in den kleinen Park hinter dem Office de Tourisme versetzt worden. Die junge Alice Schwob wurde auch von Moïse Kisling gemalt, der über sie sagte: »Sie ist das schönste Mädchen

Unter den Palmen von Sanary.

der Welt.« Nach nur drei Jahren in Sanary starb Maximilien Schwob; seine Frau führte das Café weiter, das man seither »Bei der Witwe Schwob« nannte; unter diesem Namen haben es auch die Emigranten kennengelernt.

Einst hatte Sanary von der Landwirtschaft (Obst, Gemüse, Oliven, Blumen) und vom Weinbau gelebt. Der Fischfang hingegen hatte nur eine untergeordnete Bedeutung; Versuche, Fischfabriken anzusiedeln, blieben erfolglos. Um 1900 verzeichnete man 42 selbständige Fischer. Die Netze waren noch aus Baumwolle gefertigt, mussten regelmäßig getrocknet und gefärbt werden, geflickt ohnehin. Den Verkauf des Fangs besorgten die Fischerfrauen am Quai vor dem Rathaus.

1915 wurde eine Straßenbahngesellschaft gegründet, die Société des Tramways de l'Ouest Varois (TOV); eine Linie fuhr über Ollioules, die andere über Six-Fours und La Seyne nach Toulon. Um 1930 konkurrierten zwei Omnibuslinien miteinander, die nach Bandol wie nach Toulon fuhren: Die Société du Garage Excelsior, gegründet vom Polytechnique-Absolventen Pierre Mimerel, der zur intellektuellen Gesellschaft des Ortes vor 1939 gehörte, und die Société des Autocars Provence-Sports. Heute liegt das Transportwesen rings um Toulon in den Händen der Firma Véolia Transport.

In Sanary hat es immer einige Schweizer gegeben. Am bemerkenswertesten war Paul-Ulrich Roethlisberger. Sein Vater hatte mit Emmentaler Käse gehandelt, er selbst studierte Medizin und zog sich 1924 nach Sanary zurück, wo er Schloss und Weingut La Millière erwarb. Sein Sohn André Roethlisberger war Chemiker, er wollte den Vin de Bandol aufwerten. Im Mai 1939 gründete er das Syndicat des Producteurs de vins fins de la région historique de Bandol. Erst unter dem Pétain-Regime wurde per Dekret vom 11. November 1941 »Bandol« als Herkunftsbezeichnung amtlich anerkannt (AOC). Im Februar 2005 wurde die Regelung leicht modifiziert und bestätigt.

Der Bandol-Wein wächst auf den Gebieten der Gemeinden

Der Blick auf die Bucht, Sanary-sur-Mer, um 1930.

Sanary, Saint-Cyr, La Cadière d'Azur, Le Beausset, Évenos, Ollioules, Le Castellet, aber paradoxerweise kaum auf dem Territorium von Bandol, das viel zu klein ist. Der Name verweist auf das königliche Privileg der von Henri Quatre gegründeten Stadt, über ihren Hafen den Wein der Region auszuführen. 1945 wurde André Roethlisberger Ehrenpräsident der Genossenschaft. In den Tagen der Befreiung von der deutschen Besatzung haben er und sein Freund Walter Mulethaler, der längst den französischen Pass hatte, was er den Okkupanten aber verschwieg, als Vermittler beim Abzug der Wehrmacht gewirkt und der Stadt Sanary und ihren Bewohnern einiges erspart.

Im Rathaus von Sanary hängt ein Gemälde von Louis Bonnot (auch Lina Bill genannt). Es stammt aus dem Jahr 1882 und zeigt den natürlichen Charme und die Besonderheit der Lage von Sanary. Man sieht die dicht am unbefestigten Ufer stehenden Häuser, die Kirche mit ihrem ursprünglichen Turm und den bis zur zweiten Etage umbauten Festungsturm. Auf dem ansonsten kahlen Hügel stehen nur die Mühlentürme und die kleine Kirche Notre-Dame de la Pitié. Auf der Hafenpromenade wachsen Laubbäume, wahrscheinlich sind es provenzalische Micoculiers (Zürgelbäume), nur eine einzige Palme ragt heraus. Die kleinen Boote sind an Land gezogen. Am dichtesten ist die Bebauung zu beiden Seiten des Festungsturms, auch den Quai Esmenard schmückt eine Zeile enger, hoher Häuser. Die Farben Ocker, Bauxit und Blau dominieren das Bild. Das einzige aufgespannte Segeltuch (ein Lateinsegel, wie es heute wieder in Mode kommt an den typischen Booten, »les pointus« genannt) passt sich der Farbe der Dächer an.

Sanary scheint sich in den westlichen Winkel einer größeren Bucht hineinzuschmiegen. Das offene Meer sieht man nicht, kleine Inseln und eine noch südlicher gelegene Landzunge versperren den Blick, vermitteln aber zugleich den Eindruck einer geschützten Zone. Hinter der palmenbestandenen Promenade längs des Hafens mit ihren Cafés und Geschäften erstreckt sich der eigentliche Ort. Die Kirche Saint-Nazaire liegt gleich an der Promenade, die Quai du Général de Gaulle heißt (vor dem Krieg: Quai Victor Hugo). Der Hafen, im Wesentlichen ein Yachthafen, ist im Winkel vor dem Turm angelegt worden. Der Alte Friedhof am östlichen Rand der Altstadt ist bereits der dritte in Sanary, zwei frühere, näher an der Kirche gelegen, sind längst überbaut worden. Etwas abseits hat man einen neuen Friedhof angelegt, ohne die hohen Steingruften mit ihren Inschriften, Bildmedaillons, Porzellanblumen und pathetischen Skulpturen.

Von der gegenüberliegenden Insel Les Embiez wirkt Sanary wie ein Versteck, verwinkelt, ruhig, bescheiden. Auf seine unscheinbare Art hat der Ort etwas Besonderes, das schwer zu fassen ist, vielleicht eine Art feiner Melancholie. Markant ist die rote Bauxitspitze von Portissol, ein rotes Brandmal an der grauen Küstenhaut, die vom Meer aus einem schlafend daliegenden Vorzeittier gleicht. Das Hinterland, soweit man es sehen kann, ist kahl und karg. Nach Kräutern und Blumen duftender Wind fegt über die Felsen. Katherine Mansfield hat den Reiz dieser Landschaft in Versen eingefangen:

Down below at this idle hour
Nobody walked in the dusty street
A scent of dying mimosa flower
Lay on the air but sweet – too sweet.

Die Hauptstadt der deutschen Literatur im Exil

Die ersten Emigranten, die an der Côte d'Azur Zuflucht fanden, waren Adam und Eva, wie an der Riviera zirkulierende Legenden behaupten. Nach der Vertreibung aus dem Garten Eden führte sie ein wohlwollender Engel an dieses Ufer, dessen Buchten und Felsen, Früchte und Blumen, Wein und Sonne sie über den Verlust des unschuldigen Glücks in der Heimat hinwegtrösteten. Dieser Rettung verdankt die Engelsbucht von Nizza ihren Namen. Der Mythos von dem wiedergefundenen Paradies ist auch in den Zeiten des Exils im 20. Jahrhundert bemüht worden, als deutsche und österreichische Autoren und Künstler an der Küste zwischen Menton und Marseille eine Bleibe fanden; aber auch auf die Zuflucht in Kalifornien wurde das Bild vom Exil im Paradies übertragen.

Die Stadt, die den erzwungenen Aufenthalt an der blauen Küste am schönsten symbolisiert, ist Sanary-sur-Mer, das den Beinamen »Hauptstadt der deutschen Literatur im Exil« wohl verdient hat, vorausgesetzt, man vergisst darüber nicht die Maler und Fotografen. In den dreißiger Jahren des 20. Jahrhunderts steht Sanary für die rosa Periode des Exils in Frankreich (so weit ein Exil rosa sein kann); die schwarze Periode kam ab September 1939, aber sie spielte zumeist anderswo. Das Leben am Mittelmeer war schön oder zumindest erträglich, doch die Existenz der Emigranten war prekär. Schikanen, Probleme, Nöte, auch Gefahren lauerten überall.

Als Hitler am 30. Januar 1933 zum Reichskanzler ernannt wurde, erkannten nur wenige Intellektuelle, welche unmittelbare Gefahr das für sie bedeutete. Manche befanden sich zufällig auf Auslandsreisen, von denen sie nicht mehr heimkehrten wie Lion Feuchtwanger oder Ernst Toller. Heinrich Mann, der seit 1931 vor der Gefahr gewarnt hatte, wurde aus der Akademie der Künste in Berlin gedrängt und zog es vor, nachdem er einen rettenden Tipp erhalten hatte, schon am 22. Februar 1933 über Kehl nach Frankreich einzureisen. Es war etwa zu der Zeit, zu der er seine jährliche Reise nach Nizza zu machen pflegte, wo er seit 1908 verkehrte, und nach Nizza ging er auch dieses Mal. In der Stadt hatte sich nichts verändert, aber seine Lage war nun eine ganz andere.

Das Signal zum Aufbruch der Intellektuellen war die Nacht des Reichstagsbrandes vom 27. auf den 28. Februar 1933, als massive Verhaftungen einsetzten. Nun flohen auch Bert Brecht und Anna Seghers und viele andere, und sie entgingen dem Schicksal von Erich Mühsam, der nicht rechtzeitig nach Prag entkam, eingesperrt und nach langen Quälereien ermordet wurde.

Am 10. Mai veranstalteten die NS-Studentenorganisationen in allen Universitätsstädten Bücherverbrennungen. Dieser Tag ist seither das traurige Symbol der Unterdrückung der Geistesfreiheit und schließlich jeder Freiheit in Deutschland. »Wo man Bücher verbrennt, verbrennt man auch am Ende Menschen.« Heinrich Heines schauriges Wort, das auf die spanische Inquisition gemünzt war, erhielt in Deutschland furchtbare Aktualität. Am 23. August 1933 veröffentlichte das Regime seine erste Ausbürgerungsliste, auf der sich linke Politiker und besonders viele Schriftsteller befanden: Lion Feuchtwanger, Heinrich Mann, Ernst Toller, Kurt Tucholsky, Alfred Kerr. Diese Praxis sollte über die nächsten Jahre anhalten, was den Status der Emigranten im Ausland nach Ablauf ihrer Pässe erheblich komplizierte.

Es entstand eine geistige Diaspora in allen Gebieten, Literatur, Film, Malerei, Fotografie, Theater, auch in der Wissenschaft. Wien, Prag, Amsterdam und London wurden wichtige Zentren des Exils, aber in erster Linie doch Paris und gleichrangig daneben die Côte d'Azur. Die Emigranten waren nicht nur Juden, Kommunisten oder Sozialdemokraten; manche wollten sich nicht den neuen Richtlinien fügen. Im Reich musste man Mitglied der Kulturkammer werden, wenn man noch öffentlich wirken wollte. Verfolgung, Zensur, Repression verschärften sich von Jahr zu Jahr.

In Ludwig Marcuses bitteren und doch mit Elan geschriebenen Lebenserinnerungen *Mein zwanzigstes Jahrhundert* trägt der dem Exil gewidmete Teil *(Aus einer deutschen Diaspora)* die zum Schlagwort gewordene Kapitelüberschrift »Hauptstadt der deutschen Literatur«. Unter dieser ironisch gemeinten Formulierung finden sich die Erinnerungen an die »german colony« in Sanary, über die ihn im späteren amerikanischen Exil das FBI ausgefragt hat. Zwischen 1933 und 1942 haben etwa 500 Deutsche und Österreicher im Département Var Zuflucht gefunden, 80 Prozent von ihnen in den drei Orten Bandol, Sanary und Le Lavandou.

Ludwig Marcuse, am 8. Februar 1894 im Berliner Hansaviertel geboren, stammte aus einer großbürgerlichen jüdischen Kaufmannsfamilie. Der Vater, Carl Marcuse, handelte mit Hüten und Mützen. Die Mutter Paula, geborene Gumpert, stammte ebenfalls aus bürgerlichen Verhältnissen. In seiner Heimatstadt und in Freiburg studierte Marcuse ab 1913 Philosophie und Literatur. Im August 1914 meldete er sich freiwillig zum Kriegsdienst, wurde aber wegen Herzschwäche zur Disposition gestellt. 1917 promovierte er in Berlin mit einer Arbeit über Nietzsche. Zu diesem Zeitpunkt hatte er seine anfängliche patriotische Kriegsbegeisterung schon überwunden. Zwischen 1925 und 1929 war er in Frankfurt am Main als Theaterkritiker tätig, als Redakteur beim *Frankfurter Generalanzeiger*. Er schrieb aber auch für das *Berliner Tageblatt*, die *Vossische Zeitung* und die *Weltbühne*. Seine erste Publikation war eine Biographie über Ludwig Börne. 1925 lernte er Erna (Sascha) Reich kennen, die er 1928 heiratete; im darauffolgenden Jahr zog das Paar nach Berlin in die Siedlung Eichkamp.

Die Machtergreifung der Nazis kommentierte Marcuse mokant; es dauerte eine Weile, ehe er die Gefahr begriff. Am 27. Februar saß er mit Joseph Roth und Ernst Weiss in den Mampestuben am Kurfürstendamm, als ihnen der Kellner mitteilte: Der Reichstag brennt! Innerhalb von Stunden hatte Marcuse seine Koffer gepackt und verließ am nächsten Tag mit seiner Frau das unselige Land. Erste Exilstation war Cros de Cagnes bei Nizza. Er begann, für Emigrantenblätter in Prag und Amsterdam zu schreiben. Hermann Kesten riet ihm zur Übersiedlung nach Sanary. Von dort beteiligte er sich an diversen Aktivitäten der Exilautoren in Paris. In diesen Jahren entstanden Werke über Ignatius von Loyola, Richard Wagner und Platon. Am 30. März 1939 brachen die Marcuses in die USA auf, sie fuhren mit dem Schiff *Präsident Harding* nach New York. 1944 erhielten sie die amerikanische Staatsbürgerschaft. Marcuse zog nach Los Angeles und übernahm 1945 eine Professur für deutsche Literatur und Philosophie an der University of Southern California. Nach 1949 hielt er sich wiederholt in Deutschland auf, bis er Anfang der sechziger Jahre ganz nach Bad Wiessee zog. Hier starb er am 2. August 1971. Er schrieb über Heinrich Heine, August Strindberg, Georg Büchner und Richard Wagner, war also ein Kenner des 19. Jahrhunderts.

Am bedeutsamsten aber ist sein Erinnerungsbuch *Mein zwanzigstes Jahrhundert*, das 1975 postum in Zürich erschien. Darin finden sich die schönsten Schilderungen seiner Zeit in Sanary, wo er sechs »unglücklich-glückliche Jahre« verbrachte, in einem Häuschen, das La Côte hieß und das – als eines der wenigen Häuser von Emigranten – nicht mehr steht. Und er war Zeuge und Gesprächspartner all der anderen Schriftsteller, die nach 1933 für kürzere oder längere Zeit hierherkamen und Sanary in ein »sehr umfangreiches romanisches Café mit Marmortischen und Badehosen« verwandelten. Für Marcuse war Sanary »so klein, dass ich mit ihm zusammenwachsen konnte.

Der Winter war kurz und leicht – mit Rosen, weißem Thymian, frühen Mimosen und Nelken. Es war gar kein Winter, wenn man aus dem Norden kam. Im Januar wurde es schon wieder Frühling. Wir wanderten ins Land hinein; die Narzissen-Felder betäubten uns so schmeichelnd, dass ich noch in den trübsten Stunden zum Leben verführt wurde. [...] Am verliebtesten war ich in die adoptierte Heimat, wenn ich zur Zeit des ausgehenden Tages vor dem Café de la Marine saß oder nebenan bei der Witwe Schwob. [...] Die *heure bleue* hob alles – nicht ins Azurne der Reiseprospekte, sondern in das Blau der Blauen Blume. Der wuchtige alte Festungsturm, nun umschlossen von einem Hotel [...], fing an zu schweben. Über den Pinienwald des Vorgebirges [...] glitt das große gelbe Licht und entwarf auf dem stillen Wasser eine seiner unvergesslichsten Malereien. [...] Der winzige Hafen, eingerahmt von einer niedrigen Mole, war gefüllt mit leise schauernden Fischerbarken, die Masten taumelten sanft und schlaftrunken. Der Leuchtturm gab ziemlich schrille Signale, als versuchte ein taubstummer Gott, mit uns vergebens ins Gespräch zu kommen. In solchen Stunden war's, dass ich Deutschland selig vergaß.«

Das abseits gelegene Sanary war »nur irgendein Fischerdorf am französischen Mittelmeer«, aber gerade in seiner Verlorenheit ein symbolischer Ort des Exils, Wartesaal, Abstellgleis, und somit auch Schutzraum. Allerdings: »Der Emigrant lebt nicht vom Haß allein.« Und so konnte man in diesem »kleinen Fischer-Nest« trotz allem das Leben genießen. »In dieser kleinen Bucht an einem der ausrangiertesten Gleise des Weltgeistes vergaß ich an den glücklichen Tagen, daß ich nicht hier geboren war.«

Das Paradox dieses Lebens bringt Marcuse auf eine glückliche Formel: »Wir waren in dem Land, in dem sich Gott einst am wohlsten fühlte. [...] Ja, wir waren in jenem Teile des Landes, in dem die glücklichsten Franzosen landen: die Rentiers. Alles war azurblau, nur nicht unser Gemüt. [...] Wir wohnten im Paradies – notgedrungen.«

Englische Autoren in Bandol und Sanary

Drei englische Autoren entdeckten nacheinander und mit Bezug aufeinander den besonderen Charme der Küste bei Sanary. Diese seltsame Verkettung gehört zur literarischen Geschichte des Ortes, auch wenn in diesem Fall alles in Bandol begann.

Die Erste, die wir in dieser Gegend antreffen, war Katherine Mansfield. Sie wurde 1888 in Neuseelands Hauptstadt Wellington geboren. Ihr Vater Harold Beauchamp war der Sohn englischer Einwanderer, die in Australien ihr Glück in den Goldminen suchten. Mit neunzehn Jahren war er in eine neuseeländische Firma eingetreten, in der er rasch Karriere machte. 1884 heiratete er Annie Dyer, die Schwester eines Kollegen. Ihrem ersten Kind, das eigentlich Kathleen hieß, sollten noch drei Töchter und ein Sohn folgen. 1903 wurden die Mädchen zur Erziehung nach England geschickt. Die Eltern begleiteten sie auf der 40-tägigen Schiffsreise um Kap Hoorn herum bis nach London, wo sie im Queen's College unterkamen. Dort begann Kathleens lebenslange Freundschaft mit Ida Baker.

Kathleen hatte sich zunächst Kass nennen lassen, als sie aber zu schreiben begann (Gedichte und kleine Erzählungen), entschied sie sich für den Namen Katherine Mansfield, in Erinnerung an ihre Großmutter. Katherine war die dominante, Ida die dienstbare, ergebene, unverzichtbare Helferin, die sich immer wieder zurechtweisen ließ. Ida war es, die ihrer Freundin die neue Frisur machte, kurz und glatt, die modern und dynamisch wirkte und zu ihrem avantgardistischen Erscheinungsbild passte, wo doch ihr Haar eigentlich seidige Kräusel warf. Ihr Lieblingsautor zu dieser Zeit war Oscar Wilde, dessen kesse Maximen sie in ihr Tagebuch eintrug.

1906 waren die Beauchamp-Mädchen wieder in der Heimat. Der Vater, nunmehr Sir Harold, wurde 1907 Direktor der Nationalbank von Neuseeland. Katherine verstand sich nicht mehr mit ihren Eltern. Sie wollte schnell zurück nach England, erbat sich von ihrem Vater die Erlaubnis dazu. Sie wolle frei sein und schreiben, und ihr Talent könne sie nur in Europa entwickeln. Erste Texte erschienen in australischen Zeitschriften. Ihr Vater ließ sie schließlich ziehen, mit einer bescheidenen Jahresapanage versehen, so dass die Tochter reicher Eltern stets Geldprobleme hatte. Ihr Leben aber führte sie nach ganz eigenen Vorstellungen.

In England angekommen, geriet sie in Turbulenzen. Sie traf die musikalisch begabten Zwillinge Arnold und Garnet Trowell wieder, die sie aus Wellington kannte. Arnold, ihre erste Liebe, enttäuschte sie, und sie wandte sich Garnet zu, der Trompete spielte. Sie selbst spielte leidlich Violoncello, doch verkaufte sie ihr Instrument, um etwas Geld zu verdienen und weil sie sich endgültig für das Schreiben entschieden hatte. Sie lebte mit Garnet zusammen und folgte ihm, als er mit einer Opernkompanie auf Tournee ging. Aber Garnets Eltern, bei denen sie eine Zeitlang zur Miete gewohnt hatte, trennten die beiden. Überdies ertrug sie das Wanderleben mit den Musikern nicht. Allerdings war sie von Garnet schwanger, und so heiratete sie kurzentschlossen den Musiklehrer und Sänger George C. Bowden. Doch verließ sie ihn schon nach der ersten Nacht.

Inzwischen war ihre Mutter aus Neuseeland eingetroffen. Um einen Skandal zu vermeiden, schickte sie Katherine nach Deutschland; von der Schwangerschaft wusste sie nichts. Katherine kam in einer Pension im bayerischen Wörrishofen unter. Als sie einen schweren Koffer zu heben versuchte, erlitt sie eine Fehlgeburt. Seither blieb ihre Gesundheit angeschlagen. Zurück in London, schwankte sie zwischen Bowden und anderen Liebhabern. 1910 besuchte sie eine Ausstellung mit Gemälden von Cézanne, van Gogh, Matisse und Gauguin, die in London zumeist belächelt wurde, auf sie aber einen prägenden künstlerischen Eindruck machte, ihre erste Begegnung mit dem französischen Midi.

1911 erschien unter dem Namen Katherine Mansfield ihr erstes Buch. Der ironisch-kritische Erzählreigen *In a German Pension* begeisterte den jungen Kritiker John Middleton Murry (1889–1957), der gerade erst sein Studium abgebrochen hatte und die avantgardistische Zeitschrift *Rhythm* herausgab (1913 umbenannt in *The Blue Review*). Katherine wurde Mitherausgeberin der Zeitschrift und kam John auch persönlich nahe. Ihre instabile Beziehung bestand aus Annäherung und Entfernung; als sie seinen Freund, den französischen Dichter Francis Carco, kennenlernte, fuhr sie nach Paris, hatte eine Affäre mit ihm, war dessen Redseligkeit aber bald überdrüssig. »Experimentell leben« schien ihr Motto zu lauten, frei nach Nietzsche und Oscar Wilde.

1914 brach der Krieg aus. Aus Neuseeland kam im Februar 1915 Katherines Bruder Leslie angereist, um sich zur englischen Armee zu melden. Noch bevor er im Feld eingesetzt werden konnte, kam er bei einem Manöverunfall in Nordfrankreich ums Leben. Sein Tod löste bei seiner Schwester eine tiefe Krise aus. Sie flüchtete an einen Ort, an dem sie die Heimat beschwören und ihren Schmerz in Schreiben umsetzen konnte. Diese kreative Zuflucht fand sie an der Côte d'Azur, in Bandol. Vielleicht hatte Francis Carco ihr von der Küste vorgeschwärmt, die er einige Jahre zuvor von St. Tropez aus erkundet hatte. Die Bucht von Bandol erinnerte Katherine an Neuseeland, und hier fand sie ihren ganz eigenen Ton, ihre Stimme, als wäre die Magie dieser Landschaft in ihre Sprache eingegangen.

Ende November 1915 verließ sie London. Vom Bahnhof in Bandol holte sie am 1. Dezember 1915 der Pferdewagen des Hotels Beau Rivage ab, in dem sie die nächste Zeit wohnte. Bald überlagerten die neuen Eindrücke ihre Trauer. Die Briefe an Murry und ihr Tagebuch dokumentieren diesen Genesungsprozess. Wenn es hell wird, beginnen manche Tage mit Goldstaub in der Luft, schreibt sie. Und als sie die Fischer auf das Meer hinausfahren sieht, beginnt sie, den Ort zu lieben.

Immer wieder steht sie an der herrlichen Bucht. Von manchen Punkten kann sie bis zur nächsten Bucht schauen: »next bay Sanary«. Am 24. Dezember 1915 schreibt sie ins Tagebuch: Et in Arcadia Ego. Auch sie greift auf die Paradies-Metapher zurück. Ein Mondaufgang über dem Meer lässt sie Großes fühlen. Das Wasser hat die Farbe unreifer Kirschen, am Himmel zeigen sich gelbe Schwingen wie von Kanarienvögeln, die blauvioletten Himmel zerschneiden die Palmenwedel.

Bei einem Spaziergang entdeckte sie oberhalb der kleinen Bucht Rènecros ein einsames Haus mit Garten und Terrasse, die Villa Pauline. Dort mietete sie sich ein, als Murry am 1. Januar 1916 zu ihr kam. Das Häuschen bekam man 1915 für 88 Francs im Monat. Bis Mitte April blieben sie in der Villa, jeder an einem Ende desselben Tisches schreibend. Sie schaute auf die blühenden Mandelbäume, die fast das Fenster berührten, las Dostojewski und schrieb. Manchmal wurde sie dabei von Visionen heimgesucht und glaubte ihren Bruder zu sehen, verschmolzen mit Murry.

Hier begann sie den Text, der zunächst *Die Aloe* und schließlich *Prélude* hieß. Eine neuseeländische Familie richtet sich in einem neuen Haus ein – Vorspiel eines Lebens und doch aus der Erinnerung an die Großmutter geschrieben. In *Prélude* ist keine Düsternis zu spüren. Nachtrauern sei eine erschreckende Energieverschwendung, befand sie. Ein Schriftsteller dürfe sich das nicht gestatten. Die Aloe wird hier zum Symbol des Lebens, grausam, kräftig, fest verwurzelt. In dieser Landschaft erblüht Mansfields magischer Stil, der Realismus und feine Poesie, Beschreibung und Verzauberung untrennbar ineinanderfügt.

Im April reisten Mansfield und Murry zurück nach England, auf Einladung von D. H. Lawrence. Sie wurden dessen Nachbarn in einem Dorf in Cornwall. Aber Katherine bedauerte es bald, Bandol verlassen zu haben. Lawrence war ein ungemütlicher Zeitgenosse. Er stritt sich oft mit seiner Frau, zudem verdrossen sie dessen sexuelle Obsessionen. 1916 kam Katherine mit dem Kreis um Virginia Woolf in Berührung, die ihr Talent bewunderte, sie aber immer etwas von oben herab behandelte, als kleines Mädchen aus den Kolonien. 1917 wohnten Katherine und John eine Zeitlang getrennt.

Im Januar 1918, sie war dreißig Jahre alt, fuhr Katherine Mansfield noch einmal allein nach Bandol, in dem noch andauernden Krieg eine mühselige Reise von drei Tagen. Sie war erschöpft, aber Bandol entzückte sie: die Sonne, die Palmen, das Licht, die Hügel. Das Meer breitete sich als klare Fläche vor ihr aus, die Küste schimmerte rosig wie ein reifer Pfirsich. Als sie die Villa Pauline aufsuchte, erschien sie ihr schöner denn je. Die Besitzerin, Madame Alègre, erkannte sie zuerst nicht wieder, bat sie dann aber herein. Erinnerungen stiegen auf im Gespräch, doch als Katherine an der Wand ihre eigene Fotografie entdeckte, verlor sie darüber die Fassung und verabschiedete sich rasch. Das war der letzte Eindruck aus Bandol: ihr Foto an der Wand einer Villa über dem Meer, einer Villa, in der sie den Schmerz überwunden und geschrieben hatte. Was wäre das Glück denn anderes?

Sie aber hat es erschreckt, als böse Vorahnung vielleicht, aber wir, die wir sie entdecken und ihrem Magnetismus erliegen, wünschen uns, ihr Bild immer wieder zu finden. Das Haus steht noch heute, dicht umbaut, mit einer kleinen Gedenktafel versehen. Damals ging Katherine Mansfield hinunter zur Bucht von Rènecros, die Stufen an einer Steinmauer hinunter, und das Meer war voller Algen. Es begann zu regnen, und der Leuchtturm nahm sein Funkeln auf. Sie sah eine Gruppe Soldaten und begriff, das Glück von Bandol war für immer vorbei. Sie würde nicht mehr zurückkehren.

Ihre Gesundheit bereitete ihr große Probleme. Am 21. März 1918 reiste sie mit ihrer Freundin Ida Baker wieder nach Norden. Im Gepäck hatte sie Feigen, Nugat, Schokolade, Nelken und Safran, aber auch einige Erzählungen wie *Félicité*.

Auf der langen Rückreise musste sie einige Tage in Paris verbringen. Die Stadt lag unter dem Beschuss der deutschen Kanonen. In London zog sie wieder zu John, den sie Anfang Mai 1918 heiratete (die Scheidung der ersten Ehe hatte so lange gedauert). In diesem Jahr wurde die Familiengeschichte *Prélude* veröffentlicht, in diesem Jahr starb auch ihr Vater.

1919 hieß es: Sie würde keine zwei englischen Winter mehr überstehen. Sie ging an die italienische Riviera, in das Dorf Ospedaletti bei San Remo. Anfangs hatte sie den paradiesischen Eindruck, den man in den ersten Tagen an dieser Küste immer hat. Aber bald quälte sie alles, das Wetter, der Ort, ihr Körper. Am 20. Januar 1920 wechselte sie mit Ida Baker nach Menton. Ihre letzten Tage an der Côte d'Azur erlebte sie inmitten der subtropischen Pflanzenwelt dieser Grenzstadt. Umgeben von Blumen und Musik, atmete sie auf, wurde fröhlicher. Zunächst wohnte sie in einer Privatklinik, dann in der Villa Flora, einem luxuriösen Anwesen mit exotischem Garten.

Sie schrieb. Und sie wurde von ihrer Cousine Connie Beauchamp verwöhnt, der das Haus gehörte. Sie fuhren im Auto zu den hochgelegenen Dörfern auf den Hügeln der oberhalb von Menton auslaufenden Seealpen, Roquebrune, la Turbie, Castellar, aber auch nach Monaco, in das Spielzeugparadies. Im September 1920 mietete sie die Villa Isola Bella in Garavan, einem kleinen Ort zwischen Menton und der italienischen Grenze. Sie hielt sich vor allem im Garten auf und begeisterte sich für Farben und Formen der Blumen. Ihr Liebling war ein Zitronenbaum. Als im Februar 1921 anhaltender Regen einsetzte, floh sie in die Schweiz. Doch Bandol und Menton, der Zauber und die Zumutungen der Küste, gehören zu ihrem Leben und Werk.

Schwer nur reißt man sich von dieser Gestalt los, von ihrer unsteten Seele, ihren geheimnisvoll schlichten Sätzen, ihrer sonderbaren Liebesgeschichte mit John Middleton Murry. Sie war unfähig zur Gleichgültigkeit; Tage, die nicht der Mühe wert sind, gelebt zu werden, waren ihr unerträglich. Vielleicht ist es unklug, bis zum Wahnsinn zu lieben, schrieb sie, aber die schlimmste Torheit ist, überhaupt nicht zu lieben. Nach ihrem frühen Tod – sie starb am 9. Januar 1923 in einer Klinik in Fontainebleau, die ein russischer »Wunderarzt« leitete – wurde Murry der umsichtige Herausgeber ihrer Werke.

Bei D.H. Lawrence, den sie oft zur Verzweiflung trieb, wurde sie zur literarischen Figur – als Gudrun in *Women in love (Liebende Frauen)*. Über sie heißt es: »Ihr stand nicht der Sinn danach, es in der Welt zu etwas zu bringen. Mit dem durchdringenden Zynismus grausamer Jugend wusste sie, dass ein Aufsteigen in der Gesellschaft nichts anderes hieß als einen neuen äußeren Schein an die Stelle des alten setzen – einen falschen Taler für einen falschen Pfennig eintauschen. Die ganze Währung war falsch. […] Wer drinnen war, im Haus ihrer Seele, atmete eine scharfe, beizende Luft, eine schwüle Nacht des Gefühls und eine emsige, kritisch feine Bewusstheit, die die Welt verzerrt sah, grauenhaft.«

Als D.H. Lawrence im Herbst 1928 nach Bandol kam, war es nicht nur das Klima, das sein Lungenleiden kurieren sollte. Er suchte auch eine Zuflucht fern der englischen Heimat, wo ihm nach der Veröffentlichung des Skandalbuches *Lady Chatterleys Lover* allerlei Widrigkeiten drohten, bis zur Verhaftung. Seine Freundin Katherine Mansfield hatte ihm oft genug von Bandol erzählt.

Bandol war klein, warm und charmant, das Hotel Beau Rivage angenehm. Hier fühle er sich zu Hause, schrieb DHL an die befreundeten Huxleys. »Das Wetter hier ist unglaublich schön, der Ort ist wunderbar, wir schwimmen bei Sonnenuntergang in milchig-goldenem Licht, die weißen Schiffe verschwimmen mit der See im Zwielicht, Palmen strecken ihre gekräuselten Wipfel nach Westen und ihre festen, dunklen Stämme in den Boden, und wir sitzen im Lichtstaub unter orangefarbenen Lampen unter einem Blätterdach, während draußen jugendliche Schattengestalten vorbei rennen und rufen.«

So blieb er hier mit seiner deutschen Frau Frieda (geborene von Richthofen). Freunde besuchten sie in Bandol, darunter auch Aldous und Maria Huxley, Julian und Juliette Huxley, H. G. Wells. Den jungen Leuten sagte DHL: Eure Freiheit des Schreibens verdankt ihr mir. Seine Krankheiten hatte er nie sehr ernst genommen. Ich bin nur krank, wenn ich mich mal in Mitleid baden will, sagte er einmal. Um zu gesunden, hätte er strikte Ruhe halten müssen, aber in den Jahren 1926 bis 1928 schrieb er drei Fassungen von *Lady Chatterley* und begann sein letztes Buch *Apocalypse*, über primitive religiöse Symbolik, das von seinem Wohnort am Meer beeinflusst wurde. Nach kurzen Aufenthalten in Paris und auf Mallorca kehrten Lawrence und seine Frau 1929 nach Bandol zurück. Nach ein paar Tagen im Hotel mieteten sie die Villa Beau Soleil, auf einer Felsspitze hinter dem Hafen, voller Licht und Luft. So nah an der See fühle man sich wie der junge Odysseus am Morgen, notierte er. Hier arbeitete er an *Apocalypse* und schrieb letzte Gedichte.

Am 1. Januar 1930 erkältete er sich im starken Wind; die exponierte Wohnlage verschlimmerte die Bronchitis. Am 17. Januar untersuchte ihn der englische Arzt Andrew Morland und schickte ihn nach Vence in das Sanatorium Ad Astra. Lawrence litt an Pleuräsie, hatte keinen Appetit mehr. Man spürte, dass es zu Ende ging. Frieda bat die Freunde, Abschied zu nehmen. Zu den letzten Besuchern in Vence gehörten Aldous und Maria Huxley.

Am Sonntag, dem 26. Februar, kam bei schöner Sonne der amerikanische Bildhauer Jo Davidson, um einen Gipskopf von ihm zu machen. Es wurde ein konventioneller Kopf, er hatte nur eine Stunde dazu. »Result in clay mediocre« waren die letzten Worte, die DHL aufschrieb. Ad Astra hatte seinen Weg ins Jenseits beschleunigt. Zuletzt verlegte man ihn in die Villa Robermond, wo er am Abend des 2. März 1930 starb. Maria

Huxley war bei ihm. Lawrence ergriff ihre Hand und schrie: »Maria, Maria, lass mich nicht sterben!« Dann aber beruhigte er sich, schien sich abzufinden. Die Huxleys verloren zum zweiten Mal einen schreibenden Kompagnon an dieser Küste, aber das hielt sie nicht davon ab, selbst hierherzuziehen.

Für einige Monate hatten Aldous und Maria Huxley im Winter 1928/29 ein Haus in der Rue du Bac in Suresnes bei Paris gemietet, wo es ihnen aber nicht sonderlich gefiel. Huxley hatte gerade mit seinem Roman *Point Counter Point* einen großen Erfolg erlebt, der ihn zu einem Autor ersten Ranges und wohlhabend machte. Nach ihrem Besuch in Bandol im Februar 1929 wollten die Huxleys weiter nach Florenz, fanden aber die Stadt in diesem eisigen Winter enttäuschend. Zurück in Paris, kauften sie einen roten Bugatti, das neueste Modell des Krisenjahres 1929. Es war ein Zweisitzer mit taubengrauen Ledersitzen und einem truhenartigen Kofferraum. Man hatte ihn speziell für die langen Beine von Aldous eingerichtet. In Sanary machte der Bugatti großen Eindruck; man hörte den Motor immer schon von weitem. Maria fuhr den Wagen, denn Aldous wäre dazu unfähig gewesen. Seit dem 16. Lebensjahr litt er unter einer schweren Augenkrankheit, die ihn vorübergehend fast blind und zum lebenslangen Träger starker Brillen gemacht hatte. Sie fuhren damit bis Madrid und auch nach London.

Anfang 1930, auf dem Rückweg von einer Spanienreise, versuchten die Huxleys, ein Haus bei Bandol zu finden. Die Chefin des Hotels Beau Rivage, Madame Douillet, empfahl ihnen ein leerstehendes Haus in La Gorguette, dem zu Sanary gehörenden Küstenteil der Bucht von Bandol. Fließend Wasser und Strom waren vorhanden. Das Meer und ein kleiner Privatstrand waren ganz nah, die Küstenstraße auch. Der Besitzer lebte in Marseille und war stolz auf die moderne Bauweise: ein Badezimmer im Keller, ein WC auf jeder Etage, Gewächshäuser an drei Hausseiten, ein Gelände von 4000 Quadratmetern mit Oliven- und Feigenbäumen.

Aldous Huxley

Es waren aber noch Umbauten vorzunehmen, ehe es den Wünschen der Huxleys entsprach. Madame Fosca Gori, die im Hotel Chardon arbeitete, half ihnen in den ersten Monaten. Am 26. Juni verließen sie Suresnes, »this ever detested place«. In Sanary blieb das Haus den Sommer über eine Baustelle, im September fuhr Huxley nach London, wo sein Sohn Matthew zur Schule ging. Genau wie in Suresnes sollte sein neues Domizil »Villa Huxley« heißen, aber der beauftragte Handwerker verschrieb sich bei dem schwierigen englischen Namen, den er in großen grünen Lettern malen sollte; der Hausherr bestand darauf, das fehlerhafte Schild anzubringen und so ist sein Haus in die Geschichte eingegangen als Villa Huley (sprich: Ülei, manche sagten aber auch: Oulaï).

Im April 1930 war die Villa bezugsfertig. Huxley verfügte über einen großzügigen Arbeitsraum, der gut abgeschirmt werden konnte; seine Frau tippte die Texte in einem eigenen Zimmer. Drei siamesische Katzen schlichen durchs Haus. Huxley las Kafkas *Schloß*, für ihn eines der maßgeblichen Bücher der Zeit; und in seinem neuen Haus in Sanary begann er, selbst ein solches zu schreiben, dessen Titel ein Zitat aus Shakespeares *The Tempest* war: *Brave New World*. In den Monaten von Mai bis August 1931 vollendete er im friedlichen Sanary seine schwarze Utopie, die 1932 in London erschien. Von dem Roman wurden in England 13 000 Exemplare im ersten Jahr verkauft. Huxley verdiente jetzt 2000 Pfund im Jahr. Ebenfalls in Sanary entstand der Roman *Eyeless in Gaza*.

Zu den regelmäßigen Gästen der Huxleys gehörten der Kunsthistoriker Julius Meier-Graefe und seine junge Frau. Ferner kamen der Maler Moïse Kisling und der amerikanische Schriftsteller William Seabrook, der unterhalb von Huxleys Haus in der Villa Les Roseaux direkt an der Bucht wohnte. Es kamen auch englische oder amerikanische Kollegen herüber, wie Edith Wharton aus Hyères. In Cannes traf sich Huxley mit H. G. Wells. Im Sommer 1933 kam Edward Sackville-West zu Besuch nach Sanary. Und im Herbst 1934 empfing Huxley in Sanary Paul Valéry zu einem angeregten Gespräch über Mallarmé.

Huxley war also nicht an die Côte d'Azur gekommen, um sich zurückzuziehen von seiner dramatischen Gegenwart. Sanary wurde für ihn das Observatorium der Welt und der Ausgangspunkt häufiger und weiter Reisen. Anfang 1931 begab er sich nach London und machte von dort einen Abstecher nach Berlin. 1934 folgten die Huxleys einer Einladung nach Brüssel, wo sie vom belgischen König Albert I. zu einem Lunch im Palast eingeladen wurden, vermittelt über einen Onkel von Maria, die ja aus Belgien stammte. Anfang 1933 reisten sie für einige Wochen nach Mexiko. Über London kamen sie im Mai 1933 nach Sanary zurück. Die Atmosphäre hatte sich verändert, denn nun beherrschten die deutschen Emigranten die Szene.

Im August 1933 schrieb Huxley an einen Freund: »Sanary quillt über von deutschen literarischen Emigranten, von Thomas Mann an abwärts. Der Ort strotzt geradezu vor Literatur, was eher quälend ist.« In einem anderen Brief heißt es: »Schwärme von literarischen Deutschen sind hier ins Land eingefallen wie die Heuschrecken.« Und es finden sich bösartige Sätze: »Diese Emigranten sind ein eher unschöner Haufen, man sieht ihnen schon die verheerende Wirkung des Exils an.« Maria Huxley schrieb gar: »Diese deutschen Juden sind meistens sehr hässlich.« Auch bei Aldous gab es zweideutige Formulierungen. Doch schrieb er in einer amerikanischen Zeitung: In Deutschland drohe die Apokalypse, die Juden dort seien rechtloser als Tiere.

In Wahrheit lebten die Huxleys in engem Kontakt mit den deutschen Flüchtlingen, und die Emigranten haben sie als hilfsbereite Nachbarn erlebt. Hilde Stieler erinnerte sich noch viele Jahre später an das erste Zusammentreffen. Vor dem Café Le Nautique saßen Schickele, Klossowski, Stieler, Heinrich Mann. Die Huxleys kamen vorbei, sie gingen zum Einkaufen. René Schickele rief sie herbei. Aldous Huxley setzte sich zu ihnen, seine Frau ging zum Markt. Er war charmant und umgänglich, ohne Allüren, sprach sehr gut Französisch. Klossowski war sehr zurückhaltend, auch Heinrich Mann war schweigsam, Schickele hingegen laut und aufdringlich. Als Heinrich Mann ging, versuchte Hilde Stieler, seine lübeckische Steifheit zu entschuldigen, aber Huxley sagte nur: »I like him. Il me plaît beaucoup.«

In ihren nachgelassenen Erinnerungen meinte Stieler, Huxley habe im Widerspruch zwischen dem ungesunden Leben der Phantasie und der organischen Realität gelebt. Seine Frau machte eine strikt vegetarische Küche, aber er aß gerne Roastbeef, wenn er außer Haus die Gelegenheit dazu hatte. Er war so groß, dass er sich beim Reden zu Maria hinunterbeugen musste. Und wenn er auch wie ein ewiger Pennäler aussah, so hatte er es doch faustdick hinter den Ohren, war auch ein Frauenheld, hatte Affären mit Nancy Cunard, aber auch mit Eva Herrmann in Sanary, in der Zeit, als diese die Geliebte Lion Feuchtwangers war.

Am 21. Juni 1935 sprach Huxley vor dem Pariser Kongress zur Verteidigung der Kultur. Er warnte vor Diktatur und totalitärer Propaganda, wurde zu spät gewahr, dass es sich um eine kommunistisch gelenkte Veranstaltung handelte. Sanary bot immer wieder Anregung und Augenfreuden. »Ich habe noch nie eine solche Vielfalt an Blumen und Pflanzen gesehen«, schrieb er im Frühling 1934. 1935 machte er eine Phase künstlerischer Zweifel und gesundheitlicher Krisen durch. Der Sommer 1936 war schön, aber es sollte der letzte Sommer in Sanary sein. Huxley schrieb noch eine Hymne auf diese Landschaft, den Essay *The Olive Tree.*

Am 19. Februar 1937 verließen sie Sanary. Maria war traurig: »Keine Landschaft kann dieser gleichkommen«, schrieb sie einer Freundin. Die Landschaft am Mittelmeer sei ihrem Herzen unersetzlich. Den Bugatti verkauften sie an Kisling, das Haus an Marias Schwager Georges Neveu. Mitte April reisten sie von Le Havre mit der *SS Normandie* in die USA – an Bord waren auch Thomas und Katia Mann. Die Manns hatten eine

Kabine mit Terrasse, die Huxleys reisten in der Touristenklasse. An Bord unterhielten sich beide Paare über die schönen Tage von Sanary, aber »das Gespräch behindert durch Sprache«, notierte Thomas Mann im Tagebuch, der in diesen Tagen unter Zahnweh litt.

Als sich die deutsche Emigrantenkolonie nach Kalifornien verlagerte, blieben die Huxleys in Kontakt mit ihren ehemaligen Nachbarn. In den frühen 50er Jahren kamen sie einmal nach Sanary. Aldous Huxley starb am selben Tag wie John F. Kennedy, was seinen Nachrufen geringere Beachtung bescherte. Manche Einwohner von Sanary konnten sich noch viele Jahre nach dem Krieg gut an seinen roten Bugatti erinnern.

Durch die Geschichten vieler Emigranten, die den Sommer 1933 in Sanary erlebt haben, geistert die Figur des amerikanischen Reiseschriftstellers William Buehler Seabrook. Er wohnte mit seiner Gefährtin und späteren Frau Marjorie Worthington in der Villa Les Roseaux. Der notorische Trinker und Sonderling sorgte für Klatsch, erzählte von finsteren Abenteuern bei Voodoo-Priestern in der Karibik oder bei Kannibalen in Afrika. Über die sadomasochistischen Séancen mit Marjorie Worthington wurde im Ort getuschelt.

Auf Seabrooks Einladung hin kamen Amerikaner, Engländer, Franzosen und Deutsche am 8. August zu einer großen Party in seinem Garten zusammen, darunter »die haute vollée des deutschen Geistes mit seinen Geistinnen« (Ludwig Marcuse): Thomas und Katia mit Golo, Monika, Elisabeth und Michael, Heinrich und Nelly, Feuchtwangers, Arnold Zweig, Schickeles, Huxleys, Meier-Graefes, Sybille Bedford, Eva Herrmann. Das Fest kann als Gründungsfeier der Exilgemeinde von Sanary gelten.

Von Juli bis September wohnte Golo Mann kostenfrei in Seabrooks 20-Zimmer-Haus. Der Gastgeber äußerte sich bewundernd über Golos Intelligenz. Im Herbst 1933 verließ Seabrook den Ort, was allgemein bedauert wurde. Die Ladenbe-

Sanary-sur-Mer, 1940.

sitzerin Madame Rotger, bei der er seinen Alkohol bezog, glaubte den Grund für die Abreise zu kennen – nicht wegen des stark abgewerteten Dollars, wie er vorgegeben hatte, sondern weil in Amerika die Prohibition aufgehoben war. In Marjorie Worthingtons Romanen *Scarlet Josephine* (1933) und *Come, my Coach!* (1935), aber auch in Seabrooks Memoiren *No Hiding Place* spielen die Erinnerungen an Sanary eine große Rolle.

Die Geheimnisse von Sybille Bedford und Eva Herrmann

Sanary kannte noch ganz andere Geheimnisse als die Geschichten um William Seabrook, und nicht alle lassen sich entschlüsseln. Dass sich so viele Deutsche nur 15 Kilometer vom wichtigsten französischen Militärhafen entfernt aufhielten, sorgte bald nach 1933 für allerlei Gerüchte und auch Verdächtigungen. Als 1939 der Krieg ausbrach, standen alle Deutschen unter Generalverdacht, auch wenn viele von ihnen längst staatenlos waren. War es nur das Unvermögen, zwischen Reichsdeutschen und Emigranten zu unterscheiden – oder gab es nicht doch Anhaltspunkte für den Verdacht, es habe in Sanary Spione gegeben? Ganz abwegig ist die Vermutung nicht. Wenn man auf der anderen Seite der Bucht von Sanary auf die Hügel am Cap Sicié steigt, hat man einen wundervollen Blick auf die Bucht von Toulon, auf die Kriegsschiffe, auf das Arsenal, auf die Docks.

Walter Schellenberg, der letzte Geheimdienstchef des Deutschen Reiches, berichtet in seinen Memoiren, die Reichswehr habe um 1927 einen Spion in der Nähe des englischen Militärhafens Portsmouth angesiedelt, übrigens einen Engländer. Warum sollte man nicht dasselbe für Toulon versucht haben? Um ebendiese Zeit – also lange vor dem Exil – kam die Familie Marchesani-Schoenebeck in Sanary an.

Die damals 16-jährige Sybille von Schoenebeck machte sich später als Autorin einen Namen. Sybille Bedford, wie sie nach ihrer Heirat mit einem Engländer hieß, hat lange nach dem Krieg ausführlich über Sanary berichtet, das sie wie kaum jemand kannte. Aber sie hat nicht alles preisgegeben, was sie wusste, sie hat Namen entstellt genannt und Gerüchte befeuert, auch noch kurz vor ihrem Tod in ihrem Erinnerungsbuch *Quicksands (Treibsand)*. Ob und wie weit ihre Familie oder deren Bekannte in geheime Machenschaften verstrickt waren, lässt sie offen.

Im Jahre 1999 hat der Verfasser dieses Buches Sybille Bedford in dem kleinen Haus in Chelsea besucht, in dem sie seit 1979 lebte. Ihre Augen hatten gelitten, aber das Gedächtnis war intakt. Nach einigen allgemeinen Fragen ging es bald darum, dass einige Zeitzeugen aus Sanary einen gewissen Baron Dincklage erwähnt hätten, der für die Nazis gearbeitet habe. Ja, das war der zweite Ehemann meiner Halbschwester Maximiliane, lautete Bedfords Antwort. Und erst jetzt wurde klar, es war jener Baron, der im Zweiten Weltkrieg der Liebhaber von Coco Chanel war, der diese im Jahr 1944 dazu überredet hatte, für SS-Chef Himmler eine Mission nach Madrid zu unternehmen, um den Engländern eine Botschaft über geheime Vorverhandlungen über einen Separatfrieden zu überbringen. In Sanary war dieser feine Baron in der Tat kein Unbekannter.

Eine andere Frage betraf die Angaben über die Ankunft ihrer Familie in Sanary. In dem Buch *Jigsaw (Zeitschatten)* hat Sybille Bedford behauptet, ihre Mutter habe mit ihrem zweiten Ehemann Mussolinis Italien verlassen, sie seien ziellos an der Côte d'Azur entlanggereist, bis sie die schöne Bucht von Sanary erblickt und spontan beschlossen hätten, dort zu bleiben. Wer jemals den langen Weg vom Bahnhof Ollioules-Sanary gegangen ist, der weiß, dass man dabei von den Schönheiten der Bucht nichts sehen kann, anders als in der nächsten Bucht, denn vor Bandol kommt der Schienenstrang dem Meer sehr nahe. In ihrem letzten Buch hat Sybille Bedford ihre erste Schilderung korrigiert, vielleicht als Nachwirkung des Gesprächs in Chelsea.

Sie selbst steht nicht in Verdacht, sie war zu jung damals. Aber sie dürfte einiges gewusst haben. Sie war in England zur

Schule gegangen, sprach und schrieb in drei Sprachen, ohne zunächst zu wissen, welches ihre Literatursprache sein würde. 1930 war sie in Kontakt mit den Huxleys gekommen, bald nachdem diese sich in Sanary niedergelassen hatten. Aldous nahm sie im Frühling 1932 mit auf seine Reise nach Berlin, wo er mit Wissenschaftlern sprechen wollte. Im Zweiten Weltkrieg ging sie nach Kalifornien, wo sie den Kontakt zu Huxley aufrechterhielt.

Sybille Aleid Elsa von Schoenebeck wurde am 16. Mai 1911 in Charlottenburg geboren. Ihr Vater war der als Exzentriker beschriebene General Maximilian von Schoenebeck, der 1921 an einer Blinddarmentzündung starb. Aus einer ersten Ehe stammte ihre Halbschwester Maximiliane, deren Mutter jung gestorben war. Sybilles Mutter Elisabeth Bernhardt hatte jüdische Vorfahren. Als sie den General heiratete, trat sie zum Katholizismus über. 1918 wurde sie schuldig von ihm geschieden.

Ihre Kindheit verbrachte Sybille auf einem Schloss im Badischen; der Nachbar hieß Joachim von Ribbentrop, auf seine Weise ein Englandfreund. Sybille war ein unerwünschtes Kind, sie störte ihre Mutter nur, die jedes Jahr einen anderen jungen Geliebten wählte. Sybilles Halbschwester Maximiliane Henriette (in der Familie Jacko gerufen) war fast erwachsen, als Sybille (gerufen: Billi) geboren wurde. Jacko war oft krank, flirtete viel, heiratete früh, rauchte zuviel. In erster Ehe war sie mit dem Musiker Hans Borgmann verheiratet, der 18 Jahre älter war als sie und für den Anschluss seines heimischen Rheinlands an Frankreich kämpfte. Nach 1933 wurde er als Separatist von den Nazis hingerichtet. Schon zuvor hatte sich Jacko von ihm scheiden lassen.

In zweiter Ehe heiratete sie einen jungen Schönling, von dem es hieß, er sei an der Ermordung Rosa Luxemburgs beteiligt gewesen: jenen Baron Hans Günther von Dincklage. Nachdem er sich von seiner »jüdisch versippten« Frau 1934 hatte scheiden lassen, hatte diese in Sanary eine kurze Affäre mit dem Garagenbesitzer Pierre Mimerel, einem äußerst attraktiven Mann, mit dem Sybille lange Jahre befreundet blieb und dem sie viele Seiten ihres letzten Buches widmet. Von ihm lernte sie alles, was sie über Wein wusste (und sie wurde eine ausgewiesene Kennerin). Mimerel gehört zur lokalen Mythologie von Sanary vor 1939 und zum Stammpersonal der Romane von Sybille Bedford – unter wechselndem Namen. Woher er sein Vermögen hatte, war nicht ganz klar. Einst hatte er zu Frankreichs besten Tennisspielern gehört, genau wie seine Frau Oriane (aber das ist nur ihr Deckname in Sybilles Büchern), die wie seine Zwillingsschwester wirkte.

Hans-Günther von Dincklage war sehr groß, sehr schlank, hatte sehr helles Haar, konnte wunderbar tanzen und Polo spielen. Sein Körper besaß die Geschmeidigkeit eines Reiters. Er sprach Englisch, Französisch und Deutsch. Er wurde 1896 in Hannover geboren, seine Mutter war Engländerin. 1914 diente er an der russischen Front im königlichen Ulanenregiment 13. Mit 25 Jahren heiratete er Maximiliane von Schoenebeck. 1933 wurde er Presseattaché an der deutschen Botschaft in Paris.

Im Januar 1935 erfuhr seine Tätigkeit einen kleinen Dämpfer. Im Pariser Exilverlag Éditions du Carrefour war die Kampfschrift *Das Braune Netz* erschienen, mit dem Untertitel: »Wie Hitlers Agenten im Auslande arbeiten und den Krieg vorbereiten«. Ein Herausgeber war nicht genannt, der Schutzumschlag zeigte eine Fotocollage von John Heartfield. »Die Laufbahn des Freiherrn Hans-Günther von Dincklage ist typisch für die Karriere eines Auslandsagenten des Dritten Reichs«, hieß es darin. Die Herausgeber waren an einen Bericht gelangt, den Dincklage am 23. März 1934 an das Propagandaministerium gerichtet hatte. Darin machte er Vorschläge zur Verbesserung der Propagandaarbeit in Frankreich. Man kann den Komintern-Mitarbeitern Willi Münzenberg und Otto Katz, die dieses Buch herausgebracht hatten, auch Erfindungen auf der Basis vager Anhaltspunkte zutrauen. Doch könnte diese Broschüre ein Grund sein, warum die Agentenkarriere von Dincklages sich nicht spektakulär fortsetzte.

Auch die französische Gegenspionage interessierte sich für diesen Mann; Presseattaché, das konnte allerlei verbergen. Er verschwand eine Weile aus Paris, kehrte aber im Oktober 1935 an die dortige Botschaft zurück. Bei Kriegsausbruch 1939 wurde ihm befohlen, Paris zu verlassen, er ging in die Schweiz, kehrte aber während der deutschen Besatzung zurück. Wann und wie Coco Chanel ihn kennenlernte, ist unbekannt; sie war 56, er 43. Sie nannte ihn »Spatz«. Untereinander sprachen sie Englisch. Dincklage hatte geholfen, Cocos Neffen André aus deutscher Kriegsgefangenschaft freizubekommen. 1944 sollte Coco eine kleine Gefälligkeit erweisen und eine Mission nach Madrid übernehmen. Aber das ist eine andere Geschichte. Die Folge dieser deutschen Verbindung zur Unzeit war, dass Coco Chanel nach dem Krieg in Paris unerwünscht war, sich in die Schweiz zurückzog, wo Dincklage von ihrem Geld lebte.

1921 war Sybilles Mutter nach Italien gezogen. 1922 lernte sie einen Italiener kennen, der sich in sie auf den ersten Blick verliebt hatte – er war 15 Jahre jünger als sie. Er sah aus, als wäre er einem Renaissancegemälde entstiegen, schrieb Sybille später. Er war der Sohn eines Professors und hatte Architektur studiert. Sybille, die eine Zeitlang bei ihrer Schwester gelebt hatte, wurde nun in ein englisches Internat gegeben, durfte aber ihre Mutter in Italien besuchen. Norberto Marchesani hatte sich auf die Inneneinrichtung von Häusern spezialisiert. Mit italienischen Pässen verließen sie nach ihrer spontanen Heirat das Land, angeblich, um sich in Biarritz niederzulassen. In Sanary verzichteten sie auf den letzten Teil der Reise – warum auch immer.

Sybille Bedford, die nicht dabei war, schildert das lange Warten an der Grenze in Ventimiglia, aber auch die freudige Überraschung, als man am ersten Morgen vom Balkon ihres Hotelzimmers den schönen Hafen von Sanary erblickte. Sybille hat nie im Hotel de la Tour gewohnt, wie sie selber sagt, sonst hätte sie sich erinnert, dass die schmalen Zimmer in dem alten Gebäude gar keine Balkons haben. Über diese Ankunft habe ich allerlei Geschichten erfunden, gestand sie in ihrem letzten Buch, sie habe aber immer das Gefühl gehabt, sie sei dabei gewesen.

Das Paar lebte in einer weiträumigen und zugigen Villa mit herrlichem Blick. Norberto hatte auf dem lokalen Kunstmarkt Fuß gefasst, und er stattete Häuser aus. Etwas später zogen sie um in ein schönes Mas provençal aus dem 18. Jahrhundert, das am Ende einer Zypressenallee lag. Sybille kam jeden Sommer aus England zu Besuch. Einmal sagte die Mutter zu ihr: Norberto hat eine Affäre mit einer anderen Frau. Bald danach begann ihre Drogensucht. Sie fand einen gefälligen Arzt, den Docteur Gaillard, der ihr Morphium verschrieb. Um Morphin zu kaufen, suchte Lisa immer neue Apotheken in den Städten der Umgebung auf, in denen sie noch nicht bekannt war. In Sanary nannte man sie nur »Madame Morphesani«. Irgendwann, vielleicht 1935, wurde Lisa Marchesani in Toulon in den Zug gehievt, die Huxleys waren dabei; sie fuhr zur Kur in die Schweiz; ihre Töchter sah sie nie wieder. Als sie starb, vielleicht an einer Überdosis Morphium, war sie gerade 55 Jahre alt.

Den Namen ihres Stiefvaters hat Sybille Bedford verschwiegen (sie nennt nur den fiktiven Vornamen Alessandro), im Archiv der Stadt Sanary ist vermerkt, dass er am 28. Juli 1926 um eine »carte d'identité d'étranger« nachsuchte. Es heißt dort, er stamme aus Triest, wobei der Name seiner (verstorbenen) Eltern angegeben wird mit Frédéric et Irmengarda Aichner. Eine Manipulation der Ausweise kann nicht ausgeschlossen werden.

Noch eine Person aus dem Umkreis der Marchesanis interessiert bei der Frage nach den Spionen: Ilse Johanna von Günther, die seit Mitte der zwanziger Jahre in Sanary lebte. Sie war die

Besitzerin der Villa La Tranquille, die Thomas Mann 1933 mieten sollte. Ihre Tochter Ursula, häufiger Gast in Sanary (die bei Sybille Bedford als Isabella auftritt), war mit dem deutschen Botschafter in Kairo, von Stohrer, verheiratet, von dem man sicher annehmen kann, dass er (schon vor 1933) für die deutsche Abwehr gearbeitet hat. Nach 1939 waren die Stohrers in der deutschen Botschaft in Madrid, wo sich die Geheimdienste der kriegführenden wie der neutralen Staaten ein Stelldichein gaben. Der katalanische Maler José Maria Sert y Badia, der mit seiner Frau Misia im besetzten Paris lebte, aber gelegentlich nach Madrid fuhr, hat behauptet, er sei der Geliebte Ursula von Stohrers gewesen. 1942 sollen die Stohrers aus Madrid abberufen worden sein, Berlin war mit ihnen unzufrieden. SS-Leute begleiteten sie im Zug, doch konnten sie unterwegs fliehen und sich in die Schweiz absetzen. Lange nach dem Krieg begegnete Sybille Bedford Ursula von Stohrer wieder, in Rom, wo sie selbst in Begleitung ihrer damaligen Freundin Martha Gellhorn weilte, einst Kriegsreporterin im Spanischen Bürgerkrieg und im Zweiten Weltkrieg. Es war Sybille Bedford, deren englische und amerikanische Freunde links standen, sehr peinlich, dass sie Menschen gekannt hatte, die dem NS-Regime gedient hatten, weshalb sie in ihrem Buch *Quicksands* diese abenteuerlichen Geschichten mehr andeutet als erzählt.

Als Thomas Mann im Mai 1933 ein Haus suchte, bot sich Lisa Marchesani als Vermittlerin an und wies ihn auf die Villa La Tranquille hin, aus der Frau von Günther für eine Weile auszog. La Tranquille war der Name, den die ursprünglichen Erbauer gegeben hatten und den Frau von Günther beibehielt, auch nachdem Sybilles Stiefvater das Haus umgebaut hatte. Thomas Mann, der 1933 an seinem Josephsroman schrieb, sah es als gutes Omen an, dass seine Vermieterin die Schwiegermutter des Botschafters in Kairo war. Von den möglichen Verstrickungen seiner Gastgeber konnte er nichts wissen.

Als Sybille von Schoenebeck erfuhr, dass Erika Mann durch Scheinheirat mit dem Dichter Wystan H. Auden einen britischen Pass erhalten hatte, schlug ihr Huxley dieselbe Methode vor. Man fand einen Offizier namens Walter Bedford, der dazu bereit war, aber das britische Home Office machte Schwierigkeiten, hielt Sybille und ihre Papiere für verdächtig, drohte mit Ausweisung. Erst nach vielen Demarchen kam die Heirat zustande, Aldous Huxley war Trauzeuge.

1933 hatte Sybille ein altes Bauernhaus gemietet, die Bastide Juliette im Quartier St. Trinide. Sie teilte es sich mit der schönen, geheimnisvollen Eva Herrmann, von der eine ganz andere menschliche und politische Ambivalenz ausging. Das ockergelbe, von Zypressen flankierte Landhaus über terrassenförmigen Feldern hatte ein englisch-italienisches Ehepaar im Hinterland von Sanary einrichten lassen, das sich aus Liebe zu D. H. Lawrence hier niederließ (wie auch andere Amerikaner und Engländer).

René Schickele hat beide Frauen Mitte Dezember 1933 besucht: »Sybille schreibt. Eva zeichnet. Sybilles alter Ford hält die Verbindung mit Sanary und der Welt aufrecht. [...] Sybille schläft in einem kleinen Zimmer unten, Eva in einem herrlichen Gemach oben im ersten Stock. Pinien beschatten ihre Terrasse. Alle Innenwände des Hauses sind weißgetüncht. Kaum einmal ein Bild. Eine Bibliothek im Hauptraum des Erdgeschosses, wo es außer der Zentralheizung einen großen Kamin gibt. Riesiger Diwan mit vielen Kissen, ein Schiff, ›an freundlichem Gestade gelandet‹. Saubere Mädchen. Eva zart, schmal, Sybille zur Fülle neigend, sehr stramm in ihren langen Hosen. Schöne Augen beide. Eva, braune mit einem Goldton, Sybille blassblaue. Ein Geruch wie von frischer Wäsche in einem neuen, blitzsauberen Krankenhaus. [...] Wenn Eva etwas sagen will, setzt sie erst ein Bein vor und hebt den Kopf – eine Hindin, die aus einem Wald tritt. [...] Sybille bewegt sich wie ein robuster, wohlerzogener Gardeoffizier. Sie reicht Schnäpse und Tee und dirigiert mit den Augen die ewig zögernde Eva, die voller Fragen dasteht und kaum eine davon über die Lippen bringt. Eva [...]

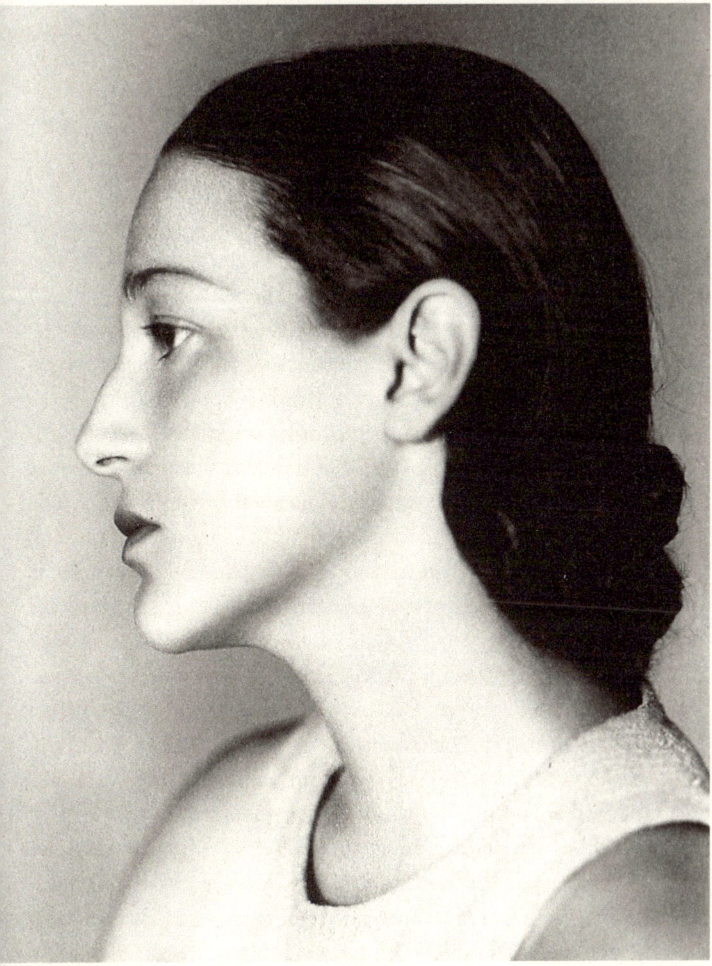

Eva Herrmann, Sanary, 1934.
(Foto:Walter Bondy)

spricht gehackt und klar, mit englischem Akzent. Sybilles Stimme erinnert an eine erkältete Turteltaube.«

Doch was hätte der Kommunistenfeind Schickele gesagt, hätte er gewusst, dass Eva Herrmann spezielle Verbindungen nach Moskau unterhielt? Die Archive liefern bislang keinen Beleg, der ihre politische Rolle für die Komintern näher bestimmt, es finden sich aber genügend Indizien. Drei Mal sei sie in der Sowjetunion gewesen, hat sie bekannt. Als Zeichnerin für internationale Zeitschriften war sie viel unterwegs, traf und porträtierte Prominente, hatte also durchaus Gelegenheit, interessante Kontakte zu schließen. Das Malen hatte sie wegen einer Farbenallergie aufgeben müssen.

Als Tochter des amerikanischen Malers Frank S. Herrmann und einer deutschen Mutter 1902 in München geboren, besaß Eva Herrmann die amerikanische Staatsangehörigkeit. Die Eltern trennten sich, als sie sieben war. 1919 gingen Vater und Tochter nach New York. Anfang der zwanziger Jahre kam Eva Herrmann zum Kunststudium nach Berlin. 1922 wurde sie die Geliebte des Dichters Johannes R. Becher, der ein Jahr später in die KPD eintrat und bald eine wichtige Rolle als Kulturfunktionär übernahm. Die Liebesbeziehung endete nach einer Intervention von Evas Vater, Eva behielt aber Kontakt zu Becher. Ende der zwanziger Jahre lebte sie in New York, wo Klaus und Erika Mann ihre Bekanntschaft machten.

Ihren internationalen Durchbruch als Karikaturistin feierte sie 1929. Nach 1933 lebte sie in der deutschen Emigrantenkolonie in Sanary. 1935 nahm sie am Kongress zur Verteidigung der Kultur in Paris teil und porträtierte viele Mitstreiter. 1936 berichtete eine Moskauer Zeitung ausführlich und wohlwollend über ihre Arbeiten. 1935 begann sie eine heftige Liebesaffäre mit Lion Feuchtwanger, den sie auf seiner Moskaureise 1936/37 begleitete. Es war echte Leidenschaft und doch eine politisch nützliche Liaison, weil sie Feuchtwangers Verbindung mit der Sowjetunion beeinflusste.

1940 ging Eva Herrmann nach Kalifornien; lange Jahre

blieb sie der Familie Mann verbunden. Noch nach dem Krieg erhielt sie Briefe von Johannes R. Becher, nun aus Ost-Berlin. Gestorben ist sie 1978 in Santa Barbara. Von ihr blieben die wunderbaren Fotos, die Walter Bondy 1934 aufgenommen hat, ihre treffenden Karikaturen der Emigranten, die sie als Zeugin des Exils ausweisen, und ihr Porträt in Ludwig Marcuses Erinnerungen: »Ihr Verhältnis zur deutschen Literatur bestand auch darin, daß sie, zeichnend, viele Literaten meisterhaft karikiert hatte. Dazu war sie sehr geeignet, weil sie karikierende Augen hatte und daneben auch noch einen hübschen, aber nicht immer sehr freundlichen Mund. Sie war sehr nüchtern und sah sehr poetisch aus. Ihr Gehen war ein Schreiten, das eine mädchenhafte Eleganz zum Vorschein kommen ließ; bei Mondschein-Spaziergängen entwickelte die grazile Dame einen Schritt, als wäre sie auf Dauermärsche trainiert worden. Sie war sehr rationell und glaubte an Geister.«

Eine Frau wie Sybille von Schoenebeck alias Bedford, die zwischen so vielen widersprüchlichen Erbschaften und Familiengeheimnissen lebte, konnte ihres Lebens viele Widersinne nur schreibend versöhnen; aber auch dieser Weg war lang und hart. Erst 1953, mit 42 Jahren, gelang das literarische Debüt in englischer Sprache, mit einem Roman über einen Skandal in der Familie ihres Vaters vor 1914: *A legacy (Ein Vermächtnis).* Es folgte ein Reiseroman aus Mexiko *(A visit to Don Octavio).* Danach änderte sie das Genre und befasste sich mit Fragen von Schuld und Sühne. Sie schrieb Gerichtsreportagen für *Life* und *Esquire*, auch über den Auschwitz-Prozess in Frankfurt 1962. Um ihre frühen Erfahrungen in Sanary geht es in dem Roman *Zeitschatten.* Zu ihren Freundinnen gehörten nach dem Krieg neben Martha Gellhorn auch Alannah Harper und Rebecca West, ihre letzte Gefährtin war die Amerikanerin Eda Lord. Sie hat sich lange Jahre als Vizepräsidentin des englischen PEN um verfolgte Schriftsteller in aller Welt gekümmert.

Ihr Roman *A favourite of the gods* (*Ein Götterliebling*, 1965) beginnt mit dem Satz: »In einem Herbst der späten zwanziger Jahre begannen wir, anscheinend ohne jeglichen Grund, in Frankreich zu leben.« Dieser unscheinbare Auftakt enthält den Kern aller ihrer Rätsel. Im Roman *A Compass Error (Kursabweichung)* findet sich der Gedanke, dass es in St. Jean (wie Sanary hier heißt) eine Spionin gäbe, eine Art Mata Hari mit geheimer Mission.

Sybille Bedford starb am 17. Februar 2006 im Alter von 94 Jahren. Wegen ihres Stils und wegen ihrer Geheimnisse lohnt es sich, ihre Romane zu lesen, auch wegen der Beschwörung Sanarys, dieser Welt aus Oliven, Mimosen, Licht, Wind und Meer. »Die Fischer fingen Sardinen, Langusten, Seebarben, Klippenbarsche und Loup de mer, ihre Frauen flickten gemeinsam die Netze am Kai, im Winter in der Sonne, im Sommer Schatten suchend, ihre Kinder sammelten Seeigel und Muscheln. Landeinwärts pflegten die Landwirte ihre Gewächshäuser und bauten Oliven und Wein an. […] Mimosen, Nelken, ein Teil des Olivenöls, die besten Fische des ersten Fangs und frisches Gemüse wurden im Morgengrauen nach Paris, London oder Brüssel verschifft, wenn wir früh genug aufstanden, vor unseren Augen. […] Darüber hinaus bestand das eigentliche Sanary […] aus einem Netz von wenigen engen Straßen, geprägt von den Geschäften der Kaufmannsfamilien. […] Die Vereinigung der ewigen rauen Schönheit von Klima und Natur – der reinigende Mistral, die unerbittlich niederbrennende Sonne – mit der Güte, dem Witz und Esprit, der sprudelnden Intelligenz und entgegenkommenden Toleranz der französischen Lebensart vermittelte ein Gefühl von geistig und sinnlich erfülltem Leben, von Befriedigung auf vielen Ebenen. Wie kein anderes Land in Europa, kein anderes Land in der Welt, schenkte Frankreich in jener Zeit zwischen den Kriegen diese Illusion von Freiheit.«

William Somerset Maugham: Schattenmann in der Sonne

»Sanary ist ein anspruchsloser Badeort an der Riviera zwischen Bandol und Toulon und wird von Malern und Schriftstellern aufgesucht, die keinen Wert auf die Maskerade von St. Tropez legen. Es wird Ihnen gefallen, wenn es Ihnen nichts ausmacht, dass es zum Kotzen langweilig ist.« Diesen zynischen Ausspruch lässt die Erzählerfigur des Romans *Auf Messers Schneide* fallen, mit dem William Somerset Maugham Weltruhm erlangte. Der Held der Geschichte zieht sich nach Sanary zurück, um dort das Buch seines Lebens zu schreiben. Ein Maler leiht ihm dafür sein Haus. Die Handlung ist um 1933 angesiedelt, Emigranten kommen nicht vor.

Maugham kannte die Côte d'Azur sehr gut, aber *sein* Ort lag jenseits von Nizza. Über diesen Küstenabschnitt hieß es im genannten Roman, er war »überfüllt von Königlichen Hoheiten aus allen Teilen Europas. Manche hatte das Klima angelockt, andere lebten im Exil, anderen wiederum hatte eine anrüchige Vergangenheit oder eine unpassende Heirat den Aufenthalt in einem fremden Land ratsam erscheinen lassen.« Dabei hat der Ich-Erzähler eine Schwäche für Toulon: »Mit all diesen Schiffen und Fährbooten, die eine geschäftige Menge nach den verschiedenen Punkten des riesigen Hafens bringen, wirkt Toulon wie eine Endstation, in der alle Wege aus der weiten Welt zusammenlaufen.« Erzwungene Zuflucht oder Exil des Herzens – hier ist der rechte Ort für Spieler und Schöpfer.

Geboren 1874 in den Räumen der britischen Botschaft in Paris, wo sein Vater als Anwalt tätig war, war Maugham für

Frankreich prädestiniert, das in seinem Leben eine zentrale Rolle spielte. Aber auch Deutschland war für ihn bedeutsam, er hatte in Heidelberg studiert und 1902 in Berlin ein Stück in deutscher Sprache aufführen lassen. In den zwanziger Jahren war er regelmäßiger Gast in Bayreuth.

Im Laufe seines Lebens konvertierte er vom Staatsdienst zur Literatur, von der bürgerlichen Ehe mit Frau und Tochter zur Homosexualität mit wechselnden jungen Männern und zwei dauerhaften Kompagnons. Er war weltläufig, vielsprachig, reiselustig, etwas snobistisch und löste hin und wieder Skandale aus, meist ungewollt. Sein unstetes Leben änderte sich, als er 1926 seine Villa in Le Touquet an der normannischen Küste aufgab und ein Haus auf einem 20 Hektar großen Gelände in Saint-Jean Cap Ferrat mietete, das östlich von Nizza an der Spitze der Halbinsel liegt, welche die Bucht von Villefranche begrenzt.

Die Villa Mauresque war von einem Bischof erbaut worden, der viele Jahre in Nordafrika verbracht hatte. Später hatte sie dem belgischen König Leopold II. gehört. Allerdings ließ Maugham die maurische Fassade entfernen. Er wollte klare Linien und im Innern eher ostasiatische Kunst aufstellen. Das Haus mit großem Innenhof lag direkt am Meer, und an guten Tagen konnte man die italienische Küste ahnen. Im großen Garten gab es einen Pool und einen Tennisplatz. Im August 1927 zog Maugham mit seinem amerikanischen Freund und Sekretär Gerald Haxton ein.

War das leicht zu bewachende Haus auch Basis für Geheimdienstaktivitäten? Vermutlich. Schon im Ersten Weltkrieg hatte sich Maugham als MI6-Agent verdient gemacht, in der Schweiz und in Italien, ab 1917 dann während der Revolutionswirren in Petersburg. 1927 und 1928 verbrachte er in seinem neuen Domizil lange Monate bei herrlichem Wetter und fleißiger Schreibarbeit. Im November 1929 hieß es: Scheidung in Nizza, und das war kein Romantitel, sondern biographisches Faktum. Bis dahin hatte seine früh geschlossene Ehe bestanden.

Die Villa Mauresque wurde bald zum Anziehungspunkt für viele Gäste: Ian Fleming mit seiner Frau, Winston Churchill, Lord Beavorbrook (ein Secret-Service-Mann), der Herzog von Windsor mit Frau, Cecil Beaton, Jean Cocteau, Marc Chagall, Evelyn Waugh, Rebecca West, Rudyard Kipling, H. G. Wells. Niemand aber durfte den strikten Arbeitsplan des Autors stören, der hin und wieder die Gesellschaft beobachtete, was natürlich bequemer war, wenn sie in seinem Haus vorbeidefilierte.

Maugham hatte diverse Affären und litt darunter, dass Haxton zum Alkoholiker wurde. Von weiten Reisen in die USA, nach Indien, Griechenland oder Ägypten kehrte er immer wieder gern nach Cap Ferrat zurück. 1939 war es dort aber mit der Ruhe vorbei, überall an der Küste sah man Soldaten und Polizisten und ab August keine Touristen mehr. Der *train bleu* war ständig überfüllt: in Richtung Norden.

Politisch lag Maugham auf der Churchill-Linie und trat für Härte gegenüber Hitler-Deutschland ein. Er selbst bot dem Secret Service seine Dienste an. Am 3. September 1939, dem Tag der französischen Kriegserklärung, lag er mit seiner Yacht im Hafen von Bandol fest: Die Marine erteilte keine Auslauferlaubis mehr. Erst nach drei Wochen gelang es Maugham und Haxton, unerlaubt den Hafen zu verlassen und nach Cap Ferrat zurückzusegeln. Ungeduldig warteten sie den Gang der Ereignisse in der Villa ab. Aus London erreichten sie keine Informationen mehr. So fuhr Maugham Ende Oktober nach Paris. Er bekam den Auftrag, bestimmte Gegenden in Frankreich zu inspizieren, die Grenze bei Straßburg, die Maginot-Linie, aber auch den Militärhafen von Toulon. Er schrieb Texte für die englische Propaganda. Er analysierte die Stimmung der französischen Bevölkerung und die Wirkung der deutschen Propaganda. Für die BBC nahm er Radio-Talks auf.

Am 6. Mai 1940 flog er für eine Woche nach Cap Ferrat, nach dem deutschen Überfall auf Frankreich wurde die Ausreise zum Problem. Als die deutsche Wehrmacht vorrückte, war er durchaus gefährdet, denn die Nazis wussten von seiner Propagandaarbeit. Er fürchtete auch Aktionen der Italiener. Er dachte über Selbstmord nach, schloss ihn aber für sich aus.

Das englische Konsulat in Nizza evakuierte am 16. Juni 1940 mehr als tausend Landsleute per Schiff, darunter Somerset Maugham; Haxton, der Amerikaner war, blieb vorerst in der Villa. An Bord des überfüllten Schiffes herrschten chaotische Bedingungen, unter den Passagieren gab es Tote. Maugham schlief an Deck während der 20-tägigen Irrfahrt über Oran, Algier, Gibraltar, Lissabon nach Liverpool. Unterwegs las er Platons Bericht über Prozess und Tod des Sokrates. Das sagt einiges über die Geistesverfassung des 66-Jährigen.

Er bot sogleich der BBC seine Dienste an, machte wieder Radio-Talks, erzählte seine Erlebnisse: Escape from the Riviera. Er arbeitete auch für französische Sender und erklärte den Franzosen die englische Position im Krieg. Im Oktober 1940 wurde er als britischer Vertreter in die USA geschickt. Am 31. Oktober wohnte er dem Emergency Rescue Dinner im Hotel Commodore in New York bei, an dem neben Franz Werfel und Thomas Mann viele Emigranten teilnahmen. Dort wurden 12 000 Dollar für Hilfsaktionen für Flüchtlinge gespendet, die noch in Frankreich festsaßen.

Maugham warb mit Reden im ganzen Land für den amerikanischen Kriegseintritt, aber die Gegnerschaft war stark, besonders im Mittelwesten, auch eingedenk der schlechten Erfahrungen mit Europa nach 1918. All das hielt ihn nicht davon ab, Drehbücher für Hollywood zu verfassen. Sein Freund Haxton kam auch nach Amerika und arbeitete für das OSS in Washington, starb aber 1944 an Krebs. In diesem Jahr erschien Maughams bester und erfolgreichster Roman, *The Razor's Edge*, der ohne seine vielen Reisen und die Zeit an der Côte d'Azur nicht denkbar wäre.

Schon 1946 kehrte der Romancier per Schiff nach Marseille zurück. An Bord der *Colombie* waren auch 250 Juden, die aus dem Exil heimkehrten, aber da es nur einen Zollbeamten gab, dauerte das Ausschiffen in Marseille mehrere Stunden. Trotzdem war er glücklich, wieder in seiner literarischen Heimat zu sein. Seine Villa hatte allerdings gelitten und musste erst wieder bewohnbar gemacht werden, er logierte unterdessen im Hotel. Das Dach war undicht, alle Fenster fehlten, der Garten war verwildert, Bäume waren gefällt, der Pool zerstört, Möbel beschädigt worden, den Weinkeller hatten die deutschen Besatzer geplündert. Die wertvollsten Kunstwerke aber hatten den Krieg unbeschädigt in einem Versteck überstanden, und auch seine alte Köchin konnte er wieder einstellen.

1953 reiste er nach London und saß neben der jungen Königin, die dies als Kompliment wertete. 1956 wohnte er der Hochzeit von Fürst Rainier III. und Grace Kelly in Monaco bei. Vierzig Jahre war der Skandalautor von allen britischen Ehrungen ausgeschlossen worden. Die Légion d'Honneur hatte er gleichwohl erhalten. Nun wurde er zum Ehrendoktor in Toulon, Oxford und Heidelberg.

Bis 1957 erlebte die Villa denselben Besucheransturm wie vor dem Krieg; immer wenn er an die Riviera kam, besuchte ihn Winston Churchill, auch die Künstler kamen wieder: Matisse schenkte ihm Zeichnungen, Chagall und Cocteau fanden sich ein. Zuweilen fuhr er zu Boxkämpfen nach Nizza. Er selbst war mit über 80 Jahren immer noch in Form. Im Herbst 1961 verließ er von heute auf morgen die Villa. Seine Kraft ließ schlagartig nach, er zog sich in die Schweiz zurück. Seine letzten Jahre waren durch Streit und allerlei Ärger vergällt, vor allem im Vorgriff auf seine Erbschaft. Im Dezember 1965 starb er in seiner geliebten Villa, eingeäschert wurde er in Marseille, die Urne wurde in Canterbury beigesetzt. Seine Tochter Elisabeth (Liza) erbte das Anwesen in Cap Ferrat, verkaufte es aber 1969 an einen amerikanischen Investor, der vieles umgestalten ließ. Maughams letzter Gefährte Alan Searl erbte einige Kunstwerke sowie die Buchrechte auf Lebenszeit.

Maugham war ein Kosmopolit und ein Snob, ein Einzelgänger mit gesellschaftlichen Anwandlungen – und deshalb für das Leben an der Riviera geeignet. Wenn von seiner Zeit an der Côte d'Azur nur eine Sache bleiben sollte, so auf jeden Fall seine Definition dieser Küste: »A sunny place for shady people«. Für ihn war es auf jeden Fall der richtige Ort gewesen, denn für ihn hatte hier die Sonne der Kreativität geleuchtet.

Der Midi der Maler

Für die Kunstwelt wurde Sanary durch den Maler Moïse Kisling und den Schriftsteller André Salmon entdeckt, ein Freund von Guillaume Apollinaire. Salmon kam seit 1907 regelmäßig nach Sanary. Aber nicht nur die Maler wurden vom Licht des Midi angezogen. Als die Filmindustrie entstand, wurde La Ciotat zur Studiostadt der Brüder Lumière. Den deutschen Malern war Sanary seit Mitte der zwanziger Jahre ein Montparnasse am Meer.

»Es saßen vor und sitzen nach dem Kriege zu Klumpen geballt die Künstler im Dôme. Da sang der Maler Rudolf Levy, der mit Walter Bondy, Benno Elkau und Rudolf Großmann den Dôme […] im Jahre 1902 gründete, d. h. dieses Café feierlich als Hauptquartier der neuen revolutionären Malerei erklärte und mit seinen copains bezog.« Das schrieb Hans von Wedderkop in seinem *Buch von Paris* im Jahr 1930. Da war das Pariser Café du Dôme schon Vergangenheit und Legende. Als Entdecker dieses Treffpunktes der deutschen, aber auch der skandinavischen und russischen Maler galt der deutsche Maler Rudolf Levy (1875–1944). In dem Café an der Kreuzung von Boulevard du Montparnasse und Boulevard Raspail erholten sich vor allem die Kutscher des nahe gelegenen Fuhrparks, denn hier, am Südende der Stadt, wurden die Pferde umgespannt.

Der aus Stettin stammende Levy hatte seit 1897 zum Künstlerkreis in Schwabing gehört und war 1902 nach Paris gegangen, weil er spürte, dass von dort neue Anregungen für die Malerei kommen würden. Um ihn und seinen Freund Walter

Bondy entstand der Café-du-Dôme-Kreis. Zwischen 1911 und 1914 arbeitete Levy wiederholt an der Côte d'Azur, auch in Sanary. Im Ersten Weltkrieg kämpfte er, der sich als deutscher Patriot verstand, als Freiwilliger an der Westfront gegen Frankreich, erhielt gar das Eiserne Kreuz 1. und 2. Klasse. Erst 1924 kam er von Berlin aus, wo er nun lebte, erneut nach Paris. Seine Versuche, den Dôme als Treffpunkt wiederzubeleben, hatten wenig Erfolg. In den nächsten drei Jahren malte er jeden Sommer in Sanary, wo eine Serie von Landschaftsbildern entstand.

Das Exil ab April 1933 war für Levy ein ruheloses Wandern von Ort zu Ort, Nizza, Rapallo, Mallorca, Genua, Ischia, Dubrovnik ... Auch in den USA hielt er sich ein halbes Jahr auf, fühlte sich dort aber unwohl. Die Kriegsjahre verbrachte er in der Nähe von Florenz. Er konnte und wollte nicht versteckt leben. Im Dezember 1943 wurde er von der Gestapo verhaftet und starb noch auf dem Transport in die Vernichtungslager. Viele Manuskripte und Bilder sind verlorengegangen, die Erinnerung an Rudolf Levy bedarf der mühsamen Spurensuche. Auf seinen Gemälden hat er die Bucht von Sanary verklärt.

Im Jahr 1949 erregte ein Mönch in Sanary großes Aufsehen. Eine weiße Kutte, eher Büßergewand als Ordenskleid, schwebte durch die engen Gassen und verschwand auf dem Alten Friedhof. Dort wurde Erich Klossowski beigesetzt, der die letzten zwanzig Jahre seines Lebens größtenteils in Sanary verbracht hatte. Der als Mönch gekleidete Besucher war sein Sohn Balthasar, der sich als Maler Balthus nannte. Sein Bruder Pierre war als radikaler avantgardistischer Schriftsteller bekannt, dessen Gedankenwelt von de Sade, Baudelaire, Nietzsche, Bataille und Lacan bestimmt wurde. Der Ruhm der Söhne sollte nicht den Vater vergessen machen, der ein bedeutender Bühnenbildner, Maler, Zeichner, aber auch Kunsthistoriker war. Er gehörte zu den Begründern des deutschen Künstlerzirkels in Montparnasse und zu den Wegbereitern der deutschen Emigrantenkolonie an der Côte d'Azur.

Café du Dôme, der berühmte Künstlertreff am Boulevard Montparnasse in Paris, 1906.

Erich Klossowski, der seit 1900 in Paris lebte und vor 1914 wiederholt nach Sanary kam, stammte aus altem polnischem Adel und wurde 1875 im ostpreußischen Ragnit geboren. Er studierte Kunstgeschichte in Breslau, ging später zum Malen nach Paris, wo er zu den Stammgästen des Café du Dôme gehörte. Während des Ersten Weltkriegs lebte er in der Schweiz, wo er zusammen mit René Schickele die *Weißen Blätter* herausgab. In Deutschland hatte er sich durch frankophile Äußerungen unbeliebt gemacht. Nach 1919 arbeitete er in Berlin und München als Theaterdekorateur und hätte davon gut leben können, aber er fühlte sich bald wieder nach Frankreich hingezogen, an die blaue Küste, zunächst nach Bormes-les-Mimosa, dann nach La Garde, 1930 schließlich, einem Rat seines Freundes Meier-Graefe folgend, nach Sanary. Dort füllte er seine Hefte mit Studien von Bäumen, vom Meer, aus dem Leben der Fischer, aber auch mit Porträts und Aktzeichnungen. Aquarelle von Bucht und Hinterland entstanden. Seine Bilder waren delikat und uneitel, auf unauffällige Weise raffiniert.

In Paris hatte er Elisabeth Dorothea Spiro geheiratet, die sich als Künstlerin Baladine Klossowska nannte. In den zwanziger Jahren trennten sich ›Klo‹, wie ihn seine Freunde nannten, und Baladine, deren Freundschaft zu Rilke legendär wurde. Klossowskis Lebensgefährtin war seit 1930 die Schriftstellerin Hilde Stieler, die aus Zürich stammte, mit ihrem Mann, dem Schriftsteller Kurt Stieler, aber lange in München und Berlin gelebt hatte. 1929 veröffentlichte sie den autobiographischen Roman *Monika Molander*, zugleich ein Porträt der deutschen Künstlerwelt vor 1914. An Klossowski rühmte sie das sichere Urteil, die Bescheidenheit, seine schönen schwarzen Augen. Beide lebten still und glücklich im L'Enclos, dem Privathaus der Familie des Eisfabrikanten Jean Cavet, einem verwunschenen Ort mit Büschen und Bäumen und einem kleinen ummauerten Park, damals am östlichen Stadtrand gelegen mit Ausblick ins Hinterland, heute wie eine Insel im kleinen Häusermeer.

Im Archiv der Stadt Sanary liegt ein nachgelassenes Manuskript von Hilde Stieler. Dieser leicht verschlüsselte Lebensroman, der die erste Hälfte des 20. Jahrhunderts umspannt und bis zum Exil in Sanary reicht, dreht sich nicht nur um alle Mitglieder der Familie Klossowski, auch viele Berühmtheiten kommen vor, Walter Rathenau, Stefan George, Albert Einstein, die Brüder Mann, Renée Sintenis, Bertha Zuckerkandl, die jungen Alma Mahler, Franz Werfel und immer wieder Rilke.

1939 erhielt Klossowski die französische Staatsangehörigkeit. Danach wollte er nie wieder Deutsch sprechen. Die Leute im Ort verdächtigten ihn dennoch als deutschen Spion. Nach Frankreichs Niederlage hat er kaum noch gemalt. Hilde Stielers Konfession erzählt ein privates Drama. Klossowski verliebte sich in Eva Herrmann, die ihn kaum beachtete; Hilde wiederum verband sich mit einem holländischen Dichter namens Robert Marie Henri de Wilt, einem ehemaligen Kartäusermönch, der sie heiraten wollte.

1944 wurden Stieler und Klossowski im Département Haut-Var in Hausarrest genommen. De Wilt blieb in Sanary, wurde von den deutschen Besatzern als Arbeitskraft und Dolmetscher herangezogen. Gleich nach der Befreiung Sanarys, im Oktober 1944, heirateten Hilde Stieler und Henri de Wilt. Die Trauung wurde von Jean Cavet vollzogen, einst ihr Vermieter und nunmehr als Held der Résistance der erste Nachkriegs-Bürgermeister. Die Ehe hielt nicht lange und de Wilt kehrte ins befreite Holland zurück.

So fand das pathetische Paar Hilde Stieler und Erich Klossowski wieder zusammen. Sie bezogen ein kleines Haus in der Rue Barthélémy-Dedon. Dort ist Klossowski 1949 gestorben. Hilde Stieler blieb bis zu ihrem Tod im Jahr 1965 in Sanary, schrieb Korrespondenzen für die *Neue Zürcher Zeitung* und empfing Besucher aus aller Welt. Sanary war ihr zur Heimat geworden.

Zu den deutschen Malern in Sanary gehörte auch Anton Räderscheidt (1892–1970), Sohn des rheinischen Mundartendichters Wilhelm Räderscheidt *(Ohm Will)*. Sein Bruder Hugo

(1908–1995) wurde ebenfalls Maler. Nach ersten künstlerischen Erfolgen in den zwanziger Jahren verließen die Brüder Räderscheidt Deutschland im Jahr 1933 und gehören damit zur »ästhetischen Emigration«, da sie weder politisch noch rassisch verfolgt wurden. Schwierigkeiten bereitete den Emigrationswilligen der französische Konsul in Köln, ein erklärter Sympathisant der Nazis. In manchen Pass (auch von Juden) ließ er »visa refusé« stempeln: Einreise nach Frankreich verweigert. Ohne Visum und nur mit einem Reisepass konnte man damals in die Schweiz fahren. Diesen Umweg gingen auch Anton und Hugo Räderscheidt. Das Visum für Frankreich erhielten sie in Basel von einem verständnisvolleren französischen Konsul.

Das Exil unterbrach Hugo Räderscheidts um 1930 verheißungsvoll begonnene Künstlerlaufbahn. Sein Stil ist eine Variante des magischen Realismus, dem auch sein Bruder Anton zugerechnet wird. Hugo Räderscheidt lebte zunächst im spanischen Baskenland, nach seiner Internierung 1939 in den französischen Pyrenäen und nach dem nicht ganz freiwilligen Hilfsdienst für die französische Armee in Toulouse und in Lourdes. Der Verhaftung durch die Deutschen entging er mit Glück. Nach dem Krieg blieb er in Frankreich, gab aber seine künstlerische Arbeit aus ökonomischen Gründen auf.

Sein Bruder Anton hatte mit seiner Lebensgefährtin, der Fotografin Ilse Sahlberg, Deutschland 1935 verlassen und war über die Schweiz nach Paris gegangen, wo ihm sein erfolgreicher Kölner Landsmann Max Ernst ein Atelier in der Rue des Plantes No 26 zum Wohnen und Arbeiten zur Verfügung stellte. 1938 zogen Räderscheidt und Sahlberg nach Sanary-sur-Mer. Antons Söhne aus erster Ehe, Johann und Karl, nahm er mit ins Exil; auch Ilses Sohn Ernst Meyer lebte in Sanary. Den Ort kannte Räderscheidt schon von einem Arbeitsaufenthalt im Jahr 1926, gemeinsam mit seiner damaligen Frau, der Malerin Martha Hegemann.

Ilse Sahlbergs Vermögen erlaubte es den beiden Künstlern 1938, ein Haus in Sanary zu mieten, nach einem speziellen

Erich Klossowski im Garten von L'Enclos.

Hinweis von André Bloc, dem Herausgeber der Zeitschrift *L'Architecture d'Aujourd'hui*. Bloc hatte Auguste Perret, einen Schüler Le Corbusiers, zum Bau eines modernen Freizeithauses auf dem Hügel von La Cride in Sanary veranlasst. Sein Entwurf, ein Kubus mit offenem Innenhof, wurde 1934 preisgekrönt, doch blieb Le Patio ein Einzelstück. Räderscheidt ließ ein Atelier mit drei Fenstern anbauen, in dem es eine holzgetäfelte Dunkelkammer für Ilse Sahlberg gab. Ihr häufiges Fotografieren im Freien brachte sie in Verdacht, eine Spionin zu sein.

Bei Kriegsausbruch wurde Räderscheidt in Les Milles interniert, wie übrigens auch Max Ernst. Beide machten die berüchtigte Irrfahrt im Geisterzug nach Bordeaux und zurück nach Nîmes mit. Zusammen mit seinem Sohn konnte Räderscheidt aus dem Zug fliehen und sich bis Sanary durchschlagen. Danach wurde die Emigrantengemeinschaft in dem kleinen Ort Barjols, im Hinterland des Départements, von einem Metzgermeister versteckt. Nachbarn müssen sie denunziert haben, denn am 7. September 1942 klopften französische Gendarmen an die Tür. Sahlbergs Sohn Ernst (er war 19 Jahre alt) öffnete ihnen und verwickelte sie in eine laute Diskussion, um den anderen Gelegenheit zu geben, durch den Hinterausgang zu fliehen. Ernst wurde abgeführt, den Deutschen ausgeliefert, über Drancy nach Auschwitz deportiert und dort wenige Tage später ermordet.

Der brave Metzger Lucien Coquillat brachte Anton Räderscheidt, dessen Sohn sowie Ilse Sahlberg in seinem Lieferwagen zur Schweizer Grenze. In der Schweiz haben sie bis nach dem Krieg gelebt, aber Ilse starb 1947 in Bern. In Sanary und Barjols zurückgelassene Gemälde von Räderscheidt sind verlorengegangen. Es gelang Räderscheidt nicht, wieder als Maler in Paris zu existieren, so ging er zurück nach Köln, wo er als angesehener Porträtmaler bis 1970 lebte.

In Häusern spiegeln sich Schicksale. Le Patio in Sanary steht noch heute, inzwischen von vielen Häusern umgeben, 132,

Hilde Stieler und Erich Klossowski, um 1935.

Avenue des Pins. Während des Krieges hatte die italienische Kommandantur hier kurzzeitig ihren Sitz, das Haus soll auch eine Kantine für Bedürftige gewesen sein, vielleicht wegen der sensationell modernen Küche. Ein alter Fischer hat das Haus nach dem Krieg bewohnt, bis er es an den Industrie-Graphiker und Unternehmer Louis Haumont weiterverkaufte, der es seiner Tochter, der Schauspielerin Colette Haumont, vermachte. Der Innenhof ist längst überdacht, aber dicht am Bau ragt die inzwischen enorm gewachsene Pinie empor, die der Architekt bei seiner Planung einbezogen hatte.

Der österreichische Maler, Zeichner und Buchillustrator Wilhelm Thöny (1888–1949) war ein Einzelgänger zwischen Impressionismus und Expressionismus. Er stammte aus Graz, war der Sohn eines musikalischen Papiergroßhändlers und Bruder eines Opernsängers, besuchte ab 1908 die Kunstakademie in München. Seit 1910 stellte er bei der Münchner Secession aus. Freundschaft schloss er mit Alfred Kubin und Hans Carossa. 1915 wurde er als Kriegszeichner an die italienische Front geschickt. Nach dem Krieg lebte er zunächst in der Schweiz, dann in München, ehe er 1920 in seiner Heimatstadt die Grazer Secession mitbegründete. Dort lebte er durchaus anerkannt bis 1931, aber von 1931 bis 1938 ließ er sich in Paris nieder. Verheiratet war er nun mit der Deutsch-Amerikanerin Thea Trautner, Tochter des Malers Frank Herrmann und Schwester Eva Herrmanns.

Thönys Vorbilder waren Cézanne, August Macke und Edvard Munch. Er war ein Liebhaber der stillen Motive, arbeitete in Weiß und Schwarz und Grau, auch mit Feder und Bleistift. Von Paris aus kam er zwischen 1932 und 1937 jedes Jahr an die Côte d'Azur und logierte im Hôtel de la Tour in Sanary. Über die Stadt Marseille fertigte er eine ganze Bilderserie. Seine Pariser Aquarelle sind hell und kühl, die aus dem Süden viel wärmer, farbiger, geradezu leuchtend. Weiß und Grüntöne beherrschen diese Bilder (statt Blau wie in Paris). In New York, wo er seit 1938 lebte, ließ seine Schaffenskraft bald nach, als Folge einer schweren Operation. Bei einem Brand verlor er 1948 den Großteil seiner Bilder. Freunde versuchten zu helfen, doch Thöny erholte sich nicht mehr von diesem Schock und starb kaum ein Jahr später an einem Gehirnschlag.

Aus Sanary hatte er Alfred Kubin am 23. Oktober 1934 geschrieben: »Hier haben sich manche dauernd festgesetzt: der Verleger Kurt Wolff; Meier-Graefe, Klossowski (Sie kennen sein Daumierbuch), Hindemith etc. und so hat man Gelegenheit, in der Dämmerung in einem kleinen französischen Strandcafé Reminiszenzen anzustellen. – Untertags bin ich auf den umliegenden Hügeln und genieße skizzierend die ockrigen Erdwellen mit den graugrünen Olivenbäumen und den provenzalischen Bauernhäuschen, zwischen den Blättern der Feigenbäume glänzt das hier gleichsam freischwebende Blau des Himmels. Es ist ergreifend und unglaublich, mit welcher Wahrheit Cézanne und van Gogh dies alles einmalig interpretiert haben.«

Der Weg in den Süden war für die deutschen Literaten und Maler vor 1933 vielleicht ein ästhetischer Aufbruch, nach 1933 aber war er pure Zuflucht. Kurt Tucholsky, ein ausgemachter Frankreichschwärmer, konnte Mitte der zwanziger Jahre keinen idealen Ort an der Küste finden. Er mäkelte an Nizza und Cannes herum, auch Sanary und Bandol fanden keine Gnade: »Kleine Nester, aber sie waren nicht das Richtige.« Und überhaupt: »Diese ganze Küste hat nur einen Fehler: längs des Meeres führte die große Automobilstraße von Marseille bis Nizza, und aus ists mit Ruhe.« In Sanary bemerkte er nur die Hunde, die ihre Siesta mitten auf der Hauptstraße hielten.

Ganz anders sahen es Klaus und Erika Mann. 1931 erschien ihr zweites gemeinsames Reisebuch: *Das Buch von der Riviera*. Schwärmerisch schildern die Geschwister darin ihre Eindrücke aus den schönsten Orten von Marseille bis Genua und die »lichtgesättigte Atmosphäre der Côte d'Azur«. Die internationale Bohème habe hier eine intime Heimat gefunden: »Es sind verschiedene kleine Nester, die sie wie auf freimaurerisch geheime Abmachung bevorzugt«, darunter Cassis, Saint-Tropez und Sanary. Zu den Geheimnissen der Riviera gehöre, dass »sie jedem ganz das bietet, was er sucht. Es ist eine nachgiebige Küste«, schrieb Klaus Mann in der Einleitung. Mehr und mehr komme man »zum Arbeiten« hierher. Das sei eigentlich auch das Schönste, was man dort unten tun könne. »Die Vergnügungen der Riviera sind nur selten noch ungewöhnlich. Aber ungewöhnlich ist die Kraft dieser zugleich beruhigend sanften und bunten Landschaft [...]« Im Kapitel »Zwischen Marseille und Toulon« heißt es: »Sanary scheint zunächst durchaus das freundliche und intime Hafenstädtchen, wie es deren viele an der Riviera gibt: mit einer Straße am Meer, die Quai Victor Hugo heißt und an der das Café de la Marine liegt; mit ein paar größeren Hotels vor dem Städtchen, stattlichen, aber nicht gerade sehr luxuriösen [...]. In Wahrheit aber hat es seine eigene Bewandtnis mit Sanary, denn seit einigen Jahren ist es die erklärte große Sommerfrische des Café du Dôme, der sommerliche Treffpunkt der pariserisch-berlinisch-schwabingerischen Malerwelt, der angelsächsischen Bohème. Für die Deutschen hat es Meister Rudolf Levy in Mode gebracht [...]«.

»Diese Sanary-Sommer werden in die Kunstgeschichte eingehen und vielleicht auch in die Chronique scandaleuse der großen europäischen Bohème.« Man treffe hier den Maler Jules Pascin, den Abgott von Montparnasse, ferner André Derain, Emil Orlik und Moïse Kisling. Von Aldous Huxley ist die Rede und von der angelsächsischen Clique, die sich aber gelegentlich mit der französisch-deutschen Clique vermische, sie sei im Trinken noch stärker als die der anderen Nationen. Das feinere Bandol (mit Casino etc.) entspreche den Champs-Élysées, Sanary sei das »Montparnasse an der blauen Küste«.

Unter den französischen Malern in Sanary muss man auch André Masson nennen. In seiner surrealistischen Phase nach

1924 arbeitete er wiederholt an der Küste, die zur sommerlichen Außenstelle von Montparnasse geworden war. 1926 mietete er ein Atelier in Sanary. Am Strand von Portissol erlebte er eine entscheidende Inspiration für seine Form der ›automatischen Malerei‹, die ein Credo der Surrealisten war. Er entdeckte den Sand als materielle Basis seiner Bilder. In seinem Atelier an der Route de Bandol streute er mehrere Schichten Sand auf eine mit Leim bestrichene Leinwand, fixierte sie und übermalte dieses Substrat oder besprühte es mit Farbe. Seine berühmten Sandbilder waren geboren, die 1927 in Paris von dem Galeristen Daniel Kahnweiler ausgestellt wurden.

Von den Surrealisten entfernte sich Masson in den dreißiger Jahren, vor allem ihre Politisierung missfiel ihm. 1939 allerdings näherte er sich André Breton wieder an und nahm teil an der letzten Episode dieser Kunstbewegung. In den chaotischen Tagen von Frankreichs Niederlage und Besetzung spielte in einem Haus bei Marseille eine ganz besondere Geschichte. Der amerikanische Fluchthelfer Varian Fry hatte in La Pomme, einem östlichen Vorort von Marseille, die Villa Air-Bel angemietet, in der einige Künstler und Schriftsteller wohnten, darunter André Breton und Max Ernst. Masson war in einem kleinen Schloss in der Nähe untergekommen. Zu den Gästen der Villa gehörten Wifredo Lam, Victor Brauner, Benjamin Péret, Max Ernst, Peggy Guggenheim, Hans Bellmer, René Char, Tristan Tzara, Oscar Dominguez, Jacques Hérold, Wols, Antonin Artaud, Arthur Adamov. Man veranstaltete Kunstaktionen für nur imaginierte Werke, Gemälde von Max Ernst wurden auf den Bäumen des Parks ausgestellt, es gab gemeinsame Malaktionen – wie in alten Zeiten. Nach und nach übersiedelten die meisten Künstler mit amerikanischer Hilfe nach New York, auch Masson, der 1945 nach Paris zurückkehrte. Sanary hatte in seinem Leben eine kurze, aber bedeutsame Rolle gespielt.

Der große Name aber, der mit Sanary verbunden ist, bleibt Moïse Kisling. Ein Film könnte vielleicht mit folgender Szene beginnen: Im Juni 1940, mitten im militärischen Debakel, trifft der berühmte Maler Kisling, der gerade aus der französischen Armee entlassen wurde, in der Stadt La Ciotat seinen alten Lehrer Józef Pankiewicz von der Kunstakademie in Krakau, der ihm einst geraten hatte, nach Paris zu gehen. Am Ende eines bescheidenen Lebens hat dieser Lehrer alles verloren, seine Heimat ist besetzt, er hat nur sein Leben retten können, und nun erobern die Deutschen auch noch seine letzte Zuflucht. Da trifft er seinen einstigen Schüler, dem er den entscheidenden Rat gegeben hat. Dessen Erfolg und diese Begegnung sind eine Art Trost und Rechtfertigung für den Lehrer, der nur noch wenige Wochen zu leben hat.

Kisling wurde 1891 in Krakau geboren. Der Sohn eines Schneiders sollte eigentlich Ingenieur werden, er zog aber die Kunstakademie vor. Als er 19 Jahre alt war, gab ihm Pankiewicz den Rat, nach Paris zu gehen. Dort entdeckte Kisling zunächst Montmartre und zog in das berühmte Bateau-Lavoir. Er begriff schnell, dass sich der Schwerpunkt nach Montparnasse verlagert hatte, ans andere Ende der Nord-Sud-Métro. Er zog in das Kunstzentrum La Ruche in der Passage Dantzig im 15. Arrondissement und machte die Bekanntschaft von Modigliani, Braque, Max Jacob, André Salmon, Soutine, also den künftigen »Montparnos«. In den nächsten Jahren entdeckte er in Gesellschaft von Picasso und anderen die Mittelmeerküste, vor allem das Kubistenzentrum Céret. 1913 konnte er sich eine eigene Wohnung mit Atelier leisten, die er bis 1940 halten sollte (3, Rue Joseph Bara). In der Nachbarschaft arbeitete Amedeo Modigliani. Als dieser 1920 starb, organisierte Kisling das Begräbnis.

Im August 1914 wurde Kisling zur Fremdenlegion eingezogen, in dieselbe Kompanie wie der Dichter Blaise Cendrars. Ein Jahr später wurde er in der Schlacht an der Somme verwundet und zur Rekonvaleszenz in die Bretagne geschickt. Als er geheilt war, konnte er seine künstlerische Arbeit in Paris fortsetzen. Er malte viele Porträts des berühmten Modells Kiki de Montparnasse sowie von Renée Gros, die er 1917 heiratete. Nach dem Ersten Weltkrieg gehörte er zu den etablierten Malern in Paris und stellte auch in anderen Ländern aus. Die erste Monographie über ihn erschien 1922 in Leipzig, verfasst vom Kunstkritiker Carl Einstein. Im Jahr 1924 erhielt Kisling die französische Staatsbürgerschaft.

Seine Aufenthalte an der Küste können in Perioden eingeteilt werden: Saint-Tropez von 1917 bis 1924, Sanary von 1924 bis 1932, Sainte-Maxime 1933 und 1934, Les Sablettes 1935 und 1936. Schon 1929 erwarb er ein Grundstück oberhalb der Straße von Sanary nach Bandol, mit Blick auf die Bucht von Bandol, aber noch auf dem Gebiet von Sanary. Seine Frau Renée entwarf die Villa La Baie, die dort 1937 gebaut wurde. 1939 wurde Kisling wieder zur Armee eingezogen, durfte aber nach der französischen Niederlage im Juni 1940 an die Küste zurückkehren. Im September 1940 gelang es der Familie, über Lissabon nach New York zu entkommen, wo Kisling die nächsten Jahre arbeitete, mit Abstechern nach Chicago, Los Angeles, Philadelphia und Washington.

1946 kehrte er mit dem Schiff nach Marseille zurück. In Paris fand er seine Wohnung verwüstet vor. So beschloss er, sich ganz in Sanary niederzulassen. Ende April 1953 bereitete er eine Ausstellung in Cagnes bei Nizza vor, doch er starb während dieser Arbeit an einer akuten Harnvergiftung. Begraben ist er auf dem Alten Friedhof von Sanary. Die Blumen, die Küstenlandschaft, die Menschen aus dieser Stadt, die er in seinen farbseligen Bildern mit sanft abgerundeten Formen glorifizierte, zeugen für alle Zeiten von der glückhaften Begegnung eines Malers mit seinem idealen Ort.

Die Kunst des Sehens
Julius Meier-Graefe

Der Schriftsteller und Kunsthistoriker Julius Meier-Graefe war ein Mittler und Wegbereiter, ein Kenner und Streiter, ein auf Verständnis und Ausgleich bedachter Beobachter in unversöhnlicher Zeit. Er steht für die Erschließung der französischen Kunst in der Zeit vor 1914 und zugleich für das Exil an der Côte d'Azur, als Deutschland zur Gefahr wurde. Dass der 1867 im Banat Geborene den Weg in den Süden wies, hatte einen biographischen und ästhetischen Sinn. Zwar hatte er seine literarische Laufbahn 1893 mit dem Roman *Nach Norden* begonnen, doch war es seine Rolle, nicht nur die französische Malerei des ausgehenden 19. Jahrhunderts nach Deutschland zu vermitteln, sondern auch den Drang der Maler nach Süden an den Beispielen van Gogh und Cézanne zu erklären.

1889 besuchte Meier-Graefe zum ersten Mal Paris. Um 1892 gehörte der studierte Ingenieur zur Berliner Boheme um Munch, Dehmel, Liliencron und Strindberg. Gemeinsam mit Otto Julius Bierbaum und Richard Dehmel gründete er 1894 die Kunstzeitschrift *Pan*, aus deren Redaktion er nach einem Jahr wieder ausschied. Es war zum Streit über eine Lithographie von Toulouse-Lautrec gekommen.

Meier-Graefe reiste zunächst nach London und lebte dann für längere Zeit in Paris (in der Rue Pergolèse), wo er sich mit Toulouse-Lautrec anfreundete. Von Paris aus schrieb er Beiträge für die Zeitschrift *Die Zukunft*, die Maximilian Harden in Berlin herausgab. Er lernte Henri van de Velde kennen, dessen Arbeit er unterstützte, vor allem mit der Gründung der

Gesellschaft und der Zeitschrift für *Dekorative Kunst* sowie der Galerie *La Maison moderne*. An der Durchsetzung des Jugendstils hatte Meier-Graefe entscheidenden Anteil. Er studierte nun ausgiebig die Werke von Delacroix, Corot, Manet, Renoir und van Gogh; Letzterer war noch kaum bekannt.

Für die von Richard Muther herausgegebene Reihe *Die Kunst* schrieb er 1902 das Büchlein *Edouard Manet und sein Kreis*, das eine große Wirkung erzielte. 1904 übersiedelte er nach Berlin, wo ein Jahr später sein Buch *Der Fall Böcklin* ein Skandalerfolg wurde. Diese Polemik gegen das Spätwerk des Malers spaltete die Kunstwelt in ein profranzösisches und ein deutschtümelndes Lager. Meier-Graefe suchte nach Maßstäben und Gesetzen für wirkliche Größe in der Malerei, wie er sie bei El Greco fand, hohlen Kult wie um Böcklin lehnte er ab, auch wenn er dafür heftig gescholten wurde. Kontroverse Reaktionen löste auch seine zweibändige *Entwicklungsgeschichte der Modernen Kunst* aus (1903); darin fasste er seine Vorstellungen von einer auf dem reinen Sehen begründeten Kunst zusammen, die im französischen Impressionismus ihren Höhepunkt gefunden habe. 1910 ging er wieder für einige Zeit nach Paris. 1914, als alle Deutschen Frankreich verlassen mussten, machte er einen Abschiedsbesuch bei Rodin in Meudon. Im Ersten Weltkrieg geriet er kurz in russische Gefangenschaft.

Im Jahr 1925 heiratete Julius Meier-Graefe die gerade 19-jährige Annemarie Epstein, die aus einer Berliner jüdischen Familie stammte. Ihr Vater, der Architekt Walter Epstein, hatte 1907 das Familienhaus in Zehlendorf (Argentinische Allee 5) selbst entworfen. Aus dem Schweizer Pensionat, in das die Familie die eigenwillige Tochter geschickt hatte, wurde Annemarie von Meier-Graefe gleichsam entführt, dessen dritte Frau sie wurde. Sie erledigte in den nächsten Jahren alle Schreibarbeiten, war seine Sekretärin und Chauffeurin, später verwaltete sie seinen Nachlass. Sie wirkte aber auch als Buchillustratorin, etwa für Meier-Graefes *Geschichten neben der Kunst* (Berlin 1933). Im

New Yorker Exil arbeitete sie als Modezeichnerin, freischaffend für diverse Firmen.

Schon als Mädchen hatte sie Zeichenunterricht bei Leo König gehabt, einem Freund ihres Vaters. König war in erster Ehe mit der Französin Mathilde Tardif (1872–1931), genannt Mat, verheiratet. Nach der Scheidung zog Mat nach Cassis, dem ersten Küstenort östlich von Marseille, in dem schon seit Anfang des Jahrhunderts viele Maler aus Montparnasse lebten, allen voran Henri Matisse.

1927 besuchten die Meier-Graefes Mathilde Tardif in Cassis und beschlossen, in die Gegend zu ziehen. Drei Jahre später erwarben sie in St. Cyr, eine Bucht weiter östlich, das Anwesen La Banette. 1932 kam Meier-Graefe ein letztes Mal nach Deutschland. Im Dezember 1933 verweigerte er das vom Berliner Propagandaministerium verlangte Treuegelöbnis für die Reichsschrifttumskammer. 1934 beantragte er die französische Staatsbürgerschaft, doch noch bevor darüber befunden wurde, starb er im Juni 1935 in einem Sanatorium in Vevey am Genfer See. Den Nationalsozialisten war das »Meier-Graefentum« verhasst. Für sie war er einer der Hauptverantwortlichen der »entarteten Kunst«. Nach seinem Tod erschienen Hetzartikel im *Völkischen Beobachter*. Man warf ihm die Freundschaft mit den Juden Paul Cassirer und Max Liebermann vor und seine Vorliebe für die französische Kunst. Emil Nolde hat ihn »einen Feind der deutschen Kunst« genannt. Der allerneuesten Malerei seiner Zeit, Picasso, Klee, Nolde, hatte Meier-Graefe allerdings immer ablehnend gegenübergestanden.

Bereits 1921 war der Text erschienen, in dem er am deutlichsten den Weg der Maler in das Licht der Provence nachzeichnete: *Vincent van Gogh. Der Roman eines Gottsuchers*. Was er in diesem Romanessay als ästhetische Suche van Goghs beschrieb, galt auch für die Entwicklung der deutschen Künstler, Sammler, Literaten, Theoretiker in Frankreich: Am Anfang stand die Entdeckung von Paris, das Leben der Stadt, die Landschaft der Straßen, Häuser, Passagen und Parks, der Atem der

Julius Meier-Graefe

Geschichte und die Lebendigkeit der Tradition, die quirlige Lust am künstlerisch Neuen, das gesellschaftliche Leben, die neuen Viertel und das alte Zentrum. Am Beispiel van Goghs schildert er, was die Künstler in den Midi zog: »Nicht die Spur einer Sehnsucht trieb ihn nach Hause zurück. Es gab kein Zuhause. [...] Folglich da leben, wo es am bequemsten war. Am besten im Süden, in der Wärme. [...] Dort gab es Sonne und billiges Brot. [...] Der Süden erleichterte dem Auge, die Sehnsucht der neuen Maler zu begreifen. [...] Ein Lüftchen hielt alles in Schwebe. Das unbegreifliche Neue, das die Nerven zu Strängen spannte, war dieses Licht. Das Licht verwischte nicht nur den undurchdringlichen Duft wie in der weicheren Pariser Luft, sondern gab jedem Detail scharf umrissene Formen. [...] Dieser Süden! Dieses Gelb! Dieses mit nichts vergleichbare Leuchten!«

Annemarie Meier-Graefe blieb nach dem Tod ihres Mannes in St. Cyr-sur-Mer. Dort stand sie in engem Kontakt mit der Emigrantenkolonie, die sich inzwischen im nahen Sanary gebildet hatte. 1937 reiste sie nach Wien und lernte bei einem Empfang des Zsolnay-Verlages Hermann Broch kennen, der in jenem Jahr mit der Arbeit an der Romandichtung *Der Tod des Vergil* begonnen hatte. 1938 emigrierte Broch über England und Schottland in die USA, an die amerikanische Ostküste. Dort blieb er in Kontakt mit den Manns, freundete sich mit Elisabeth Mann an und war Trauzeuge, als diese 1939 den italienischen Kunsthistoriker Borghese heiratete.

Kurz bevor die Deutschen Frankreich besetzten, emigrierte auch Annemarie Meier-Graefe nach New York. Bei ihrer Flucht hatte sie ihr Haus in St. Cyr ihrem Onkel überlassen, dem Physiker Friedrich Epstein, einst Mitarbeiter Fritz Habers. In La Banette lebte er 1941/42 mit Else Weil zusammen, Kurt Tucholskys erster Ehefrau. Ende 1942 wurden beide an die deutschen Besatzer ausgeliefert, über Drancy nach Auschwitz deportiert und ermordet.

Hermann Broch lebte während des Kriegs in New York, Princeton und in New Haven (Connecticut), meist in erbärmlichen Umständen, in ewiger Geldnot, isoliert vom deutschsprachigen wie vom amerikanischen literarischen Leben. In Amerika traf er 1942 Annemarie Meier-Graefe wieder, die zunächst zwei Jahre in Kalifornien gelebt hatte. Zwischen beiden entwickelte sich ein schwieriges Liebesverhältnis. Auf ihr Drängen hin war Broch Ende 1949 zur Heirat bereit, doch verlangte er, die Eheschließung geheimzuhalten. Überdies hatte er ein Abkommen verlangt, in dem man einander völlige Freiheit in der Lebensführung zusicherte und sich verpflichtete, jedem etwaigen Scheidungswunsch sofort und bedingungslos nachzukommen. Von der Vermählung am 5. Dezember 1949 erfuhren nur Hannah Arendt, mit der sich Annemarie Meier-Graefe angefreundet hatte, deren Mann Heinrich Blücher sowie Robert Pick. Broch pflegte gleichzeitig andere Beziehungen, etwa mit Ruth Norden, einst Mitarbeiterin von Peter Suhrkamp beim S. Fischer Verlag. Broch, der nur ein kleines Lesepublikum, aber einen großen Ruf hatte, hoffte auf den Literaturnobelpreis, der alle seine Nöte beendet hätte, doch der Preis ging 1950 an William Faulkner.

Annemarie kehrte alsbald nach Europa zurück und führte mit Broch eine transatlantische Briefbeziehung – bis zu dessen plötzlichem Tod am 30. Mai 1951 (Herzversagen). Auch Hypochonder und Simulanten sind sterblich. Simuliert hatte er auch diese Ehe, die einen lesenswerten Briefwechsel gezeugt hat, wobei besonders ihre Briefe aufschlussreich sind für das Leben im Nachkriegseuropa, in Paris und vor allem an der Côte d'Azur, wohin es sie wieder zog.

Im Juni 1950 reiste sie nach Paris und Berlin. Aber ihre eigentliche Landschaft blieb der Midi, den sie in diesem Sommer wiedersah. Ihre Sprache blühte bei der Schilderung der Weinberge und Ölbäume und schöner Orte wie Gordes und Roussillon auf. In Paris logierte sie bei Ida Chagall, der Tochter des Malers, auf der Île de la Cité, 22, Place Dauphine. Von der

Wohnung schaute sie auf die Seine, den Pont Neuf und die Leuchtreklame der Samaritaine. Abends erhellten die Straßenlaternen ihr Zimmer im ersten Stock. Sie saß lang auf dem Bett und tippte, die Reiseschreibmaschine auf den Knien. Während ihres New Yorker Exils hatte sie in engem Kontakt mit Marc Chagall gestanden; nach ihrer Rückkehr nach Frankreich setzte sie diese Beziehung fort. Als Chagall in Vence wohnte, war sie oft zu Gast in seinem Haus.

Schon 1948 kaufte sie in St. Cyr das Anwesen Rampale, ein provenzalisches Bauernhaus aus dem 17. Jahrhundert mit großem Garten und einem Weinberg. Nachdem sie im Sommer 1950 dort eingezogen war, beschrieb sie es so: »Das Haus ist wie ein versunkenes kleines Schloß im Paradies, eine Oase in dieser verrückten Welt. [...] Man tritt aus dem Haus und ißt Mandeln und Feigen vom Baum.« Sie fügte noch hinzu, dieser Frieden wäre genau das Richtige für Broch. Und gewiss hatte sie immer gehofft, er würde zu ihr ziehen. Die Briefe, die sie ihm schickte, waren so angelegt. Sie schilderte einsame Spaziergänge zwischen den »collines sauvages«, für die das deutsche Wort »Hügel« kaum passe, das klinge zu sanft und zu sehr nach Mörike, sie seien wild und herb, steinig und streng, keineswegs lieblich – Weinland eben.

Broch malte sich zuweilen aus, wie schön es in St. Cyr wäre. Doch der Ort war für ihn wie aus der Welt. Sein Zögern und schließlich sein Tod beendeten ihre Hoffnungen. Und doch blieb sie dort, all die Jahre, machte Reisen und pflegte die Erinnerung, bis es so weit war, dass man sich für die Schicksale der Emigranten interessierte. Zeitzeugin wurde ihr letzter Beruf.

Walter Bondy
Maler und Fotograf des Exils

Der mit der großen Familie Cassirer verwandte Walter Bondy gehört zu jenen Künstlern, welche die Verbindung von Montparnasse nach Sanary verkörpern. Der Vater, Otto Bondy, war zunächst Kaufmann in Prag, die Mutter, Julie Marcus Cassirer, stammte aus Breslau. Sie waren sehr unterschiedliche Persönlichkeiten, harmonierten aber gut miteinander und schufen eine friedliche, behütete Atmosphäre für ihre Kinder.

Die Mutter war groß und kräftig, litt aber unter Gelenkrheumatismus und einem Herzfehler. Sie starb 1914 im Alter von 54 Jahren. Der Vater war handwerklich begabt, las viel, zeichnete und musizierte und war ein Verehrer von Richard Wagner, aber auch ein Kunstsammler. Religion spielte in der Familie keine Rolle, man lebte schon in dritter Generation außerhalb der jüdischen Traditionen. Drei Jahre wohnte das junge Paar in Prag, wo drei Jungen zur Welt kamen.

1892 zog die Familie nach Wien. Otto Bondy hatte inzwischen Elektrotechnik studiert und gründete in Wien-Meidling die ersten Kabelwerke in Österreich. Es kamen noch drei Mädchen zur Welt, die älteste, Toni, litt an denselben Krankheiten wie die Mutter. Sie heiratete später ihren Cousin, den Philosophen Ernst Cassirer. Die Kusine Edith heiratete den Schweizer Reformpädagogen und Gründer der Odenwaldschule Paul Geheeb und zog mit ihm nach 1933 in die Schweiz.

Seine künstlerische Ausbildung erhielt Walter Bondy an den Akademien in Wien, München und Berlin. George Mosson, der zur Berliner Secession gehörte, war einer seiner Lehrer. Er vermittelte auch den Kontakt zu dem Galeristen Paul Cassirer, der bis zu seinem Selbstmord 1926 den jungen Maler vertrat; ihm folgte der Galerist Werner Feilchenfeldt, zunächst in Berlin, nach 1933 in Zürich. Walter Bondy war nun regelmäßig auf den Ausstellungen der Berliner Secession vertreten, mit Akten, Blumenstücken und Porträts.

Nach 1904 hielt er sich vorwiegend in Paris auf, wo er bald zum Künstlerkreis des Café du Dôme gehörte. Er besuchte die Akademie Colarossi und ließ sich von Auguste Renoir beeinflussen, vor allem in der Farbgebung. Auch Utrillo begeisterte ihn. Wir sehen Paris durch seine Augen, schrieb er. Nun entstanden Porträts, Stillleben und Landschaften, aber auch feine Zeichnungen. 1907 schuf er in Saint-Cloud sein Meisterwerk *Der blaue Pavillon*. 1912 führte ihn eine erste Reise in den Midi. Aus der Gegend um Grasse brachte er farbenselige Landschaftsbilder mit.

In der aufgeheizten Atmosphäre des Sommers 1914 gab es Ausschreitungen am Café du Dôme, Fenster wurden eingeschlagen. Jetzt waren die Deutschen keine wohlgelittenen Gäste mehr. Im August musste Bondy wie alle Deutschen Paris verlassen. In den nächsten Jahren wurde Berlin zum Mittelpunkt seines Lebens. 1916 heiratete er Cécile Rogue Houdy, die schon in Paris mit ihm gelebt hatte. Sie war ihm nach Berlin gefolgt, ohne ein Wort Deutsch zu können. Ihrer beider Tochter hieß Rachel Andrée.

Bondy machte sich nach 1918 einen Namen als Kunstkritiker und Sammler. Kunst aus Afrika und Polynesien faszinierte ihn wie so viele Maler der Moderne, seine besondere Leidenschaft aber galt chinesischem Porzellan. 1923 erschien seine umfangreiche Monographie *Kang-Hsi – eine Blüte-Epoche der chinesischen Porzellankunst*. 1924 gründete er die Zeitschrift *Die Kunstauktion*, die er bis 1930 herausgab.

Ab Mitte der zwanziger Jahre kam er wiederholt nach Sanary, wo viele Gemälde entstanden. Hier gefiel ihm die Intensität des Lichts, die Gewalt des Mistrals, die Wildheit des Hinterlandes.

In den Jahren nach 1923 pendelte er zumeist zwischen seiner Pariser Wohnung am Parc Montsouris und Berlin-Charlottenburg. Aber die Atmosphäre in Berlin behagte ihm immer weniger, vor allem, nachdem er 1931 auf offener Straße tätlich angegriffen worden war.

1931 fuhr er wieder an die Côte d'Azur, wo er Julius Meier-Graefe in St. Cyr besuchte. 1932 verließ er Deutschland endgültig und fuhr mit seinem kleinen Ford-Auto, seiner Hündin Geisha und nur zwei Koffern nach Ascona, wo er einige Bekannte traf und intensiv malte. Dann entschloss er sich, nach Sanary zu fahren. Mit seinen Gefährten aus den Montparnasse-Tagen, Klossowski und Meier-Graefe, saß er nun häufig auf der Terrasse vor dem Café de Lyon, spielte Schach und redete über Politik. So fiel er auch der Familie Bertron aus Nîmes auf, die schon seit Jahren in Sanary Ferien zu machen pflegte, insbesondere der jüngsten Tochter Camille, die am Anfang ihrer Laufbahn als Malerin stand. Camille wurde Bondys Gefährtin und schließlich Mitarbeiterin in seiner letzten künstlerischen Wandlung zum Fotografen des Exils.

Camilles Familiengeschichte war turbulent und romanesk. Der Vater, René Bertron, war das uneheliche Kind des Grafen d'Abzac und dessen Dienstmädchen Valentine. Er wuchs in einem katholischen Heim auf und wurde auf eine Priesterlaufbahn vorbereitet, heiratete aber 1905 Jeanne Gautier, die von einem anderen Mann schwanger war. Das Kind, Jean, wurde von René Bertron als eigenes anerkannt. 1906 kam ein weiterer Junge zur Welt, Marc, 1911 schließlich Camille Sophie, 1912 noch ein Mädchen, Elisabeth Marguerite, Rufname: Babette. Monsieur Bertron wurde ein erfolgreicher Rechtsanwalt in Nîmes. Seit etwa 1926 verbrachte die Familie regelmäßig ihre dreimonatigen Sommerferien in Sanary.

Am Strand von Portissol lernte Camille die ein Jahr ältere Sybille von Schoenebeck kennen. Nach einem Zwischenfall – Sybille zog das französische Mädchen ins Wasser, denn sie wusste nicht, »dass die Franzosen nicht schwimmen können« – begann eine wunderbare Freundschaft. In Sybille Bedfords Roman *Zeitschatten* ist Camille unter dem Namen Cécile verewigt. Schwimmen hat Camille dann in drei bezahlten Lektionen beim Schwimmlehrer Pétard in der Bucht von Portissol gelernt. Als sich Camilles Vater und Mutter trennten, zog die Mutter mit ihren Töchtern ganz nach Sanary.

Camille wollte Malerin werden, das stand schon früh fest, die Atmosphäre von Sanary regte sie an. Nach dem Abitur hatte sie in Nîmes die École des Beaux Arts besucht. Die Galerie Detaille in Marseille stellte einige ihrer Bilder aus. 1932 malte Camille im Garten der Villa Valmer, die zwei Jahre später Lion Feuchtwanger bewohnen sollte. Eine Kunsthändlerin, die zufällig vorbeikam, kaufte das Bild von der Staffelei weg.

In jenem Sommer machten Camille und ihre Mutter auf der Terrasse des Café de Lyon die Bekanntschaft Walter Bondys. Zunächst interessierten sich Mutter und Tochter gleichermaßen für den Herrn von 52 Jahren. Madame lud den Maler in ihr Haus ein. Er kam, trank eine Tasse Kaffee und schaute sich Camilles Bilder an. Was er sah, muss auch das Interesse an der jungen, kräftigen, temperamentvollen Malerin befördert haben. Bondy schlug vor, in seinem Ford nach Toulon zu fahren, um dort Bilderrahmen zu kaufen. Bei einem Trödler fand sich ein großer Louis-XIII-Rahmen.

Als Madame Bertron merkte, dass sich Bondy mehr für die Tochter interessierte, entstand eine komplizierte Lage. Die Liebenden trafen sich heimlich, wurden jedoch denunziert. Camille setzte sich gegen die Mutter durch, immerhin war sie volljährig. Ihr Vater stand ihr bei, gab Geld, damit sie ein eigenes Zimmer mieten konnte. Und sie sah ihren Geliebten häufig, sie führten eine prekäre Boheme-Existenz, so glücklich, wie man es nur in Sanary sein kann. In diesem Jahr malte Bondy ein herrliches Porträt von Camille und schrieb darauf die Widmung: »A l'adorable Camille Bertron en souvenir de l'été 1932.« Der in Toulon gekaufte Rahmen schmückte das

Walter Bondy und Camille, 1932 in Sanary.

Gemälde. Nicht nur der Mensch, auch der Künstler gefiel Camille. Sie lernte viel von Bondy, Technik, Themenbehandlung, Farben. Auch die Erzählungen aus seinem reichen Leben in Wien, Berlin, Paris faszinierten sie.

Bondy besaß eine Fotoausrüstung, um seine Sammlungen im Bild festzuhalten. So kam die Idee auf, ein Fotoatelier einzurichten. Ihr Wohngeschäft am Quai Marie Esménard No. 20 erregte wohlwollende Neugier bei der Bevölkerung. Die Leute aus Sanary waren stolz, sich von ihm fotografieren zu lassen. René Schickele überlieferte einen ähnlichen Ausspruch eines Sanaryen von damals, der auf die Frage, warum er denn zu diesem ausländischen Fotografen gehe, sagte: »Que voulez-vous, c'est un artiste.« Bondy selber sagte nur: Die Fotografie muss vor allem Dokument der Schönheit sein. Die Galerie Le Trident (»Dreizack«) aus Toulon, geleitet von Bruno Bassano, einem italienischen Emigranten, bestellte Porträtaufnahmen von einheimischen Malern; dort konnte Bondy wiederholt seine Arbeiten ausstellen.

In seiner letzten Schaffensphase wurde Bondy zum Kunstfotografen, aber vor allem zum Fotografen des Exils. Viele Mitglieder der Künstlerkolonie hat er in wunderbaren Porträts verewigt, Schickele, Meier-Graefe, Toller und seine Frau, Eva Herrmann, Bruno Frank, Arnold Zweig, auch Aldous Huxley, Sibylle Bedford und deren Mutter Lisa Marchesani, die mit Bondy seit den Berliner Jahren befreundet war. Am bekanntesten wurden seine Fotos von Lion und Marta Feuchtwanger, die im Juni 1934 in der Villa Valmer entstanden, insbesondere das Bild, das beide in ihrer Bibliothek zeigt. Bondys Aufnahmen zeigen die Emigranten nicht als Gehetzte, Gejagte, Entrechtete; sie zeigen sie in ihrer Würde und Selbstbehauptung, ihrem Schicksal gewachsen.

Diese kreative Zeit endete, als es Streit mit der Vermieterin gab, die aus Eifersucht eines Tages Fotomaterial und den gläsernen Schaukasten in das Hafenbecken warf. Im Krieg wurde das Haus am Quai zerstört. Walter und Camille fanden zunächst eine Bleibe oberhalb der Garage Excelsior, an der Straße nach Bandol. Gleich dahinter stand ein sonderbares Haus, La Gattounière, das Katzenasyl, von dem dort lebenden Klempner mit kuriosen Gebilden verziert. Bondy hatte jetzt zwei Hündchen, zu Geisha war Bébé hinzugekommen, auch die beiden Pekinesen wurden wundervoll porträtiert. Ein einfaches Schild an der Wand und eine kleine Vitrine zeigten den Kunden den Weg. Camille und Walter lebten frei und kreativ und verdienten bescheiden ihren Lebensunterhalt, wobei ihnen der gute Ruf des Fotografen half.

1933 kam Bondys Tochter Rachel nach Sanary. Ein ergreifendes Foto zeigt sie engumschlungen mit Camille. Walter richtete ihr eine Wohnung in Paris ein, wo sie mit einem Freund lebte. Rachels Hauptproblem aber war der Drogenkonsum, den sie sich in Berlin angewöhnt hatte. Wenige Jahre später muss sie ihrem Leben ein Ende gesetzt haben, kurz nachdem ihre Mutter gestorben war.

Dann traf ein Brief aus Wien ein. Die Kabelfabrik, die Otto Bondy bis zu seinem Tod 1928 geführt hatte, bestellte ein Porträt von Bondys Vater. Walter entschloss sich, mit Camille zu seinen Verwandten nach Wien zu reisen. Im Winter 1934 brachen sie auf und reisten über Italien, wobei Camille die Zöllner daran hindern musste, eine Dose mit Filmpapier zu öffnen, was ihr durch Einsatz ihres Charmes auch gelang. Nach Abstechern nach Mailand und Venedig erreichten sie im gut geheizten Zug Wien, wo sie bei Verwandten von Walter unterkamen. Camille fühlte sich dort wohl, denn alle sprachen Französisch. Ihr Lieblingsort wurde das Café Fenstergucker gegenüber der Oper. Man traf sich mit Robert Musil und dessen Frau und mit prominenten Künstlern.

Die Kabelfabrik organisierte die feierliche Präsentation des Porträts von Otto Bondy, im übrigen durfte Walter einige Räume der Fabrik nutzen, um seine aus Berlin geretteten Sammlerstücke und etwa 300 eigene Gemälde unterzustellen. Nach dem Anschluss 1938 gingen fast alle diese Schätze verloren. Ein Abstecher führte Walter und Camille ins nahe Bratislava, wo genau wie in Wien Fotoporträts von führenden Persönlichkeiten der Stadt, aber auch von Verwandten entstanden. Im April 1935 waren sie wieder in Sanary.

Seine Porträtaufnahmen machte Bondy nur mit Tageslicht. In der Zeitschrift *Littoral Magazine* veröffentlichte er einen Artikel über seine Methode. Die besondere Behandlung des Lichts interessierte Louis Lumière, den Filmpionier, der sich, inzwischen ein alter Herr, in Bandol die Villa Lumen bauen ließ. Auch ihn porträtierte Bondy. Lumière zeigte sich großzügig und schenkte wiederholt wertvolles Fotopapier.

Ende 1935 lud sie Walters Vetter Herbert Bondy nach Prag ein. Walter sollte ein Porträt von dessen verstorbener Frau malen. Ein paar Wochen wohnten sie hochherrschaftlich bei dem Vetter im feinen Viertel Bubenec, aber richtig wohl fühlten sie sich in diesem Industriellenmilieu nicht. Walter sagte voraus, dass man auch in Prag nicht Hitlers Schergen entgehen würde, natürlich glaubte ihm niemand. Camille mochte die Stadt sehr und ist 1992 dorthin zurückgekehrt.

Im Frühjahr 1936 verschlechterte sich die Atmosphäre in Sanary. Man misstraute den Fremden, hielt sie alle für Spione. So beschlossen Walter und Camille, nach Toulon überzusiedeln. Ihr neues Atelier richteten sie im Eckhaus Nummer 1 der palmenbestandenen Avenue Colbert ein, nur wenige Schritte vom Bahnhof entfernt. Im April 1937 heirateten sie.

Aus ihrer Wohnung im vierten Stock hatten sie einen weiten Blick auf das Massiv des Mont Faron, der sich gleich hinter der Stadt erhebt. Ein großes Zimmer mit drei breiten Fenstern diente als Fotostudio. Aus Wien hatte Bondy eine Leica und eine Rolleiflex mitgebracht. Er bastelte sich ein Vergrößerungsgerät und einen Lichtkasten für Retuschen. Bald wurde er ein gefragter Fotograf bei den Spitzen der Gesellschaft von Toulon. In den Jahren 1937/38 entstand eine beeindruckende Serie von Porträts, ein gesellschaftlicher Querschnitt der Stadt, Dokto-

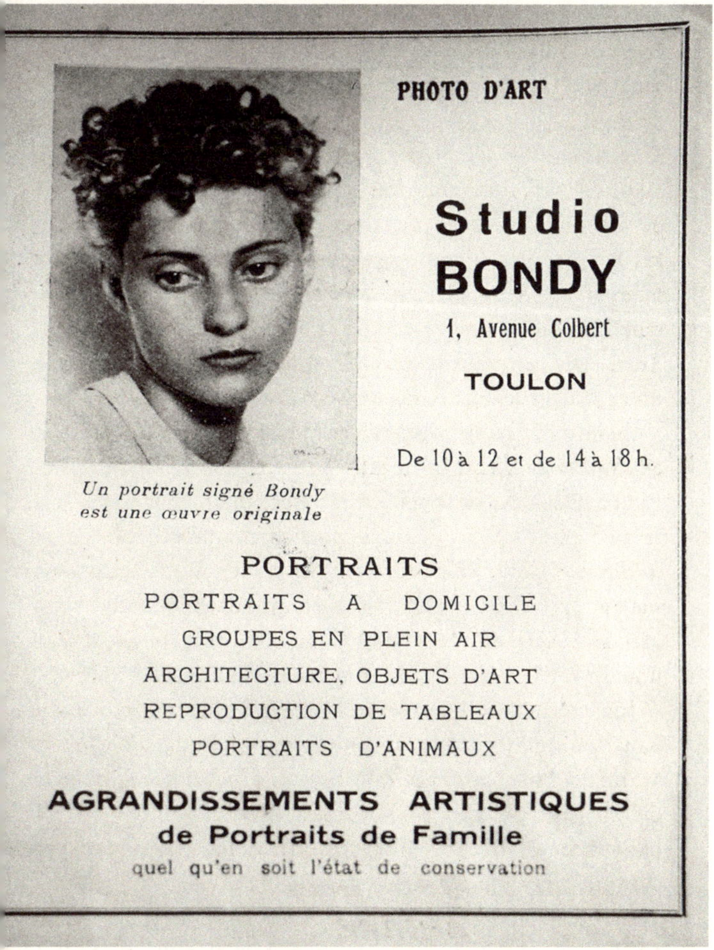

Die Visitenkarten von Walter Bondy.
Das Porträt zeigt Christiane Grautoff-Toller.

ren, Anwälte, Marineoffiziere, schöne Damen. Niemandem auf diesen Bildern ist die Katastrophe anzusehen, die bald alle ereilen sollte.

Camilles Schwester Babette, ebenso temperamentvoll, selbstbewusst und unternehmenslustig, heiratete den amerikanischen Maler Paul Ullman, der auch eine Weile in Sanary lebte. In den dreißiger Jahren zog sie mit ihm nach Kalifornien. Im Krieg leistete Ullman für die amerikanische Armee heldenhafte Einsätze im besetzten Frankreich. Auf einer Mission wurde er von deutschen Soldaten erschossen. Später heiratete Babette einen seiner Freunde, Michael Wills, auch er ein Maler. Sie lebte weiterhin in Kalifornien, ist aber immer wieder nach Frankreich gekommen, auch zu ihrer Schwester nach Toulon.

Die letzten Monate vor Kriegsausbruch waren eine produktive Periode für Walter Bondy, als wüsste er, dass ihm nicht viel Zeit blieb. Zwei dicke Hefte füllte er mit Aphorismen über Kunst, Liebe, die Frauen, Glauben, Moral. Erzählungen entstanden, Märchen auf Deutsch und auf Französisch, auch Theaterstücke, ferner ein »Kleines Anekdotenbüchlein über die Familie Cassirer«. Dann kam die Zeit der Krise. 1939 erwogen Walter und Camille eine Auswanderung nach Mexiko und hatten schon den Fahrplan der Schiffe besorgt. Doch dafür sollte keine Zeit bleiben.

1938 war Walter die Arbeitserlaubnis entzogen worden. Das fast mittellose Paar übersiedelte nach La Garde, zehn Kilometer östlich von Toulon. Seit dem frühen Mittelalter diente die auf einem felsmassiv gelegene Stadt zum Schutz des Hafens und der Stadt von Toulon (daher ihr Name). Nahe der Festungsmauer der Altstadt konnten sie ein Häuschen mieten. Die Vermieter wie auch der Bürgermeister, dessen Sohn Kriegsgefangener in Deutschland war, halfen ihnen sehr. Die Buchhändler Édouard et Andrée Montbarbon stellten Bondys Arbeiten in ihren Schaufenstern in Toulon aus.

Im September 1939, nach Kriegsausbruch, drohte Bondy die

Einweisung ins Konzentrationslager. Er war niedergeschlagen und sagte zu Camille: »Wenn du mich dorthin gehen lässt, siehst du mich nie wieder. Mit meiner Diabetes überstehe ich das nicht.« Camille suchte den Militärgouverneur von Toulon auf, General Raymond, den Walter einige Zeit zuvor porträtiert hatte. Sie sagte: »Mein Mann ist Diabetiker, er braucht drei Spritzen am Tag.« Der General ließ Walter Bondy bescheinigen, er sei ein »transportunfähiger Ausländer«, und so blieb ihm die Internierung erspart.

Aber die Krankheit verschonte ihn nicht. Das nötige Insulin erhielt er von seiner Kusine Edith Geheeb aus der Schweiz. Als nach Kriegsausbruch der Postverkehr schwieriger wurde, verschlechterte sich sein Gesundheitszustand rapide. Aber er hatte wohl auch seine Lebenslust verloren, wollte die Katastrophe, die er ahnte, nicht miterleben, vor allem nicht die Besetzung des geliebten Paris. Als er merkte, dass es zu Ende ging, schrieb er einen letzten pathetischen Brief an seine Kusine Elisabeth.

In den Erinnerungen seiner Schwester Toni Cassirer, die 1940 mit ihrem Mann Ernst in der schwedischen Stadt Göteborg lebte, findet sich ein düsteres Zeugnis: »Ich sorgte mich nun am meisten um meinen Bruder Walter und seine junge Frau, die in Toulon lebten, das als Kriegshafen besonders gefährdet erschien. […] Nach der Besetzung von Paris verlor Walter, der ewig Optimistische und Lebensbejahende, plötzlich alle Spannkraft. […] Er war nicht mehr bereit, den Verfall Frankreichs mitzuerleben und deutsche Soldatenstiefel in Toulon auftauchen zu sehen. Er weigerte sich, die nötige Dosis Insulin zu spritzen, und starb zwei Wochen darauf.«

In seinen letzten Tagen bekam Walter Bondy großen Appetit auf Birnen. Als ihm Andrée Montbarbon besonders schöne Früchte brachte, hat er sie gemalt, bevor er sie aß. Das Stillleben *Les Poires*, diese saftigen Birnen des Lebens, bezeugt, wie jedes seiner Werke, ein heiteres, untragisches Gemüt voller Zuversicht in die Schaffenskraft des freien Menschen. Er begann noch ein Porträt von Camille, vor einer Staffelei sitzend, konnte es aber nicht mehr vollenden. Mit einem Porträt von ihr hatte ihre kurze, intensive Geschichte begonnen.

Der Arzt, der trotz aller kriegsbedingten Restriktionen aus Toulon herbeieilte, konnte ihn nicht retten. Bevor Bondy ins Koma fiel, sagte er zu Camille: »Danke für alles.« Er starb am 17. September 1940. Nach seinem Tod hat Camille den Leichnam mit einem spanischen Tuch bedeckt und ein letztes Foto von ihrem Mann gemacht. Beigesetzt wurde er auf dem Friedhof von La Garde.

Im Mai 1940 hatte Bondy ihr geraten, große Vorräte anzulegen, denn es würde bald Engpässe geben. Er konnte sich an die Hungerjahre nach 1914 erinnern. In Toulon war man zunächst bestens versorgt, niemand dachte daran, sich für Notzeiten einzudecken. Camille aber tat es, steckte alles Geld in Schokolade, Fett, Zucker, Nudeln, Konservendosen, Heizmaterial und Kurzwaren. Noch zwei Jahre nach Bondys Tod, als auch in Toulon Not herrschte, konnte sie von ihren Vorräten leben, konnte sogar ihren Freunden warme Schokolade servieren.

Die Kriegsjahre über blieb Camille in La Garde (und entging damit den heftigen Bombardements von Toulon, das im August 1944 während der Landung der Alliierten in der Provence weitgehend zerstört wurde). Sie konnte in eines der Häuser auf dem alten Festungsring einziehen, zwischen der Rue du Four im Innern des Burgrings und der Rue de la Brèche unterhalb. Es hatte als Molkerei gedient, was unmöglich geworden war, nachdem kein Wasser mehr dorthinauf gelangte. Es musste aus dem Ort geholt werden. Wenn Camille Fotos wässern wollte, musste sie zum Brunnen an der Place Victor Hugo hinuntersteigen (er wurde vor 1860 angelegt und steht noch heute) und wieder hinauf, wo sie zum Trocknen aufgehängt wurden. 1944 wurde der Ort bombardiert, Camilles Haus von Querschlägern getroffen, aber vor größeren Schäden bewahrt.

Nach dem Krieg führte Camille an der Place Ledeau in der Altstadt von Toulon und im Sommer auf der Insel Porquerolles das Fotogeschäft allein weiter; sie malte auch weiterhin, stellte immer wieder aus. Die Werke von Walter Bondy hat sie all die Jahre treu aufbewahrt und damit ein wesentliches Erbe des Exils gesichert. Erst nach 1980 hat man sich an sie als Zeitzeugin erinnert und sie immer wieder befragt. Zum Glück besaß sie ein gutes Gedächtnis und eine beneidenswerte Gesundheit. Als im Jahr 2000 in Berlin die allererste Ausstellung von Bondy-Fotos stattfand, war sie Ehrengast. 2006 konnten in Sanary etwa 60 Fotos aus den Exiljahren gezeigt werden, darunter erstmals alle wesentlichen Porträts der Emigranten.

Der erzwungene Fortgang aus Deutschland, der Verlust vieler Bilder und der frühe Tod haben dazu geführt, dass Walter Bondy, diese bedeutende Gestalt des deutsch-französischen Kulturaustauschs, in Vergessenheit geriet. Erst seit wenigen Jahren werden aus seinem Fotoarchiv, das in den Besitz der Stadtbibliothek von Toulon übergegangen ist, Bilder auf Ausstellungen geschickt. Es besteht Hoffnung, dass auch der Maler wiederentdeckt wird. Einer seiner Aphorismen lautet: »Alles, was sich ersetzen lässt, ist vergänglich. Die menschliche Persönlichkeit ist unersetzlich und unvergänglich.«

Falsche Fremde
René Schickele und Annette Kolb

René Schickele war im völkerrechtlichen Sinn kein Emigrant, da er als Elsässer die französische Staatsangehörigkeit besaß. Die Eltern waren Franzosen, der Vater sogar Offizier in der französischen Armee. So wie er vor 1933 zur deutschen Literatur gehört hat, gehörte er nach 1933 unzweifelhaft zur Szene der literarischen Emigration in Sanary, ja er war eine ihrer Schlüsselfiguren.

Geboren wurde René Schickele am 4. August 1883 in Oberehnheim (Obernai); zu Hause sprach man Französisch oder Elsässisch, Deutsch hat er erst in der Schule gelernt. In den Gymnasien in Zabern und in Straßburg schrieb er bald die besten Aufsätze. Studiert hat er in Straßburg, München, Paris und Berlin. Als er 18 war, gab er in Straßburg zusammen mit Otto Flake, Ernst Stadler und anderen die Zeitschrift *Der Stürmer* heraus. Die literarische Gruppe nannte sich Jüngstes Elsass und trat für die kulturelle Eigenständigkeit des Elsass ein, unabhängig von Berlin und Paris. Als das Geld für das Projekt nicht mehr reichte, wurde *Der Merker* gegründet, aber die neue Zeitschrift wurde sogleich wegen Majestätsbeleidigung beschlagnahmt. Nun ging Schickele für einige Zeit nach München, wo er wichtige persönliche und literarische Kontakte knüpfte. Im Jahre 1904, er ist 21, heiratete er Anna Brandenburg, die Schwester seines Freundes Hans Brandenburg (er nennt sie Lannatsch). Zwei Söhne gingen aus dieser Ehe hervor, Rainer und Hans.

Das Ehepaar zog nach Berlin, wo Schickele Redakteur des

Neuen Magazins für Literatur wurde. Er gehörte zum Kreis der Autoren des frühen Expressionismus. Mit Heinrich Mann stand er seit 1904 in Kontakt. 1909 ging er als Korrespondent nach Paris und wohnte zunächst im südwestlichen Vorort Meudon, in dem einst Richard Wagner residiert hatte, später zog er in die Rue Bonaparte im 6. Arrondissement. 1911 wurde er Chefredakteur der *Straßburger Neuen Nachrichten*, dachte sogar daran, sich zum elsässischen Abgeordneten im Reichstag wählen zu lassen. Er veröffentlichte seit 1902 Gedichtbände und Romane (*Der Fremde*, 1907). Anfang 1914 unternahm er auf Einladung der Hapag Lloyd eine Reise über Italien, Griechenland und Ägypten bis nach Indien. Im Oktober 1914 schrieb er die Tragikomödie *Hans im Schnakenloch*, sein Beitrag zur elsässischen Identitätsfrage. Das Stück wurde bis 1916 erfolgreich gespielt, dann von der Zensur verboten. 1913 siedelte die Familie nach Fürstenberg in Mecklenburg über. Schickele arbeitete an den von E. E. Schwabach und Franz Blei edierten *Weißen Blättern* mit. Die Herausgeber dieser Zeitschrift wurden bei Kriegsausbruch 1914 einberufen, Schickele, der zu krank war, um Soldat zu werden, übernahm die Redaktion im Januar 1915 und zog nach Berlin-Steglitz.

Die Beiträge in dieser Zeitschrift stammten von Robert Musil und Heinrich Mann, von Franz Kafka und Gottfried Benn und vielen anderen. Schickele ist erst allmählich zur Stimme der Pazifisten geworden. Zunächst nahm er Subventionen des Auswärtigen Amtes in Berlin an, das sich von ihm eine Beeinflussung der Elsässer im Sinne des Deutschen Reichs erhoffte. Mit der Erlaubnis des Ministeriums verlegte er den Sitz der *Weißen Blätter* in die Schweiz. In Zürich wurde er endgültig zum Kriegsgegner. Nach dem Krieg trat er der Gruppe *Clarté* bei, wendete sich bald wieder ab, als sie unter Henri Barbusse einen prosowjetischen Kurs einschlug.

Das Elsass kam 1918 wieder zu Frankreich; Schickele erhielt 1919 automatisch einen französischen Pass, lebte aber zunächst weiter in der Schweiz, nun in Uttwill am Bodensee. 1922 ließ er sich ein Haus in Badenweiler bauen, mit Blick auf die Vogesen; ein Jahr später bezog Annette Kolb ein Haus in der Nachbarschaft. 1926 wurde er Mitglied der neu gegründeten Sektion Dichtkunst in der Akademie der Künste zu Berlin.

Badenweiler brachte die zehn glücklichsten und stabilsten Jahre seines Lebens. Er selbst schwor sich, den Ort nie zu verlassen. »Der abendliche Garten rückt in den Schatten, wie eine Frau in den Schlaf fällt, wenn sie am schönsten ist. [...] Gibt es schöneres auf der Welt als mein Haus, mein Garten, die Landschaft, in der es steht? Wie schlimm, wenn ich weg müßte!« Das schrieb er im Juli 1932, als er ahnte, dass diese Zeit zu Ende ging. Schon Mitte Juni wurde ihm bewusst: »Hitler ante portas.«

Im März 1932 fuhr er mit seiner Frau auf Besuch zu Julius Meier-Graefe, den er seit langem kannte. Am 20. März wurde er am Bahnhof Ollioules-Sanary abgeholt. Meier-Graefe (von den Freunden ›Ju‹ genannt) hatte eine Etage in seinem Haus La Banette in St. Cyr angeboten, aber Schickele zog ein Hotelzimmer vor mit dem Argument, er habe zuviel Respekt vor Jus Arbeit und dem selbständigen Wesen seiner Frau (Annemarie wurde ›Busch‹ gerufen). Weil sich der Asthmatiker Schickele an der Küste wohlfühlte, aber auch, weil er das kommende Unheil ahnte, kam bald der Gedanke auf, sich dort niederzulassen. Schon im Herbst 1932 vollzog er den ersten Schritt. Am 28. September traf er abends in St. Cyr ein. Nach kurzer Suche fand sich eine Villa mit Garten, auf einer Anhöhe, von der aus man auf die Dächer und die Bucht von Sanary herabblicken konnte. Die Lage rechtfertigte den Namen des Hauses: La Ben Qui Hado, was auf provenzalisch »das schön gelegene Haus« bedeutet. Es war erst fünf Jahre zuvor gebaut worden.

Albert Detaille aus Marseille, Besitzer der dortigen Fotostudios Detaille, die er von seinem Vater geerbt hatte, dem Fotopionier und Kollegen von Nadar, Ferdinand Detaille, hatte im Café de la Marine von einem Bebauungsplan für den Pinienhain auf der Anhöhe zwischen Sanary und Bandol gehört. Er

Villa La Ben Qui Hado,
René Schickeles Wohnsitz 1933/34.

wurde der erste Käufer und ließ 1928 zwei Häuser nebeneinander bauen, an einem Rondell gleich neben der Route de Bandol. Den Plan erstellte der Architekt Eugène Chirié aus dem nahen Le Beausset, der ganz am Anfang seiner Laufbahn stand und später in die Familie Detaille einheiratete. Albert Detaille hat zwei Bücher über seine Kindheit in Marseille veröffentlicht (*Les noyaux de cerises. Une enfance marseillaise*, 1978).

Das Haus ist noch immer in Familienbesitz, nur das Nachbargebäude ist längst durch eine Mauer abgetrennt, wie auch der große Garten. Baulich ist die Villa mit dem herrlichen Blick auf die Dächer der Stadt, die Bucht und das Kap Sicié kaum verändert. Auch ihre Mauern haben den hellbraunen Ton der Häuser dieser Region, der sich ergibt, wenn man der Kreide den ockerfarbenen Waschsand aus den Steinbrüchen rings um Bandol beimischt. Im Jahre 2003 diente La Ben Qui Hado als Drehort des Fernsehfeatures *Die Manns*.

Der Freundin Annette Kolb teilte René Schickele am 25. November 1932 seine neue Anschrift mit: 356, Rond Point de Stellamare. Und er schrieb: »Trotz der Pleite habe ich hier bis Ende April fest gemietet, wahrscheinlich ist der Mimosenduft schuld daran, der (anders als im Zimmer) wie ein leichter Götterhauch über dem Land liegt.« Thomas Mann beschrieb er seine neue Bleibe so: »Wir bewohnen auf der Höhe über Sanary [...] ein (mit alten provencalischen Möbeln) sehr anständig ausgestattetes Haus (7 Zimmer, Küche und Bad, Garten) und bezahlen monatlich 750 französische Francs.« Schickele mietete das Haus für ein halbes Jahr und verlängerte dann bis Oktober. Die polizeiliche Abmeldung in Badenweiler erfolgte erst Mitte Dezember.

Aber der Bruch mit Deutschland war noch nicht ganz vollzogen. Schickele hatte nicht freiwillig die Akademie der Künste verlassen, er wurde am 5. Mai 1933 ausgeschlossen, zusammen mit Ludwig Fulda, Franz Werfel und Georg Kaiser. Er machte sich berechtigte Sorgen um sein Nachleben als Autor: »Wenn es Goebbels gelingt, unsre Namen von den deutschen Tafeln zu löschen, sind wir tot. Gespenster in der Diaspora, in der wasserarmen Provinz. Schon die nächste Generation wird nichts mehr von uns wissen.« Und so versuchte er, weiterhin in Deutschland publiziert zu werden, auch auf Bitten seines Verlegers Bermann Fischer, der den Verlag halten wollte. Dennoch: »Das verlangte Treuegelöbnis des Kulturkammergesetzes unterschreibe ich ebenso wenig wie die Erklärung der Akademie. […] Meine Muse darf eine anständige Frau bleiben.« Anfang Januar 1934 kehrte sein Sohn Hans von einer Deutschlandreise zurück. Er habe die Deutschen nicht wiedererkannt, sagte er, sie seien ein anderes Volk geworden.

Den Höhepunkt seiner Zeit in der Villa La Ben Qui Hado markierte die Geburtstagsfeier am 4. August 1933, zugleich der Anlass für ein kleines Porträt der Emigrantengemeinde. Hilde Stieler hatte das Datum zufällig in einem Literaturkalender entdeckt. Es kamen Anrufe und Telegramme und ein Geschenkkorb von Thomas Mann. »Am Spätnachmittag kommt Heinrich Mann, leicht angezogen und schwitzend, den Garten herauf, hinter ihm in großer Sommertoilette Frau Kröger. Sie schwitzt nicht. Sie schwebt prall und luftig heran. Ihr Lübeckisch-Deutsch fügt sich mit seinem etwas schwerfälligen Gezwitscher angenehm in das Vogelkonzert ein, von dem der Garten widerhallt. Wir sitzen im Schatten der großen Pinie. […] Der Sonnenuntergang über der Bandoler Bucht läßt uns verstummen. Er ist unerhört feierlich. […] Mit dem Erscheinen der Familie Thomas Mann erreicht die Feierlichkeit ihren Höhepunkt. Er ganz Senator, der Millionen umschlungen sein läßt.« Katia kam nicht zu Wort, Golo blickte finster und unbeteiligt drein. Der Sonnenuntergang nahm kein Ende. »Wie immer reden die Brüder liebevoll aneinander vorbei – Thomas am stärksten, wenn er Heinrich ausdrücklich zustimmt. […] Heinrich sieht man die Freude an, mit seinem Bruder beisammen und einig zu sein. Jeder bemüht sich, Frau Kröger auszuzeichnen, was aber meist mißlingt. Sie bleibt stumm, nur auf ihrem

Gesicht steht deutlich zu lesen, sie sei aus ebenso guter Familie wie wir.« Sie, die Bardame, vermag nicht natürlich zu sein. Problematisch wird es, wenn sie der Unterhaltung nicht folgen kann. Dann zeigt sie deutlich, dass sie sich langweilt, und bald kehren alle zu Themen zurück, die sie versteht. Heinrich helfe seiner Freundin wenig dabei. »Er wird den Lübecker Anstand auch im Bordell nicht los. [...] Wie er neben seiner Freundin sitzt, aufmerksam, ja beflissen, verrät seine ganze Haltung, daß er sich des ›ungeregelten‹ Verhältnisses bewusst ist.« Plötzlich erzählte Meier-Graefe die Geschichte von dem Korpsbruder, der aus der Verbindung flog, weil er sich mit einer ›Ladnerin‹ zeigte – und alle fallen über ihn her, um das Thema zu beenden, was Meier-Graefe gar nicht begreift.

Gedanklich näherte sich Schickele immer wieder der alten Heimat an, dem Elsass. Dort zu leben hatte er nicht erwogen, aber er ließ sich aus Straßburg Gänseleberpastete und aus Colmar Würste schicken. Als ein französischer Journalist schrieb: »Wir müssten Hitler danken, dass er uns, dem Elsass und Frankreich, Herrn René Schickele zurückgegeben hat«, nahm er das zum Anlass, über sein Leben zwischen den Ländern nachzudenken. Der Weg zur inneren Ruhe führe nur über das Elsass. Aber das sei nicht einfach. Er sei auch aus Deutschland vertrieben, aber auf andere Weise. Im Grunde habe er Deutschland immer nur von außen gesehen, trotz aller Bemühungen, sich dort einzugliedern. »Meine Gemeinschaft mit den deutschen Oppositionellen beruhte auf einem Irrtum. Sie wünschten fast ausnahmslos ein starkes Reich, die Sozialdemokraten so gut wie die Kommunisten. Ich nicht. Ich wünschte ein ästhetisches Deutschland.« Sein Tagebuch schrieb er auf Deutsch.

Am 11. Januar 1934 war er zum Tee bei den Huxleys, die nur einen halben Kilometer weiter in Richtung Bandol wohnten. Er bewunderte die neue Wohnküche im Souterrain. Man saß dort eingezwängt wie in der Kajüte eines alten Seglers. Das Gespräch drehte sich um Deutschland. Für Huxley war der Nationalsozialismus eine Revolte gegen den Geist. Dann kam die Rede auf D. H. Lawrence, mit dessen Werk sich Schickele intensiv auseinandergesetzt hatte. Er hielt ihn für einen Autor, der Blut und Mythos beschwor und eine erotische Urgewalt, einen Heiden, der den Nazis eigentlich passen müsste. Huxley wirkte auf ihn etwas oberflächlich, sein Rationalismus laufe auf dem Kugellager verschwiegener Zynismen; er habe etwas von einem frühreifen, verdorbenen Pennäler. Schickele war ein guter, kritischer Beobachter; die Unzufriedenheit mit seiner Lage und seiner angeschlagenen Gesundheit machten ihn scharfsichtig; die einzige Macht, an die er sich hielt, war sein katholischer Glauben.

Am 6. Oktober 1934 mussten die Schickeles in ein anderes Haus ziehen, in die Villa Le Chêne, weiter unten im Ort gelegen. Dort hatten sie vier winzige Zimmer, Küche und Bad. Zum Einzug kam Lisa Marchesani und brachte Brot und Salz. In Le Chêne war Schickele unfähig zu arbeiten; und alle litten unter Erkältungen. Auch wurde das Leben bald zu teuer. Er verdiente kaum noch etwas, schickte immer wieder Feuilletons an die *Frankfurter Zeitung*, die auch veröffentlicht wurden und in denen er sogar versteckte Kritik am Regime unterbrachte. Aber eine Lebensgrundlage war das nicht. Die moralischen und physischen Qualen dieser Zeit sieht man auf dem Foto, das Walter Bondy von ihm machte.

Ende Januar 1934 stand fest: »Wir siedeln nächsten Monat nach Nizza über. Das Leben ist dort 30 bis 50 % billiger als in Sanary! Man hat uns ein großes Haus, 15 Minuten von der Promenade des Anglais entfernt, still abseits gelegen, mit Zentralheizung und allem Komfort, für 8000 Francs Jahresmiete angeboten, und wir haben begründete Aussicht, es für 6000 zu bekommen.« Das waren immerhin 1000 Francs weniger als in Sanary. Noch im Februar mietete Anna Schickele das Haus im Vorort Fabron. »Hals über Kopf weg von Sanary«, notierte René Schickele Anfang März, »ich scheide ungern.« Noch einmal ging er zum Emigrantentreff ins Café de Lyon, aber schon am nächsten Tag spazierte er auf der Promenade des Anglais in Nizza und war doch froh, »der Asthmahöhle der Chêne entronnen zu sein«.

Das neue Haus hieß La Florida und lag am Chemin de la Lanterne. Es war über Erwarten schön. Zwei große Zimmer waren nur für ihn gedacht, es war luftig und hell. Durch einen Olivenhain blickte man auf den Fluss Var und auf die Hügel von Cagnes. Zur Linken schaute man auf das Meer, zur Rechten auf die Seealpen. Der herrliche Blick inspirierte ihn, die Landschaft mit Worten zu malen, die Sichel der Engelsbucht, die Leuchttürme an ihren beiden Spitzen mit abwechselnd kurzem und langem Augenaufschlag, im Osten Cap Ferrat, im Westen Cap d'Antibes. Die aus Badenweiler herbeigeschafften Möbel passten gut ins neue Haus, endlich hatte er wieder seine Bücherregale und seinen Schreibtisch. Abends saß man am Kaminfeuer. Nachts hatte er das Gefühl, auf einem Schiff zu sein, er war die Zuversicht in Person.

Sein Nachbar war Schalom Asch, ein Dichter jiddischer Sprache. Er hatte eine Reise nach Berlin unternommen und rapportierte eine Bemerkung Max Liebermanns: »Ick lebe bloß noch aus Wut.« Schickele pflegte Kontakt zu den anderen Emigranten in Nizza, vor allem zu Heinrich Mann. Im Tagebuch, aber auch in einigen Briefen häufen sich böse Äußerungen gegen jene Emigranten, die allzu sehr ihre jüdische Herkunft betonten oder sich den Kommunisten annäherten. Die »alljüdische Emigrantenmentalität« lehnte er vehement ab, die Pariser Clique bestünde aus »Nazis jüdischer Observanz«. Er kritisierte die »Blechmusik der journalistischen Emigration« und hielt sich mehr an Thomas Mann. Die Emigration brauche einen Zauberer und Freudenbringer.

Aus solchen Äußerungen spricht die Verbitterung eines Autors, der allmählich vergessen wurde. Vor allem hatte sich die Treue zum S. Fischer Verlag nicht ausgezahlt; beim Emigrantenverlag Querido in Amsterdam hätte er mehr Exemplare seines neuen Romans *Die Witwe Bosca* absetzen können, glaubte er. Gleichwohl bemühten sich auch die Kommunisten

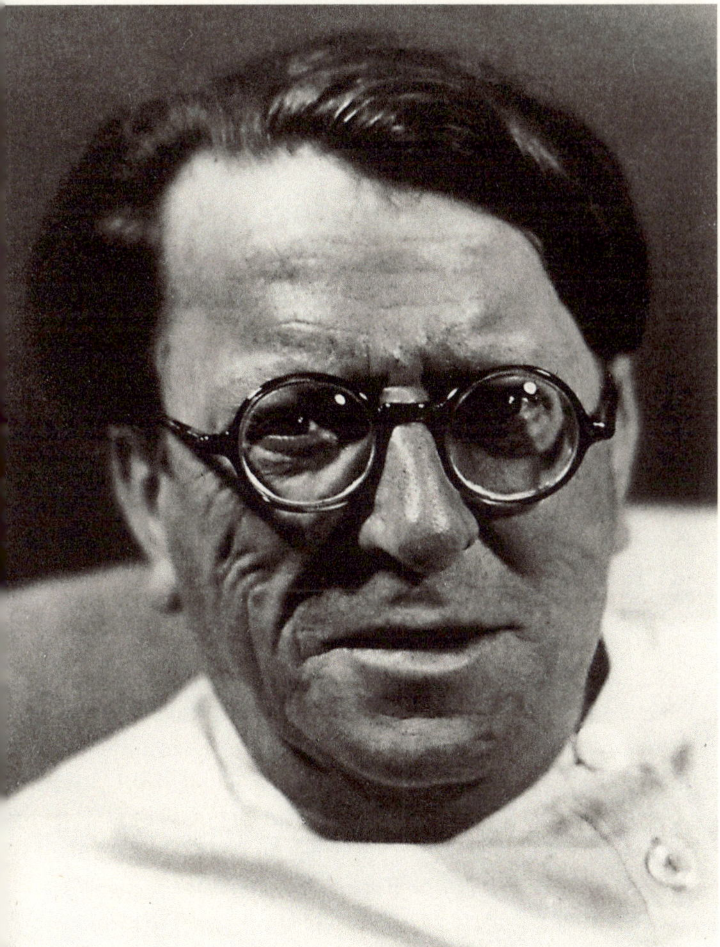

René Schickele
(Foto: Walter Bondy)

um ihn, allen voran Johannes R. Becher, der einen werbenden Brief schrieb. Im Mai 1934 besuchte Schickele Meier-Graefe in St. Cyr. Auf der Fahrt überfiel ihn hinter Toulon ein Gefühl von Heimat. »Die Landschaft ist spröder, schlichter als bei Nizza, aber man wird rascher vertraut mir ihr. [...] Der kleine Hafen von Sanary im Abendlicht.« Vor dem Café de Lyon trafen viele Bekannte ein. »Der Hafen lächelte mit seinen hellen Booten, und auf das ›Heilige Land‹ jenseits der Bucht sank der Abend und vertiefte das Felsengebirge mit seinen Schatten. Il faisait bon vivre.« Aber dann: »Unerträglich waren die Visagen der Behörden, vom Bürgermeister über die Gendarmen, den langen und den kurzen, die grinsend einem nackten Frauenrücken nachstarrten, bis zu den hochmütig faulen Gemeindepolizisten. Sanary, das voriges Jahr Sanary-les-Allemands hieß, wird heuer den Namen Sanary-les-Juifs erhalten.«

René Schickele hatte eine uneheliche Tochter von Minna Flake, geborene Mai, einer Ärztin und Politikerin, die mit seinem Freund Otto Flake verheiratet gewesen war. Annette Kolb wusste von der Existenz dieses Mädchens, sollte aber in den Briefen nicht von ihr sprechen, um Schickeles Frau nicht zu belasten. Im August 1933 wurde Minna in Berlin in Schutzhaft genommen, kam aber wieder frei und setzte sich in die Schweiz ab. Ihre Tochter Renate, 1917 geboren, bemühte sich 1938 um den Nachweis, dass sie arisch sei, obwohl ihre Mutter Jüdin war: Sie wollte nach Deutschland, um dort im Untergrund politisch zu arbeiten. Französische Behörden durften aber keine ›Ariernachweise‹ an deutsche Instanzen schicken. René Schickele erkannte sie deshalb als seine Tochter an, aber es gefiel ihm nicht, dass sie in Deutschland ihr Leben riskieren wollte. Schließlich blieb Renate in Paris bei ihrer Mutter und flüchtete 1940 mit ihr in die USA, von Marseille mit dem Schiff *Capitaine Paul Lemerle*, auf dem auch Künstler wie André Breton und André Masson sowie die Schriftstellerin Anna Seghers samt Familie reisten.

Über Schickeles Zeit in Sanary und Nizza geben nicht nur seine Tagebuchnotizen Auskunft, sondern auch seine Briefe an Annette Kolb, einst seine Nachbarin in Badenweiler, die seit 1933 in Paris in der Rue Casimir-Périer lebte und ihn sowohl in Sanary wie später in Nizza wiederholt besuchte (zuletzt zur Jahreswende 1938/39). Annette Kolb hatte sich am 5. Februar 1933 im Westdeutschen Rundfunk regimekritisch geäußert, wurde daraufhin ermahnt, vorsichtiger zu sein. Schickele notierte: »Annette Kolb reist in voller Panik durch Deutschland.« Schließlich floh sie über Luxemburg nach Frankreich. Mitte März holten Schickeles sie in Toulon am Bahnhof ab und nahmen sie bei sich auf.

Annette Kolb stammte aus einer deutsch-französischen Ehe. In den Akten der NS-Behörden findet sich der Vermerk »frankophil, also jüdisch«. Den Namen des mit ihr befreundeten Romanciers gab die NS-Presse stets mit »Schickeles« an, was wohl jüdisch klingen sollte. (Vermutlich war Annette Kolb ein außereheliches Kind des Königs von Bayern; sie hat bis 1918 gute Beziehungen zum dortigen Hof gehabt.)

Beide Emigranten waren aber keine Juden, ihre Korrespondenz ist nicht frei von antisemitischen Ausfällen. So finden sich giftige Kommentare über Joseph Roth, der zuviel trinke und zu »jiddeln« anfange, und immer wieder über Feuchtwanger: »Das Furchtbare an der Rasse ist, daß ein jeder, aber ein jeder sich heimlich für den Messias hält. Daß sie Jesus als Messias nicht anerkannten, davon leben sie bis ans Ende der Tage.« So Schickele im Juni 1935.

Der Kontakt zu der Künstlerkolonie in Sanary ging nicht verloren. Am 20. August 1934 heißt es im Tagebuch: »In Sanary traf ich gleich am ersten Abend die ganze Bande: Klo[ssowski], die Stielerin, […] Bruno Frank, und seine ganz reizende Frau, […] Feuchtwanger, mehr Milliardär denn je, Marcuse, Bondy. Mit Huxley war ich zweimal zusammen.« Am 14. September 1936 heißt es: »In Sanary ist mal wieder die halbe Emigration versammelt. Kürzlich gab Feuchtwanger einen Monstre-Thee.

[…] Unter den Anwesenden bemerkte man: die Gastgeber, den weltberühmten Dichter Lion F. und seine der Königin von Saba vergleichbare Gattin, Ernst Toller und Frau, Ludwig Marcuse und Frau, Eugen Spiro und Frau, Eva Herrmann, Sybille von Schoenebeck (jetzt Mrs. Bedford), Rudolf Leonhard, Schwarzschild und Frau, den Maler Kisling nebst Gattin, Aldous Huxley u. a. m. Gegen Abend sitzen die meisten im Café bei der Witwe Schwob (ins Lyon geht man nicht mehr).«

Für den auch im Exil erfolgreichen Lion Feuchtwanger empfand der ärmlich lebende Schickele wenig Sympathien. »Meine Beziehung zu Lion habe ich abgebrochen, dieser Mensch gewordene Schleim ist mir körperlich zuwider – da mag er noch so nett und entgegenkommend sein.«

Im August 1938 gab es neue »Gäste« in Sanary zu besuchen: »Vorgestern haben wir mit Werfels Fühlung genommen. Wir kamen zum Thee und blieben zum Abendessen. Sie wohnen hübsch, auf der Colline, wo damals auch Thomas Manns wohnten. […] Werfel war wohlauf, er leidet unter der Hitze weniger als Alma, die buchstäblich zerfließt. Er hat sogar angefangen zu arbeiten. […] Sonst habe ich niemand gesehen als Klo[ssowski], der immer noch sein Bein schwenkt und, sehr gealtert, als der leibhaftige Pessimismus seine ›cent pas‹ am Hafen macht, um sich darauf im Café de Lyon vor sein Glas Wein zu setzen. […] Friedrich Wolf ist auch hier, ich soll ihn morgen konsultieren. Er macht *(Natur und Arzt als Helfer)* ringsum Wunderkuren. Homöopathische versteht sich.«

Die Côte d'Azur diente Schickele nicht nur als Aufenthaltsort, sondern auch als literarisches Thema. Schon 1924 hatte er Nizza besucht und Stoff für seine Romane gefunden. 1925 beschrieb er die Küste in dem Roman *Maria Capponi*, dem ersten Teil der Trilogie *Das Erbe am Rhein*. Der zweite Teil des Romans, der ansonsten im Elsass, im Schwarzwald und in Venedig spielt, hat das »Olivenland mit der himmlischen Küste« zum Schauplatz. Claus von Breuschheim erlebt mit der Titelheldin Maria schöne Liebesstunden in einem Hotel auf einer Landzunge bei Antibes. Die Landschaft ist Teil seines ekstatischen Erlebens. »Und nun fuhr der Zug, barbarisch klappernd, in eine, wie vom Himmel zurückgeworfene, wie fernher gespiegelte, im Traume vielleicht vorhergesehene Landschaft. Ich aber sprach zu mir: ›Wie unerwartet, nie geschaut, nie gedacht‹ und geriet außer mir, so sprangen meine Gedanken, von den äußeren Eindrücken gejagt, kreuz und quer vor dem Neuen.«

1934 erschien, noch bei S. Fischer in Deutschland, Schickeles Roman *Die Witwe Bosca*, der als sein Meisterwerk gilt. Hier ist Sanary, das in Ranas-sur-Mer umgetauft wird, Ort der Handlung. Das Unheil von 1933 ist nicht direkt thematisiert, spiegelt sich aber in der finsteren Geschichte und in den Charakteren der Hauptfiguren. »Keinerlei Politik! […] Vermeiden jeder Allegorie« – das hatte er sich vorgenommen. Im Zentrum des traumhaft melodiösen und in seiner Düsternis rätselhaften Romans steht die Witwe Juliette Bosca, die ihren Mann im Ersten Weltkrieg verloren hat. Mit ihrer Tochter Sybille bewohnt sie eine ansehnliche Villa (die entfernt Schickeles La Ben Qui Hado ähnelt). Die zarte Tochter leidet unter dem Joch der robusten Mutter. Als Sybille von einem Auto angefahren wird, verweigert ihre Mutter aus Geiz die notwendige Operation, so dass das Kind zum Hinken verurteilt ist. Die Witwe Bosca heiratet einen Notar namens Burguburu, mit dem sie ein groteskes und zugleich höllisches Verhältnis verbindet. Die inzwischen erwachsene Sybille lenkt das Auto, in dem ihr Freund Paul sie spazierenfährt, in einen Abgrund – aus Eifersucht, denn sie hat erfahren, dass Paul ein Verhältnis mit einer im Ort lebenden Malerin hat. Sybille stirbt, Paul kommt mit schweren Verletzungen davon. Nun wird es endgültig ein schwarzer Roman: Die Tyrannei der Witwe Bosca wird immer schlimmer, sie bedroht ihren Mann mit der Pistole, dieser wehrt sich und erwürgt sie in Notwehr. Als er von der Anklage des Totschlags freigesprochen wird, ist man im Städtchen nicht unzufrieden: Niemand konnte die Witwe Bosca leiden. Schickele kommentierte seinen Roman so: »Es ist eine (etwas hermetische) Auseinandersetzung mit dem in Mord und Totschlag verstrickten Europa. [...] Das objektivste meiner Bücher. Obgleich alles darin ist, was ich an Gram, Zorn und Hoffnungslosigkeit im Sommer 33 erlebt habe. Auf sehr geheimnisvolle Weise bekennerisch wie kein anderes meiner Bücher.«

Dieser Roman spiegelt auch die Erfahrung einer Landschaft, deren Pracht und Intensität dem unfreiwilligen Gast ungehörig vorkommen. Thomas Mann schrieb dazu: »Die Landschaft ist die eigentliche Heldin dieses Romans. Die Menschen des Buches [...] sind eigentlich selbst Ausgeburten der Landschaft, bald vom Mistral getrieben, wie das junge Liebespaar, bald von dunklen Erdkräften.«

»Die Jahreszeiten der Provence wechseln leise in der Nacht.« So lautet der erste Satz, der als Leitmotiv im Roman immer wiederkehrt. Der Schauplatz wird so gezeichnet: »Mit den roten Dächern ihres neuen und den grauen ihres alten Viertels liegt die Stadt breit und offen in der Sonne, der viereckige Festungsturm, neuerdings in ein Hotel eingebaut, ragt als Burgfried hervor, Kellner und Stubenmädchen bewachen ihn.« – Das Bleibende dieses Zeitromans aber ist die dichte Atmosphäre, die ihn ins Zeitlos-Poetische hebt: »Wenn nach Sonnenuntergang der Hafen im Arm der sauberen weißen Mole ruhte, die paar Signallichter wie rote und gelbe Tropfen im lichten Abend hingen und draußen die Leuchttürme zu spielen begannen, in dieser schönsten, dieser zärtlichsten Stunde für Himmel und Erde und alle lichtliebende Kreatur, schalteten die Caféhausbesitzer die Lautsprecher für Rundfunk oder Grammophon ein, die Gemeinheit der Zeit öffnete heulend den Rachen, und wer nicht verschlungen sein wollte, tat gut, sich aus dem Staub zu machen.«

Im Herbst 1935 wurden Schickeles Bücher in Deutschland verboten. Er sei antinationalsozialistisch und habe deutschfeindliche Äußerungen getan, lautete die Begründung. In die-

Annette Kolb

ser Zeit träumte er viel von seiner Mutter und schrieb seinen einzigen Text in französischer Sprache, *Le retour.* 1938 konnte das Haus in Fabron nicht mehr gehalten werden, auch ließ seine Gesundheit sehr zu wünschen übrig. So zog er noch einmal um, nach Vence, wo D. H. Lawrence gestorben war.

Im Januar 1940 erkrankte er an Grippe, eine Rippenfellentzündung kam hinzu. Er starb am 31. Januar 1940. Letzte Worte sagte er auf Französisch: »Oh je suis bien.« Das klang nach Erlösung wie in einem Stück von Maeterlinck. Valeriu Marcu gelang es, einige deutsche Emigranten zusammenzubringen und zur Teilnahme an der Beerdigung am 3. Februar 1940 Reisegenehmigungen für alle zu erhalten, die in Kriegszeiten nötig waren. Thomas Mann in Princeton war sehr bewegt von der Nachricht. Sein Tagebuch zeigt, wie sehr ihn der Tod eines Autors beschäftigt, den er skeptisch sah, weil er ihn mit dem Expressionismus und »Aktivismus« seines Bruders Heinrich in Verbindung brachte. Nun schien er sich zu fragen, ob er ihn verkannt hatte. Einige Züge seiner Figur Leverkühn in *Doktor Faustus* sind vermutlich von Schickele inspiriert.

Anna Schickele siedelte mit ihrem Sohn Rainer in die USA über; im Juni 1940 war sie zu Besuch bei Thomas Mann. Nach 1945 kehrte sie in das Haus in Badenweiler zurück; 1956 wurde Schickele dorthin überführt. Auf seinem Grab steht: »Sein Herz trug die Liebe und die Weisheit zweier Völker.«

Annette Kolb floh 1940 vor den deutschen Truppen von Paris nach Vichy, wo ihr die französischen Behörden zu verstehen gaben, dass man sie trotz ihrer französischen Staatsbürgerschaft nicht vor einem Zugriff der deutschen Besatzer schützen könne. Sie begab sich nach Genf und bemühte sich um ein Visum für die USA. Mit einer Maschine der Lufthansa flog sie nach Madrid, wo ihr das französische Konsulat nur widerwillig half. In Lissabon musste sie lange auf einen freien Platz in einem Flugzeug nach New York warten. Ständig befürchtete sie, durch die Gestapo entführt zu werden, die inzwischen ihre Pariser Wohnung durchwühlt und dort allerlei beschlagnahmt hatte. Im Oktober 1945 kehrte sie, wieder mit dem Flugzeug, nach Europa zurück. 1946 sah sie das zerstörte München wieder. Dort erinnerte sie sich an den literarischen Schicksalsgefährten zwischen den Völkern: »Ich mußte an René Schickele denken. Wir waren nicht immer derselben Ansicht, aber was Krieg und Frieden und was Deutschland und Frankreich und vor allem deutsch-französische Dinge betraf, ja, da waren wir Landsleute ein Herz und eine Seele, ohne je einen Schatten zwischen uns.«

Schickele selbst hatte sich in *Le retour* an den Dichterfreund Klabund erinnert (eigentlich: Alfred Henschke), der einst beim Tanzen ein spontanes Gedicht auf ihn improvisierte. Bei jedem Vorbeidrehen sagte er einen weiteren Vers. So beschwingt sollte man an diesen Schriftsteller denken, der sich selbst ein zweisprachiges Tier nannte:

À René Für Schickele

Bonjour guten Tag
Coup de feu ein Schlag
Un cœur ein Herz
La douleur der Schmerz

O Eiffel! La tour!
O Liebe! L'amour!
Nach Berlin! A Paris!
Aujourd'hui oder nie!

Mon peuple mein Land
La Main! Gebt die Hand
Übern Rhein Euch – le Rhin –
Ach endlich! Enfin!

Die Manns an der Côte d'Azur

Nizza, Le Lavandou, Bandol, Sanary und Marseille gehören zu den wichtigen Orten ihrer Familiengeschichte, gleichberechtigt neben Lübeck, München, Riva, Venedig, Nidden, Zürich, Pacific Palisades.

Heinrich Mann

Als Erster der Manns entdeckte Heinrich 1908 die blaue Küste. Er kam auf den Spuren von Friedrich Nietzsche von Italien her im Februar 1908 nach Nizza. Es geschah auf Anregung des Publizisten und Redakteurs Wilhelm Herzog, den er 1906 in Berlin kennengelernt hatte.

Beide logierten in derselben Pension an einer kurzen Verbindungsstraße unweit der Oper (im Haus Nummer 3 in der Rue de l'Opéra, geführt von Madame Vaury), aber Herzog reiste bald ab, was ihm Heinrich Mann verübelte. Allein schien er sich nicht nach Frankreich zu trauen. Bis dahin hatte er nur Straßburg und 1893 zwei Wochen lang Paris erlebt, eine teure Enttäuschung.

Die erste Nizza-Reise war wohl nach dem Bruch der Verlobung mit Inés Schmied überstürzt zustande gekommen. Seine Schwester Carla wunderte sich über Heinrichs plötzliches Verschwinden, ehe sie von ihm Post aus Nizza erhielt. Sie vermutete, er habe dort »die allerelegantesten [Damen] in nächster Nähe« gesehen. Die erhaltenen Brieffragmente einer Yvonne lassen eher an Damen einer ganz anderen Kategorie denken. An solche, die viel Geld kosten.

Im November 1909 logierte Heinrich zunächst wieder in der Pension in der Rue de l'Opéra, auch Thomas und Katia Mann nahmen damals Quartier bei Madame Vaury, die ihnen für die Rückreise einen Obstkorb mitgab.

Am 13. Dezember 1909 zog Heinrich in den Vorort Quartier au Ray; die auf Briefumschlägen genannte Villa Fontaines de Mouraille, die der deutschen Familie Hofmann gehörte, lässt sich nicht mehr lokalisieren. Hierher ließ er sich von seiner Mutter einige Bände von Michelets Revolutionsgeschichte schicken. Vier Monate blieb er in Nizza, bis Ende Februar 1910. In dieser Zeit entstand der Essay *Französischer Geist*. Den französischen Geist kannte er bis dahin nur aus Büchern!

Wegen des teuren Lebens in Nizza war er in Geldnöten. Thomas half dem Bruder mit 2000 Mark aus. Er wollte die Summe bei Kriegsbeginn 1914 zurückhaben, was Heinrich dank einer Erbschaft aus dem Nachlass der Dresdener Tante Emma Grammann möglich wurde.

Für 1911 ist kein Nizza-Aufenthalt belegt; vielleicht musste sich Heinrich finanziell erholen; vielleicht nahm ihn auch die Affäre mit der Wiener Salon-Dame Edith Kann zu sehr in Anspruch.

Im Februar 1912 schrieb er wieder aus der Rue de l'Opéra, günstig in der Mitte des Dreiecks Place Masséna, Oper und Promenade des Anglais gelegen. In dem Haus befindet sich heute eines der feinsten Restaurants der Stadt, allerdings um die Ecke, zur Rue St. François de Paule hin.

Als Heinrich Mann im Februar 1914 zum vierten Mal seine Winterferien in Nizza verbrachte, dachte im fernen Prag eine Frau an ihn, die er in Berlin auf einem Maskenball kennengelernt hatte: Maria Kahnova, die er opernhaft Mimi nannte. Sie glaubte, zwischen ihnen sei etwas Ernstes, und ließ schon Briefpapier drucken mit den goldenen Initialen »M.M.« – Maria Mann.

Die Stadt war zur Karnevalszeit überfüllt, Heinrich Mann musste nach Beaulieu ausweichen. Es regnete, er langweilte sich, fuhr aus Verdruss nach Monaco, ging in ein Variété, das ihm aber schäbig vorkam. Am 24. Februar schrieb er auf einem Briefbogen des Panorama-Palace-Hôtel, Beaulieu, Riviera von der Notwendigkeit, sich zu erholen, nannte seinen Zustand deprimiert und unruhig. Nur äußerlich sehe es aus wie »ein glänzendes Dasein«.

Nach dem Karneval zog Heinrich Mann ins Hôtel du Parc in Nizza. Von dort kamen die nächsten Ansichtskarten für Mimi. Im neuen Logis fand er zur Ruhe, in der Oper konnte er *Tosca* genießen. Er ließ Mimi wissen, dass er auf der Bühne ein Kleid sah, das ihrem neuesten glich.

Bis zum 2. April weilte Heinrich Mann an der Küste. Das politische Klima wurde schon Monate vor Kriegsbeginn unangenehm, in der lokalen Presse setzte eine heftige Hetze gegen die Deutschen ein. Bis dahin war der Blumenhandel an der Riviera weitgehend in deutscher Hand gewesen. Auch das änderte sich schnell.

Die Weltlage hielt Heinrich Mann über ein Jahrzehnt von der Côte d'Azur fern. Im März/April 1925 nahm er seine Reisen nach Nizza wieder auf. Dieses eine Mal begleitete ihn Mimi, die er 1914 geheiratet hatte; man konnte sich sogar den Aufenthalt im pompösen Hôtel Nice-Palace leisten. Sie gingen in die Oper (*Madama Butterfly*), Heinrich kaufte Mimi einen schönen gelben Strauß auf dem berühmten Blumenmarkt am Cours Saleya.

Spuren dieser Reise finden wir in der längeren Novelle *Liane und Paul.* In die Liebesgeschichte einer Schauspielerin und eines 17jährigen sind verschlüsselt allerlei persönliche Bezüge eingeflochten, erstmals deutet Heinrich in einem literarischen Text Nizza als Schauplatz an. »Nizza war kein Ort, wo man heutzutage ernste Bekanntschaften machte.«

Im Februar und März 1926 hielt sich Heinrich Mann wieder mit Wilhelm Herzog in Menton und Nizza auf. Das Palast-

Hotel ging wohl etwas über seine Verhältnisse, denn er musste Mimi per Telegramm bitten, Geld zu überweisen. Sie schrieb voller Misstrauen: »Wofür brauchst Du denn das Geld – hat man Dich bestohlen? Oder hast Du Dir dort eine Frau geleistet, die so teuer ist? Oder ist es nur ein Frack?«. Ihr privates Verhältnis war wohl schon ziemlich zerrüttet.

Anfang 1930, noch vor seiner Scheidung von Mimi, reiste Heinrich Mann in anderer Begleitung nach Nizza. Seine neue Gefährtin war Nelly Kröger, eine Bardame aus Berlin, die aber aus Ahrensbök stammte. In einem leeren Kino ließen sie sich den Film *Der blaue Engel* vorführen. Der Premiere in Berlin war Heinrich Mann ferngeblieben. Von nun an hielten sich Heinrich und Nelly jedes Jahr mehrere Monate in Nizza auf, auch 1933, aber unter ganz anderen Umständen.

Heinrich Mann ging im Februar 1933 ins Exil – noch vor dem Reichstagsbrand. Dass er nicht vom französischen Botschafter gewarnt wurde, wie er wiederholt geschrieben hat, sondern vom ehemaligen Staatssekretär im preußischen Innenministerium, Otto Abegg, habe ich in meiner Heinrich Mann-Biographie dargelegt. Schade um die schöne Geschichte.

Heinrich Manns Pass wurde am 22. Februar in Kehl und Straßburg abgestempelt. Dort gab er ein Telegramm an Félix Bertaux auf und bat ihn, Geld auf sein Konto in Nizza zu überweisen. Ende Februar bezog er ein Zimmer im Hôtel de Nice am Boulevard Carabacel.

Als Thomas und Katia Mann Mitte Mai 1933 in Bandol eingetroffen waren, kam er hinüber. Aus dem teuren Hotel wechselte er bald in eine Mietwohnung im vierten Stock eines neueren Wohnblocks, dem sogenannten Castel Ansaldy (19, rue Racine), oberhalb der Bucht von Rènecros, nur ein paar Schritte entfernt von der Villa Pauline, in der einst Katherine Mansfield gelebt hatte. Hierher brachte er seine Gefährtin Nelly Kröger, der es inzwischen gelungen war, Deutschland über Dänemark und England zu verlassen. Anfang Oktober, nach Abreise von Katia und Thomas, zog das Paar wieder in Heinrichs Lieblingsstadt Nizza, zunächst ins Hotel, ab Dezember wohnten sie ein erstes Mal in der Rue du Congrès Nummer 11.

Im Herbst 1934 mieteten die Schriftsteller Hermann Kesten, Joseph Roth und Heinrich Mann das Haus Nr. 121, Promenade des Anglais, mit drei möblierten Etagenwohnungen, im ersten Stock wohnte das Ehepaar Kesten, im zweiten Stock logierte Joseph Roth mit der Schauspielerin Andrea Manga Bell und darüber Heinrich Mann mit Nelly Kröger. Von den jeweiligen Balkons hatte man einen herrlichen Blick auf die Engelsbucht. Oft spazierten sie zum Café Monnot an der Place Masséna, wo sie lange Gespräche über die Gesetze des historischen Romans führten (denn jeder von ihnen schrieb einen solchen).

1936 wurde Heinrich Mann im Konsulat in Marseille die Staatsbürgerschaft der Tschechischen Republik verliehen, die er bis zu seinem Tod behalten hat. Seine finanzielle Lage im französischen Exil war durchaus gut – dank seiner regen publizistischen Tätigkeit; erst später in Amerika ging es ihm materiell schlecht. Von Nizza aus überwies er größere Summen nach Prag an seine geschiedene Frau Mimi und seine Tochter Leonie. Er lud Leonie auch einige Male an die Côte d'Azur ein.

In Nizza sind die Häuser, in denen er gewohnt hat, erhalten; an der Nummer 11, rue du Congrès, prangt eine Gedenktafel; auch 121, Promenade des Anglais, steht noch, ebenso das Haus 18, rue Rossini (Jahresmiete: 5000 Francs). Lediglich die Nummer 2, rue Alphonse Karr, wo er sich mit Nelly 1938 eine Wohnung kaufte und einrichtete, wurde durch einen Neubau ersetzt.

Auf den Spuren von Nietzsche war Heinrich Mann nach Nizza gekommen. 1939 schrieb er in der Stadt über Nietzsche, es war eine Auftragsarbeit aus den USA, willkommenes Honorar. Aber die Zitate für das Buch *Nietzsches unsterbliche Gedanken* stellte der Akademiker und große Leser Golo zusammen, der mies bezahlt wurde: 37 Dollar und 50 Cent.

Bei Kriegsbeginn 1939 heiratete Heinrich seine Nelly im Rathaus von Nizza. Sie wurden Anfang 1940 aus dem Haus

Heinrich Mann, Toulon 1935.

geworfen als feindliche Ausländer und begaben sich nach Marseille, wo sie in einem Hotel in der Nähe des Bahnhofs unterkamen. Heinrich Manns Visum für Afrika zwecks Forschungsreise wurde nicht genehmigt. Er hatte das Internierungsalter überschritten, setzte sich aber für Feuchtwanger und andere ein. Auch Golo Mann wurde interniert, der die Schweiz im Mai 1940 verlassen und seit dem 5. August in Emil Alphons Rheinhardts Villa Les Chênes gewohnt hatte.

Thomas Mann

Im Mai 1933 änderte sich die Einstellung von Thomas Mann zu Frankreich: er, der sich einst mit seinem Bruder über Frankreich zerstritten hatte, ein Land, das beide nicht gut kannten, war für sie nun die rettende Zuflucht. In Paris war Thomas Mann schon 1908 gewesen, wie eine Postkarte an Heinrich nach München belegt. 1926 hatte Thomas in Paris glänzende Auftritte erlebt, worüber sein Essay *Pariser Rechenschaft* Auskunft gibt. Auch da war er Heinrich voraus, dessen große Pariser Auftritte erst in das Jahr 1927 fielen.

Am 10. Februar 1933 hielt Thomas Mann eine Rede zum 50. Todestag von Richard Wagner in München. Am 11. Februar, ihrem 28. Hochzeitstag, reiste er mit seiner Frau nach Amsterdam, dann nach Brüssel und Paris, wo der Wagner-Vortrag jeweils wiederholt wurde. Dass der 11. Februar der Anfang ihres Exils war und sie erst 18 Jahre später wieder deutschen Boden betreten würden, konnte das Ehepaar Mann nicht ahnen.

Sie fuhren zur Erholung in die Schweiz; statt der geplanten zwei Wochen hielten sie sich bis Ende April im Land auf. Von Arosa reisten sie nach Lenzerheide, dann nach Montagnola und Lugano, nahe bei Hermann Hesse. Auch Erich Maria Remarque, Bruno Frank, Bertolt Brecht, die Feuchtwangers und andere fanden sich ein. So bildete sich im Tessin für einige Tage eine erste kleine Emigranten-Kolonie.

Eindringlich warnten die Kinder, Katias Mutter und nahe Freunde vor einer Rückkehr nach München. Das Klima habe sich verschlechtert, selbst ein Besuch würde der Gesundheit schwer schaden, hieß es in verschlüsselten Telefonaten.

Bei Thomas Mann reifte die Erkenntnis, »daß eine Lebensepoche abgeschlossen ist, und daß es gilt, mein Dasein auf eine neue Basis zu stellen« (Tagebucheintrag vom 15. März). Sein Vortrag, der Wagner in die Nähe Freuds rückte, dessen Deutschtum als »modern gebrochen und zersetzt« bezeichnet und dessen Werk als »Selbstdarstellung und Selbstkritik deutschen Wesens« verstanden hatte, löste eine öffentliche, durchaus politische gemeinte und offensichtlich gesteuerte Polemik aus. Am 16. April erschien in den *Münchner Neuesten Nachrichten* ein »Protest der Richard-Wagner-Stadt München« gegen die »Herabsetzung unseres großen deutschen Meisters«, unterzeichnet von Hans Knappertsbusch (der den Aufruf wohl auch verfasst hatte), Hans Pfitzner, Richard Strauss, Olaf Gulbransson und vielen anderen. Damit war dem Romancier die Heimkehr ins Reich verbaut.

Am 9. April 1933 war Erika Mann, deren Theaterpläne für Zürich stockten, mit ihrem Ford nach Le Lavandou gefahren. Dort traf sie ihren Bruder Klaus. Für ihn hatte das Exil am 14. März 1933 in Paris begonnen, wohin er aus München mit dem Zug gereist war.

Unterdessen schrieb Thomas Mann an René Schickele: »Wir haben an Bozen gedacht, aber auch an Süd-Frankreich z. B. an Sanary. Wissen Sie eine friedliche Unterkunft für uns, ein Häuschen etwa?« Schickele antwortete: »Ich glaube, Sanary sollte für Sie in vieler Hinsicht Bozen vorzuziehen sein. Es ist vor allem ›stubenrein‹ und wird es auch bleiben, während Tirol –!« In Sanary gebe es viel Leerstand. »Sie steigen im Grand-Hotel Bandol ab (10 Minuten von hier, alle Viertelstunde ein Autocar), wir stellen eine Liste der Villen in Sanary und Bandol auf, die für Sie in Betracht kommen.«

Diesem Vorschlag folgten die Manns. Erika und Klaus trafen am 21. April in Lugano ein und drängten »auf vollständige Liquidierung der Münchner Verhältnisse«. Auf der Rückreise nach Le Lavandou nahmen sie ihre Geschwister Elisabeth und Michael im Ford mit. Da sein Pass abgelaufen war, suchte Thomas Mann den französischen Konsul in Lugano auf, der sich zunächst in Paris rückversichern wollte. Nach Intervention von Jean Giraudoux genehmigte der Quai d'Orsay am 30. April die Einreise. Am 2. Mai zeigte der französische Konsul in Basel größtes Entgegenkommen, er händigte dem »cher maître« sogar ein Empfehlungsschreiben aus. Am Abend des 5. Mai reiste das Ehepaar Mann von Basel über Straßburg nach Marseille. Mit der Küsteneisenbahn ging es weiter nach Toulon. Sie fuhren mit dem Zug, da die Autos der Familie in München beschlagnahmt worden waren.

In Toulon holte sie Erika mit dem Auto ab. Die ersten beiden Nächte im französischen Exil verbrachten Thomas und Katia Mann in Le Lavandou, im Hôtel Les Roches Fleuries. Am 7. Mai fuhren sie, Erika und Therese Giehse mit dem Auto über Hyères und Toulon nach Bandol. Dort sprachen sie in einem Hotel vor, besuchten René Schickele, besichtigten mehrere Häuser und wurden von Meier-Graefes zum Mittagessen eingeladen. Später besichtigte Katia einige Häuser in Saint-Cyr und Bandol, fand aber nichts, was ihr gefiel.

Schickele notierte am nächsten Tag in seinem Tagebuch: »Thomas, Katia, Erika Mann, in Erikas Ford von Lavandou gekommen, um hier Wohnung zu suchen. Er sieht schlecht aus, um 10 Jahre gealtert. Sehr bedrückt und leicht zu beeindrucken. Für Heinrich Mann bedeutet die Verbannung schließlich keine große Veränderung, er war immer in der Opposition. [...] Thomas dagegen, so sehr er sich in den letzten Jahren politisch exponiert hatte, ist tatsächlich aus allen Himmeln gefallen. Die abgründige Gemeinheit dessen, was sich in Deutschland Politik nennt, erfährt er erst jetzt. [...] Wenn einer nicht das Zeug zu einem Märtyrer hat, so ist es Thomas Mann.«

Am 10. Mai zogen Thomas und Katia mit den Kindern Elisabeth und Michael in das Grand Hôtel am Strand von Bandol ein. (Das balkonreiche Haus mit der rosa Fassade nahe dem Eisenbahnviadukt über dem Tal eines Flüsschens ist heute kein Hotel mehr.) Schon am 11. waren sie erneut zum Tee bei den Schickeles. »Thomas Mann sehr unglücklich. Es geht ihm wie den meisten Deutschen seiner Geistesart. Sie sehen wohl, was vorgeht und auch, was kommen wird, aber im Grund wollen sie es nicht wahrhaben, weil es unfaßbar toll ist, hauptsächlich aber, weil sie sich nicht eingestehen wollen, daß sie ihr Vaterland verloren haben. [...] Gestern haben die Schafsköpfe in Deutschland öffentlich doch eine Million Bücher verbrannt.« Schickele überliefert auch eine Äußerung Thomas Manns: »Wie merkwürdig! Man verläßt sein Vaterland, um in Amsterdam und Paris über Richard Wagner zu sprechen, und als man zurück will, ist es einem davongelaufen.«

In der Tat fühlte sich Thomas Mann eher unglücklich, auch alte Vorurteile gegen den Süden wurden wieder wach. »Aber ich finde in diesem Kulturgebiet alles schäbig, wackelig unkomfortabel und unter meinem Lebensniveau. [...] Es war malerischer und griechischer in Lavandou.« Er notierte, dass er seit Februar schon zehn Stationen erlebt habe: Amsterdam, Brüssel, Paris, Arosa, Lenzerheide, Lugano, Rorschach, Basel, Les Roches und nun Bandol. Sanary würde also die elfte Station in den ersten sechs Exilmonaten sein.

Die schlechte Laune hielt an. Er fand keinen geeigneten Strand und musste zu allem Überfluss noch auf einen Koffer mit Manuskripten warten. Die deutschen Zeitungen wirkten wie »wahres Nervengift«. Im benachbarten Hôtel La Réserve redeten die Manns mit Lion Feuchtwanger und seiner »ägyptisch aussehenden Frau« über die politische Lage. Auch Gespräche mit Katias Eltern, die sich zwei Wochen in Bandol aufhielten, mit den Schickeles, Erika und Klaus ließen Thomas Mann keine Klarheit gewinnen. Seine Gedanken in diesen Tagen wirken angestrengt und verworren, er versuchte, irgendeinen Sinn in den deutschen Ereignissen zu sehen. Seine Aufzeichnungen sind nicht frei von antisemitischen Anwandlungen. Sie sind Zeugnisse des Suchens und Schwankens, Ausdruck momentaner Erbitterung und Enttäuschung; er suchte nicht nur einen Ort zum Bleiben, sondern auch einen Standpunkt angesichts der neuen Lage.

Immerhin erinnerte ihn die Landschaft beim Spazierengehen »merkwürdig« an Palästina, und er befasste sich wieder mit dem Josephsroman. Am 16. Mai kam Heinrich aus Nizza zu Besuch. Am 19. Mai notierte Thomas: »Flottere Arbeit. – Das Klima dieser Küste überaus rühmenswert, leicht, heiter, rein.« Dennoch klagte er öfter über Erkältungen, Unwohlsein und schlechten Schlaf. Heinrichs »physische Gesundheit« schien ihm viel robuster als die eigene.

Schließlich wurde doch ein Haus gefunden. Bis Ende September 1933 wohnten die Manns in Sanary-sur-Mer in der Villa La Tranquille, 442, Chemin de la Colline. Das Haus, in dem zuvor Ilse von Günther wohnte, wurde vermittelt von Lisa Marchesani und deren Tochter Sybille von Schoenebeck, später verheiratete Bedford.

Am 6. Juni beging Thomas Mann in melancholischer Stimmung seinen 58. Geburtstag. Zwei Tage später suchte er mit Katia und Heinrich das Ehepaar Feuchtwanger auf, das kurz zuvor in Sanary die Villa Lazare gemietet hatte. Schon in Bandol führte Thomas Mann die Leseabende ein, die so bezeichnend waren für den ersten Exilsommer in Sanary. Die vortragenden Autoren hießen Schickele, Meier-Graefe, Feuchtwanger, Heinrich und Thomas Mann. Aldous Huxley war zuweilen anwesend, dazu Angehörige oder Freunde.

Erleichtert notierte er am 12. Juni abends: »Wir sind in unserem hübschen, kultiviert wohnlichen Hause, und schon schreibe ich diese Zeilen nach persönlich fast vollkommener Installierung in meinem sympathischen Arbeitszimmer an einem grün ausgeschlagenen Spieltisch, den ich vorläufig zum Schreibtisch gewählt habe. [...] Ich glaube, daß wir in diesem Haus glücklich sein werden. Zunächst tut die rein private Exis-

Katia und Thomas Mann am Hotel Les Roches Fleuries
in Le Lavandou im Mai 1933.

tenzform mir unendlich wohl, nach dem Hotel-Dasein von 4 Monaten.«

Am 15. Juni hatte er endlich einen normalen Arbeitstag samt Mittagessen im eigenen Haus. Höhepunkt des Tages war der Kauf eines Peugeot-Cabriolets für 13 000 Francs. Als am nächsten Tag auch das warme Wasser floss und er vor dem Frühstück einen Spaziergang auf den Klippen unternahm, war er geradezu euphorisch. Die Arbeit am ersten Band des Josephsromans war fast beendet. »Guter Appetit. Gebesserte Verdauung. Die seelische Verfassung sehr gebessert und beruhigt durch die Rückkehr ins Private, die eine Art von Heimkehr ist.«

Am 17. Juni vermerkte er Mistral, »blaues Wetter«. Mit Katia und Golo erörterte er die finanzielle Lage. »Wir stellen fest, daß uns ein Vermögen von zweihunderttausend Schweizer Franken bleibt, u. es macht mir [Vergnügen?], es als eine Million französischer Francs vorzustellen.« Am Abend fanden sich Meier-Graefes, Schickeles und Heinrich Mann ein, es war ein Gesellschaftsabend wie einst in der Poschingerstraße. Thomas Mann las *Das bunte Kleid* aus dem Josephsroman vor.

Für Schickele hegte Katia große Sympathie. Bei der Feier zu dessen 50. Geburtstag meinte ein Gast: Was wäre das in Berlin für ein Fest geworden! Darauf Katia: Besser konnte die Gesellschaft dort auch nicht sein.

Schickele fuhr sie in seinem Auto die Küste entlang über Toulon bis nach St. Tropez. In Le Lavandou kehrten sie bei Emil Alphons Rheinhardt ein, aßen mit ihm und »seinem weiblichen Stabe« Bouillabaisse. Am Hafen von St. Tropez begegneten sie Walter Hasenclever und dem Verleger Kurt Wolff, der den Manns für den kommenden Winter ein Haus in Nizza vorschlug und sie im Garten seiner primitiven Häuslichkeit zum Tee einlud. An anderen Tagen kamen Wilhelm Herzog und die Feuchtwangers zum Tee in die La Tranquille. Als sich Bermann kurz in Sanary aufhielt, litt Thomas unter einer fiebrigen Erkältung.

Anfang Juli nahm er Ferien vom Ich: »Seit zwei Wochen

gerade hier nichts eingetragen. Unser Leben geht weiter wie bis dahin bei immer klarem Himmel und in den Mittagsstunden sehr feuriger Sonne.« Er hatte nun einen stabilen Alltag mit Schreiben und Korrespondieren, er hatte gesellschaftliche Kontakte »mit den hiesigen Siedlern«. Er behauptete sein Zeitraster und sein Lebensmuster, und er behauptete seine Würde, sein Selbstgefühl als Repräsentant der deutschen Kultur.

Erikas Mahnungen, »das Bild meiner Gesinnung und Haltung sich nicht trüben zu lassen«, festigten die Einsicht: »Die Rückkehr ist ausgeschlossen, unmöglich, absurd, unsinnig und voll wüster Gefahren für Freiheit und Leben [...] Die Situation läuft auf die Erwerbung der Schweizer Staatsangehörigkeit und die Niederlassung in Zürich zum Herbst hinaus. [...] Ein Hinbringen des Winters in Nizza unter schmeichelhaften Umständen [...] hieße das Provisorium, die Unentschiedenheit auch innerlich verlängern«, Zürich sei »natürlicher u. vertrauter Boden«.

Am 20. Juli 1933 veröffentlichte das Massenblatt *Paris-Soir* eine Reportage aus Sanary und Bandol. Der Reporter Louis-Charles Royer hatte Heinrich Mann und Lion Feuchtwanger interviewt. Am 29. Juli erschien in der Zeitung *Le Petit Parisien* ebenfalls ein Bericht über »Die Deutschen im Exil«. Heinrich Mann ließ den Journalisten Raymond de Lys wissen, dass er ein Buch in französischer Sprache vorbereite, das *Der Hass* heißen solle und sich mit der politischen Lage in Deutschland befasse. An eine Rückkehr nach Deutschland denke er vorerst nicht. Das Regime könne aber von wenigen Entschlossenen gestürzt werden. Der zweite Teil des Artikels galt Thomas Mann und war mit einem Foto illustriert, der einzigen bekannten Innenaufnahme der Villa La Tranquille.

Dort wurde Katias 50. Geburtstag am 24. Juli nach dem üblichen Familienritual begangen. Die Kinder schmückten das Haus mit Blumen, am Morgen trugen alle ihre Verse aus dem von Erika verfassten Singspiel vor und beschenkten die Jubilarin. Am Abend feierte man mit Gästen im Garten.

Ein typischer Tag in Sanary sah so aus: »Donnerstag den 27. VII. 33: Im Meer gebadet. Gearbeitet, Korrektur gelesen. Briefe an die Herz und an A. M. Frey geschrieben. Spaziergang mit K[atia]. Abends Gesellschaft im Garten: Feuchtwangers, Arnold Zweigs mit Sekretärin, Herzog, Seabrooks und Ilse D[ernburg]. Ich sagte, wir würden später an diesen Aufenthalt noch gern und heiter zurückblicken.«

Dass das Exil ein länger andauernder Zustand sein würde, musste Thomas Mann erst noch lernen. Am 31. Juli 1933 schrieb er an Hermann Hesse: »Ich habe meinen Kampf durchgekämpft. Es kommen freilich immer noch Augenblicke, in denen ich mich frage: Warum eigentlich? Es können in Deutschland doch andere leben, Hauptmann etwa, die Huch, Carossa. Aber die Anfechtung geht rasch vorüber. Es ginge nicht, ich würde verkommen und ersticken. Es geht auch aus einfachen menschlichen Gründen nicht, um der Meinen willen nicht. [...] Ein furchtbarer Bürgerkrieg scheint mir unvermeidlich, und ›ich begehre‹, wie unser Mathias Claudius sagt, ›nicht schuld zu sein‹ an all dem, was geschehen ist, geschieht und geschehen wird.«

Die Tochter Monika Mann gibt in ihren Erinnerungen ein Stimmungsbild von der Zeit in Sanary: »Unser erstes Heim in der Fremde hieß La Tranquille. [...] Hier war es still: nachdem das erste Entsetzen und die erste Depression gewichen waren, öffneten sich allmählich Auge und Sinn für die vielfältigen Reize jenes Südens. Die herb-süße Großartigkeit der Landschaft fing an, die Seele ins Schwingen, den Geist in Tätigkeit zu verwandeln. Mein Vater nahm seine Arbeit wieder auf, und unser Dasein erhielt ein relativ normales Gesicht. Man fasste gleichsam Fuß im Vagen, nicht wissend, von welcher Dauer und welchen Konsequenzen das ›Entsetzliche‹ für das eigene und für das Schicksal der Welt sein würde. [...] Wir ergriffen alles Gute wie ein Geschenk, die Schönheit der Landschaft, die Freunde, das Pittoreske des alten Fischerhafens, und schließlich war da auch das Meer. Überhaupt schienen wir ›draußen‹ den

Eindrücken offener, empfänglicher und sensibler für die wahren Werte, und La Tranquille wurde – bei allem Dunkel im Hintergrund – zum Ort der Arbeit, der freundlichen Zusammenkunft und der Beschaulichkeit.«

Am 30. Juli reiste Erika Mann nach Zürich, wo sie ein Haus für die Eltern finden und ihr Kabarett Die Pfeffermühle neu beleben wollte. Ende des folgenden Monats erfuhren die Manns, dass die SA das Haus in der Poschinger Straße mit Beschlag belegt habe. Achtzehn Jahre hatten sie darin gewohnt. Als man ihnen am 9. September 1933 mitteilte, das Schweizer Konsulat in Marseille werde das Einreisevisum erteilen, wurde Erika ermächtigt, ein in Küsnacht angebotenes Haus zu mieten. Am 20. September packte Thomas Mann mit Hilfe seines Sohnes Golo Bücher und Manuskripte ein. Zum Abschiedsabend kamen Meier-Gräfes, Heinrich mit Nelly, Franz und Libuše Beidler u. a. Thomas Mann las die *Pyramiden*. Am Freitag, dem 22. September, aß er mit seiner Frau im Hôtel de la Tour zu Mittag. Zum Tee ging es noch einmal zu den Schickeles. Deren Sohn Hans brachte sie mit dem Auto nach Toulon, wo sie um halb elf den Schlafwagen nach Genf bestiegen.

Der große Sommer von Sanary war zu Ende. Am 17. Oktober 1933 schrieb Thomas Mann aus seinem neuen Domizil in Küsnacht einen Brief an René Schickele. Er habe gute Erinnerungen an Sanary, in Zürich führe er wieder ein städtisches Leben mit Konzerten und Theater, alles in deutscher Umgebung, aber ohne die negativen Seiten des Deutschtums. Auch in den Briefen der nächsten Wochen kam er oft auf Sanary zu sprechen, der entscheidenden Etappe auf seinem Weg ins Exil im Katastrophenjahr 1933, so am 23. Dezember an Meier-Graefe: »Wir denken oft und dankbar an Sanary zurück. Oft denke ich, daß man sich dort ein Häuschen bauen und sein Leben beschließen sollte.« Das kann man natürlich auch so deuten, dass Sanary ihm für seine repräsentativen Bedürfnisse vorerst nicht geeignet schien.

In den folgenden Monaten, in denen er seinen Lebensmittelpunkt in der Schweiz hatte, wurde seine Einstellung zur Exilsituation wieder schwankend und zwiespältig. An Schickele schrieb er am 2. April 1934 aus Küsnacht: »Offen beneide ich Hesse, der längst draußen, dem Deutschland aber nicht verschlossen ist. An meinem Abscheu vor den Zuständen dort und meinem Herzenswunsch, die Bande, die da wirtschaftet, möchte recht bald in irgend einer Form der Teufel holen, hat sich nicht das Geringste geändert; aber ich sehe immer weniger ein, wie ich dazu komme, um dieser Idioten willen von Deutschland ausgeschlossen zu sein oder ihnen auch nur mein Habe, Haus und Inventar zu überlassen.«

Im März 1935 verfasste Thomas Mann ein Referat für die Tagung der Völkerbundkommission für geistige Zusammenarbeit, der er angehörte. Auf Drängen seines Verlegers Gottfried Bermann Fischer nahm er jedoch an der Anfang April in Nizza stattfinden Konferenz nicht teil. Das Erscheinen seiner Bücher in Deutschland und die Existenz des in Berlin ausharrenden S. Fischer Verlages schienen nach Bermanns Ansicht sonst gefährdet. Die nicht gehaltene Rede *La formation de l'homme moderne* enthielt eine scharfe Kritik der politischen Fanatisierung der Massen und propagierte einen kämpferischen Humanismus, sie wurde (vom Verfasser etwas abgemildert) in französischer Sprache im Tagungsband und 1936 unter dem Titel *Offene Worte* in mehreren europäischen Zeitungen abgedruckt.

Die Nizza-Reise holte das Ehepaar vom 16. bis 20. 1935 Mai nach. »Heinrich am Bahnhof, ohne Spitzbart mit weißem Schnurrbart, distinguiert und seltsam von Anblick«, notierte Thomas nach der Ankunft im Tagebuch. Ihr Quartier war das Hôtel Angleterre et Grande-Bretagne, 6, avenue Gustave V., dort wo heute das Casino Ruhl steht. Im Balkonzimmer mit großartiger Aussicht aufs Meer unterhielten sie sich mit Heinrich, später mit Klaus, der seit dem 25. April in Sanary wohnte. Mittagessen im Hotel: »Klaus und sein hübscher Freund Katzenellenbogen kamen gegen Ende der Mahlzeit dazu.« Jahre

Die Villa La Trnquille, in der Thomas und Katia Mann den Sommer 1933 verbrachten.

später, in Los Angeles, sollte dieser junge Berliner Emigrant Sekretär von Thomas Mann sein und sich Konrad Kellen nennen.

Am Nachmittag Tee bei Schickeles, die inzwischen in Nizza wohnten, deren Nachbar Schalom Ash fand sich ein: »wie in Sanary«, so Thomas Mann im Tagebuch. Er fühlte sich im Haus der Schickeles »ziemlich behaglich«. Deren Sohn Hans fuhr sie zu Heinrich in die Rue du Congrès. Sie brachten »der Kroeger Rosen«. Auch der nächste Tag weckte »Erinnerung an Sanary«. Man hörte ein Orchesterkonzert von der Jeteé; ging nach dem Tee im Pavillon-Restaurant am Meer mit Heinrich spazieren: Im Omnibus weiter in die Rue du Congrès, wo Nelly sie und Klaus vorzüglich bewirtete. Anschließend unterhielten sie sich lange. »Immer sehr merkwürdiges Bild: die beiden Brüder zusammen. H[einrich], ganz abgeklärt, sanft, liebend, beinahe demütig«, resümierte Klaus Mann im Tagebuch. Thomas notierte bis zur Abreise täglich Spaziergänge und Busfahrten mit Heinrich und der Seinen, Hermann Kesten und Theodor Wolff luden zum Tee, Hans Schickele diente mehrfach als Chauffeur. Am 18. wurde zu Sechsen (Klaus und sein Freund kamen hinzu) im Pavillon der Jetée soupiert (Bouillabaisse und Muton-Chops). Beim Busausflug nach Monte-Carlo am 19. waren die Brüder und ihre Frauen unter sich. Thomas Mann: »Viel von einer Narrenküste hat heute das Ganze, verödete Hotelbauten, Feenpaläste des 19. Jahrhunderts.«

Am Montag, dem 20., verabschiedeten sie sich von Klaus, der zum PEN-Kongress nach Barcelona reiste. Nach einem Spaziergang mit Heinrich am Meer wurde Wein eingekauft, dann nahmen die Brüder und Katia »Abschied am Zuge. Heinrich sichtlich bewegt. Austausch guter Worte.«

Ein literarisches Nachspiel findet sich in Heinrich Manns letztem Roman *Der Atem*. Die eigentliche Aussöhnung der Geschwister, und das in Frankreich! Heinrich muss dieses Treffen viel bedeutet haben.

Ein Jahr später hatte sich Thomas Manns einst kritische Einstellung zu Frankreich ins Positive gewendet. An Heinrich schrieb er am 2. Juli 1936: »Für Frankreich kann man nur Liebe und Bewunderung empfinden.«

Das letzte Familientreffen der Manns an der Côte d'Azur wurde von wechselhaftem Wetter und Krankheiten beeinträchtigt. Dank »liebenswürdiger Bewilligung des französischen Visums für einen Monat« konnten Thomas und Katia am 27. August mit dem Auto über Genf, Valence und Avignon nach Saint-Cyr fahren. Kurz zuvor hatte er *Joseph in Ägypten* abgeschlossen. Im Tagebuch heißt es am 23.: »[…] ein merkwürdiges Datum, wenn ich bedenke, daß die Arbeit an diesem Bande mich diese ganzen 3 Jahre und annähernd 6 Monate begleitet hat, seit wir München verließen. Ich begann wieder damit in Bandol, das ich auf der bevorstehenden Reise wohl wiedersehen werde.«

Die ersten Tage litt Thomas Mann unter heftigen Anpassungsschwierigkeiten und der »schwer depressiven Chocwirkung des Midi«. Die Bäder im flachen Meer am Vormittag, Besuche bei Feuchtwangers in der Villa Valmer (lukullisches Abendessen), den Schickeles und bei Frau Meier-Gräfe, die auch Marcuses und Arnold Zweig zum Gesellschaftstee einlud, gemeinsame Spaziergänge in der »wundervoll beleuchteten Landschaft« brachten etwas Erholung. Am Abend des 5. September las Thomas Mann den Freunden im Salon des Hotels aus *Joseph in Ägypten* vor.

Als sie in ein »unordentliches« Quartier wechselten mussten, verschlechterte sich seine Verfassung. Am 11. September konnten Katia und Thomas in Sainte-Maxime Heinrich und Leonie abholen. Heinrich war aus Brüssel vom Weltfriedenskongress nach Paris gefahren, wo er sich mit der aus Prag angereisten Tochter getroffen hatte.

In den folgenden Tagen hielten sie sich öfter am Strand auf, auch Heinrich badete, besuchten Emil Alphons Rheinhardt in seiner Villa. Thomas wunderte sich in politischen Gesprächen mit dem Bruder über dessen Optimismus und Träume von der deutschen Revolution. Er notierte am 13. September im Tagebuch: »Empfindlichkeit und nicht gerade freundliche Neugierde der Bevölkerung beim Hören fremder Sprachklänge. Die feindlich gesinnte Madame im Hotel.«

Dann mussten Leonie, Heinrich und Katia mit Fieber und Angina das Bett hüten, Thomas quälten Hals- und heftige Nervenschmerzen. Dr. Hammerschlag, ein Arzt aus Wien, den sie bei Rheinhardt getroffen hatten, musste öfter gerufen werden. »Die Haus-Infektion am leeren Speisesaal erkennbar.«

Dennoch scherzten Heinrich und Thomas »über einen phantastischen Artikel, der schildern sollte, wie Hitler als Weekend-Coup den Namen Cognac, im Versailler Vertrag verboten, wieder einführt. Die französische Industrie begehrt dagegen auf, und es kommt an den Rand des Krieges, worauf H[itler] zurückweicht.«

Mit Hilfe von Rheinhardt und dessen Freund Kurt Lichtenstern zogen sie am 17. in die Pension La Calanque. Nach zwei Tagen stellte sich bei Thomas Mann ein »Gefühl von Heiterkeit der Rekonvaleszenz« ein. Heinrich las am Abend aus seinem *Henri Quatre* drei Kapitel. »Schöne Dinge«.

Am Tag vor der Abreise herrschte Sturm, Thomas Mann genoss Hauch und Klang der Brandung. Mit Heinrich und Katia trank er Wermut vorm Grand Hôtel. »Dicht neben mir ein nackter junger Mensch, nicht unhübsch, dessen Nähe etwas Bedenkliches hatte.« Auf dem Zimmer Lektüre in Rheinhardts Biographie von Henri IV. Beim Tee in Rheinhardts Villa traf er u. a. die Oldens, die Engländerin Fisher, Dr. Hammerschlag und Kurt Lichtenstern wieder. Er signierte Bücher. Nach dem Diner in der Pension las er aus dem *Joseph* vor. »Bin zufrieden fortzukommen.«

Kurz nach 9 Uhr verabschiedeten sich Katia und Thomas am 21. September von Heinrich und Leonie. Beide blieben noch kurze Zeit in Le Lavandou, ohne Nelly, deren Begegnung mit Heinrichs Tochter unerwünscht war.

Nach dem Zweiten Weltkrieg entwickelte Thomas Mann nachgerade eine Liebe zu Frankreich. Im Anschluss an einen Paris-Aufenthalt schrieb er im Jahr 1950 an Martin Flincker, den Inhaber der deutschen Buchhandlung am Quai des Orfèvres, Frankreich sei »das geist-erhellte Laboratorium der Zivilisation«, von französischer Dekadenz könne keine Rede sein. Es sei ihm trotz offizieller Verpflichtungen gelungen, »die unglaubliche Schönheit dieser Stadt wieder zu erfahren«, den »unauslöschlichen Glanz ihrer Architektur«, er habe sich »hineingefühlt in ihr spezifisches Leben, das sich in aller Weltumwälzung mühelos und von Natur wegen bewahrt, – diese vom Oxygen der Literatur durchtränkte Atmosphäre von Leichtigkeit, Lachlust, skeptischer Erfahrung, von immer noch die äußerste Spitze haltender Civilisation«.

Klaus Mann

Am 8. Januar 1932 begann Klaus Mann mit Notizen zur Sanary-Novelle *Schmerz eines Sommers*. Sie sollte ihm viel Mühe bereiten, im Tagebuch stöhnte er, wie sehr er sich damit abquälen müsse. Am 26. Februar war die Erzählung fertig, als er sie im September 1936 wieder las, berührte sie ihn »merkwürdig«. Bei der Lektüre spürt man nichts von Qual und Lustlosigkeit. Es ist ein sommerleichter Text in Tagebuchform. Wir finden in schwebend-ironischem Ton alle typischen Motive Klaus Manns, von der Droge bis zum Selbstmord, das Liebesdurcheinander, die Geschlechterkonfusion und den Unernst des Lebens an der blauen Küste.

Klaus Mann hatte Deutschland am 13. März 1933 definitiv verlassen, seine Hauptstützpunkte waren nun Amsterdam und Paris, doch kam er auch wieder an die Côte d'Azur. Im April hielt er sich mit Erika in einem Vorort von Le Lanvandou auf. Am 1. Mai 1933 fuhren beide nach Sanary. Klaus suchte Kontakt zu René Schickele, der schon seit Herbst 1932 im Ort lebte, und zu Sybille von Schoenebeck, die er Billux nannte. Sie hatte »an Stattlichkeit und Komik etwas eingebüßt« gegenüber 1931, wie er festhielt.

Im Hôtel de la Tour, wo er logierte, entwarf er den Plan zu der Exilzeitschrift, die ab Herbst 1933 drei Jahre lang im Amsterdamer Verlag Querido unter dem Titel *Die Sammlung* erschien. Zwischen dem 6. (Ankunft der Eltern) und dem 23. Mai (seine Abreise nach Paris) traf er sich mehrmals mit der großen Familie: Greise (Thomas und Katia), Urgreise (Großeltern Pringsheim), den Geschwistern und Onkel Heinrich. Auch Gespräche mit Annemarie Schwarzenbach, Emil Alphons Rheinhardt, Wilhelm Herzog und den Feuchtwangers notierte er.

Während seines nächsten Aufenthalts wohnte Klaus Mann bei Eva Herrmann und Sybille in der Bastide Juliette in Sainte-Trinide. Eva brachte ihn am 25. April 1935 vom Bahnhof in das hübsch und einsam gelegene Haus, wo es damals kein elektrisches Licht gab. Nach einer Mahlzeit unternahm Klaus einen Spaziergang über die Hügel und durch die Pinienhaine.

Vor- und manchmal auch nachmittags arbeitete er auf der blumengeschmückten Terrasse. Mit seinen Gastgeberinnen fuhr er zum Tee bei Feuchtwangers, Lion, der »ununterbrochen« von sich sprach, kam auch öfter in die Bastide. Am 26. April besuchten Eva, Sybille und Klaus Egon Erwin Kisch und dessen Frau, die sich in La Seyne, kurz vor Toulon, aufhielten. Bei ihm trafen sie Ludwig und Sascha Marcuse.

In Saint-Cyr suchten sie am nächsten Tag Julius Meier-Graefe auf. »Man spürt, dass er nicht mehr lange leben wird.« Am Abend las Klaus Eva und ihrer Freundin aus dem Roman vor, an dem er seit Ende 1934 arbeitete: *Mephisto*.

Am 28. April luden sie Gäste zum Dinner in die Bastide, darunter die Huxleys sowie Walter Duranty mit seiner Frau. Duranty war 15 Jahre lang Korrespondent der *New York Times* in Moskau, und so drehte sich das Tischgespräch hauptsächlich um Russland, um Trotzki und Stalin. Huxley wirkte auf Klaus »merkwürdig unbeteiligt, kühl, nur beobachtend«. Er unterstellte ihm »Hochmut der Intelligenz«.

Beim Abschied am 6. Mai passierte ein kleines Malheur. Erst am Bahnhof in Bandol, wohin ihn Sybille brachte, bemerkte Klaus, dass er in der Bastide den wichtigsten kleinen Koffer vergessen hatte (vermutlich war darin das *Mephisto*-Manuskript); mit dem Ford rasten sie zurück, dann wurde Klaus nach Toulon gebracht, wo er einen späteren Zug nach Nizza bestieg.

Bis zur Abreise nach Barcelona (20. Mai) zum PEN-Kongress blieb er in Nizza, diskutierte mit Hermann Kesten und Onkel Heinrich, traf mit Mopsa Sternheim, seinem Freund Konrad und den Eltern zusammen, die einige Tage in der Stadt weilten.

Im April 1936 kam Klaus Mann erneut nach Sanary. Diesmal logierte er im Hôtel de la Tour. »Freude des Wiedersehens mit Sanary. Hübscher Blick von meinem Zimmer, auf die Bucht mit den Booten.« Er war aus Paris über Marseille angereist, das letzte Stück mit dem Bus.

Allmählich tauchte er wieder ein in das Leben der Dauergäste, die wider Willen ein Schattenleben an der sonnigen Küste führten. Mit Erich Klossowski plauderte er im Café de Lyon, Lion Feuchtwanger lud ihn zum Tee ein, Marta zu einer Spazierfahrt in ihrem Auto in den Ort Le Castelet, einem »village perché« im Hinterland von Saint-Cyr. Von dem alten Schloss auf dem bebauten Hügel blickt man auf eine beinahe toskanische Ebene hinab, am Horizont ahnt man eine wilde, kaum bewachsene Hochebene.

Er klagte über Einsamkeit, schlechtes Wetter, ekelhafte politische Lage, setzte dennoch die Arbeit am *Mephisto* fort. Treffen mit der nunmehr verwitweten Annemarie Meier-Graefe, Ludwig Marcuse (zu Gesprächen über Wagner und Nietzsche), Eva Herrmann und Sybille hellten seine Stimmung auf.

Aber ohne selbstzerstörerische Anwandlungen ging es nicht bei Klaus Mann. So fuhr er »aus Nervosität und Unrast« am

10. Mai 1936 in ein »arges und hässliches Abenteuer in Toulon«, nämlich in eine finstere Spelunke, in der er ausgeraubt und verprügelt wurde. Mit einem blauen Auge und vielen Kratzern im Gesicht kehrte er zurück. Sogar die Lokalpresse nahm von dem Vorfall Notiz, gab aber weder den Namen noch den Status des Opfers richtig wieder.

Drei Tage später spazierte Klaus Mann nach dem Lunch mit Huxley durch die pittoreske Landschaft, anregend über Weltpolitik diskutierend. Beim Abendessen mit Eva und Sybille in Annemarie Meier-Graefes schönem Haus in Saint-Cyr erfuhr er »Sanary-Klatsch«.

Am 15. Mai las er »den beiden lieben und gescheiten Mädchen« aus dem *Mephisto* vor: »Sie scheinen sehr angetan, meinen [...], es würde mein bestes Buch, viel besser als die beiden vorigen.« Das Lob »wunderte« ihn fast, erleichtert konnte er am 20. Mai 1936 notieren: »Gestern – am 19. V. – das Manuskript von ›Mephisto. Roman einer Karriere‹ abgeschlossen.« Korrekturen seien aber noch nötig. (Der Roman erschien im Herbst 1936 bei Querido in Amsterdam.) Sanary erwies sich also für Klaus Mann als sehr anregender Ort.

Bevor er am 23. Mai Marseille mit dem Zug nach Toulouse fuhr, gab er noch einen Leseabend in der Bastide Juliette. In Toulouse traf er Erika, Fritz Landshoff und Annemarie Schwarzenbach.

Mitte Juni machte Klaus Mann wieder einige Tage in Bandol und Nizza Station. Überraschend begegnete er seinen Geschwistern Elisabeth und Michael, die mit ihrem kleinen Auto unterwegs waren und in Nizza konzertiert hatten. Er besuchte Schickeles, beim »lieben Onkel Heinrich und seiner – urdrolligen, wieder ziemlich bezechten – Krögerin« aß er zu Abend. »Sehr, sehr sonderbar: das Milieu [...] Das halb Abenteuerliche, halb starr Bürgerliche.«

Am 5. August 1937 hielt sich Klaus Mann ein letztes Mal in Sanary auf. Am Bahnhof von Bandol holten ihn Eva und Sybille ab und brachten ihn in die Pension Oasis. Von dort zog er vier Tage später in die Pension Sinaya um, weil er seinen Freund Curtiss erwartete, der ebenfalls in Bandol abgeholt wurde. Es folgte der übliche Reigen: Besuche bei Marcuses, bei Annemarie Meier-Graefe in Saint-Cyr, Treffen mit Erich Klossowski im Café de Lyon, mit Mopsa Sternheim und Brian Howard, einem englischen Autor, der mit Sybille und Eva befreundet war.

In ihrem Haus las er nach einem generösen Abendessen in größerer Runde aus *Symphonie Pathétique* vor und hinterließ »guten Eindruck«, obwohl Mopsa beim Zuhören einschlief. Eine Begegnung mit den Feuchtwangers hat Klaus Mann bei diesem Aufenthalt nicht im Tagebuch vermerkt, aber eine Diskussion mit Marcuse über die Moskauer Prozesse. Am Nachmittag des 13. August versammelten sich etwa 25 Personen zu einer großen Party neben Evas Haus, der »intimere Zirkel« (12 Personen) aß später in einem Restaurant zu Abend. Theater.

Drei Tage später war Klaus schon wieder in Paris. Nur noch einmal wird er wiederkommen an die Côte d'Azur, und es wird ein fataler Augenblick sein, 17 Jahre, nachdem er diese Küste entdeckt hatte.

Klaus Manns Grab in Cannes im Carré 16 des Cimetière du Grand Jas, der auf einem Hügel im Hinterland angelegt wurde und Blicke bis zum Meer erlaubt, wurde seit 1949 mehrfach umgestaltet. Heute ist es ein flacher Stein in Grau und Weiß, ein Standardmodell auf diesem Friedhof. Am Horizont erkennt man Yachten und Segelboote. Vor dem Meer noch liegt die Stadt, die ihn nicht im Diesseits halten konnte. Für seine Zukunft fehlten ihm nach so vielen Kämpfen und Büchern die Aussicht und die Vorstellungskraft.

Bis das Werk von Klaus Mann im geteilten Deutschland den angemessenen Platz fand, sollten noch viele Jahre vergehen und einige Skandale folgen.

Heimliche Herrscher
Lion und Marta Feuchtwanger

Mit wenig guten Erinnerungen ist Lion Feuchtwanger aus Frankreich geschieden. Er hat von 1933 bis 1940 in Sanary gewohnt und dort viele Besucher angezogen, die nun, von Bertolt Brecht bis Arnold Zweig, auf der Gedenktafel am Hafen vermerkt sind. Er bewohnte zwei wunderschöne Villen und war dort literarisch äußerst produktiv. Es gefiel ihm so gut, dass er sich nicht von Sanary lösen konnte, als es schon gefährlich wurde. Unter abenteuerlichen Umständen konnte er in die Vereinigten Staaten entkommen, wo er dem »unholden Frankreich« ein zorniges Buch widmete.

So könnte ein Roman beginnen: Im Münchener Hofgarten-Café, im Jahr 1921, hilft dem angehenden Erfolgsautor Lion Feuchtwanger ein unscheinbarer kleiner Herr mit Schnauzer und kantigen Gesten in den Mantel, ein ruppiges Original in der lokalen Polit-Szene namens Adolf Hitler… Die nächste Auseinandersetzung der beiden war ganz anderer Art und schon nicht mehr komisch.

1930 erschien Feuchtwangers Roman *Erfolg*, in dem er nicht nur mit Bayerns Justiz und Politikern abrechnete, sondern auch Hitler in der Figur des »Rupert Kutzner« auftreten ließ. Der *Völkische Beobachter* kommentierte den Roman wie folgt: »Nach dieser Leistung bleibt dem Löb Feuchtwanger wohl nur noch zu bescheinigen, daß er sich einen zukünftigen Emigrantenpaß reichlich verdient hat.« Feuchtwanger selbst allerdings schrieb schon 1931, auf dem Kurfürstendamm in Berlin sehe man lauter künftige Emigranten. Zu dieser Bemerkung schrieb die NS-Zeitung *Der Angriff*: »Sie sind ein blendender Prophet.« Ein blendender Prophet war er in der Tat, wenn auch eher vom Typus Kassandra.

1925 waren Lion und Marta Feuchtwanger von München nach Berlin gezogen, wo sie zunächst am Fehrbelliner Platz wohnten. 1931 erwarben sie ein Haus am Nordrand des Grunewalds in der Mahlerstraße, die in der NS-Zeit in Regerstraße umbenannt wurde. 1932 folgte Lion Feuchtwanger der Einladung zu einer Vortragsreise in die USA, auf die er sich mit intensivem Englischunterricht vorbereitete, ohne jedoch seinen bayerischen Akzent ganz loszuwerden. Seine Frau begleitete ihn auf der ersten Etappe bis nach London, um anschließend zu ihrem jährlichen Skiurlaub nach Österreich zu fahren. Bertolt Brecht hatte die Feuchtwangers zum Bahnhof Zoo gebracht. Keiner ahnte, dass dies der Abschied von Deutschland war. Am 25. Januar 1933 hielt Lion Feuchtwanger eine kleine Rede bei einem Abendessen in New York, dem auch Eleanor Roosevelt beiwohnte, die Gattin des Präsidenten. Am 30. Januar, dem Tag, an dem Adolf Hitler zum Reichskanzler ernannt wurde, gab der deutsche Botschafter Baron Prittwitz Feuchtwanger einen Lunch. Lions Äußerungen über Hitler in Vorträgen, Interviews und Artikeln wurden in amerikanischen Zeitungen groß aufgemacht, in der Nazipresse hatten sie scharfe Angriffe gegen ihn zur Folge. Die Rückreise unternahm er auf einem französischen Schiff, »um nicht auf dem deutschen Dampfer Unannehmlichkeiten von den Hitlerleuten zu haben«, wie er im Tagebuch festhielt. Von Cherbourg reiste er über Paris zu Marta in die Alpen. Zu den weniger angenehmen Gästen in St. Anton gehörte Leni Riefenstahl, die als glühende Parteigängerin des neuen Regimes auftrat. Während die junge Filmemacherin ihrer Zukunft im Dienste der Glorifizierung des Terrorregimes entgegenging, hieß es für die Feuchtwangers Pläne machen für das Exil.

Nach einer Zwischenstation im Tessin entschieden sie sich für eine Zuflucht in Südfrankreich. Anfang Mai bezogen

Marta und Lion zwei Zimmer in dem winzigen Hotel La Réserve am Strand von Bandol. Am 10. Mai 1933, als in deutschen Universitätsstädten in einer »Aktion wider den undeutschen Geist« Bücher von Lion Feuchtwanger, Heinrich Mann, Sigmund Freud und vielen anderen Autoren verbrannt wurden, trafen auch Katia und Thomas Mann in Bandol ein. Sie logierten im nahen Grandhotel, am 11. tauchten sie bei den Feuchtwangers auf.

Die finanzielle Zukunft des Ehepaars Feuchtwanger wurde durch einen Vertrag mit einer britischen Filmgesellschaft über einen Anti-Nazi-Film gesichert, der dann doch nicht zustande kam, aber immerhin den Roman *Die Geschwister Oppermann* zeitigte, der noch 1933 beim Exilverlag Querido in Amsterdam erschien und dessen englische Übersetzung ein großer Erfolg in den USA wurde.

Marta suchte ein besseres Quartier und fand schließlich ein alleinstehendes Haus im ausgedehnten Nachbarort Sanary-sur-Mer, die Villa Lazare, unweit von Huxleys Wohnsitz. Das Anwesen gehörte einem Rechtsanwalt aus Toulon, der nicht gerade als deutschfreundlich galt. Das Haus war bescheiden und keineswegs für den Winter eingerichtet, aber es war ein festes Domizil, das bald auch andere Emigranten anzog und literarisches Arbeiten ermöglichte. Es lag direkt am Meer, über einer kleinen Bucht mit Strand. Die Jahresmiete betrug 14 000 Francs.

Im Oktober 1933, als Bertolt Brecht und Arnold Zweig zu Besuch waren, geschah ein Autounfall auf dem abschüssigen Gelände neben der Villa. Marta bemerkte, dass sich die Bremse ihres Wagens gelöst hatte und dass er auf ihre Gäste zurollte. Sie sprang auf das Trittbrett, doch bei dem Versuch, die Fahrtrichtung des Wagens zu ändern, überschlug sich dieser und überrollte Marta. Sie brach sich dabei das linke Bein, zertrümmerte den Knöchel und hatte noch Glück, dass sie nicht über die Felskante auf den Kieselstrand gestürzt war. Für mehrere Wochen musste sie ins Krankenhaus nach Toulon, während

Villa Lazare, Lion Feuchtwangers Domizil
im Sommer 1933.

Lion vorübergehend in Paris lebte, aber zwei Winter später lief sie schon wieder Ski.

Für 1934 musste ein neues Domizil gefunden werden. Jetzt wurde jenes Haus gemietet, das ihnen bis 1940 als Heimstätte diente und den Mittelpunkt der Emigrantenkolonie bildete, die Villa Valmer. Sie lag auf einem Hügel, von dem aus man auf die Bucht von Sanary und das Cap Sicié schauen konnte (Adresse: 164, Avenue Beausoleil, Telefonnummer 83). Das komfortable Haus war Marta anfangs viel zu groß, aber es mit anderen zu teilen kam nicht in Frage. Die Jahresmiete betrug 30 000 Francs. Lion richtete eine neue Bibliothek ein, er fand das Klima angenehm und fühlte sich wohl in dem Haus, das er manchmal tagelang nicht verließ.

Marta legte einen schönen großen Garten an. An Arnold Zweig schrieb sie am 5. Mai 1934: »Es geht uns recht gut, wir sind mit dem Haus zufrieden, der Garten ist groß, mit viel Terrassen, und macht uns Freude. Es gab Kirschen, Zuckererbsen und Artischocken, es gibt noch Radieschen und grüne Bohnen, später Feigen, Oliven und Mandeln. [...] Ich gehe mit einem Körbchen herum und ernte und pflücke. [...] In einer Ecke des Gartens unter einer italienisch gewachsenen Steinmauer, wo's fein nach Geißblatt riecht, hab ich eine offene Feuerstelle, da werden Fische auf Holzkohlen und Rosmarin gebraten, auch Lapins und Tauben. Wenn ich auf einen Sprung in die Küche muß, setzt sich der Lion neben das Feuer, schnuppert und paßt auf, daß keine Katze was wegholt.«

Die Gästeliste der Villa Valmer ist legendär: Emil Gumbel, Ernst Bloch, Ludwig Marcuse, Alfred Kerr, Eugen Spiro, Arthur Koestler, Thomas und Katia Mann und ihre Kinder, Heinrich Mann, Ernst Toller, René Schickele, Bert Brecht, Arnold Zweig, E. E. Kisch, Fritz Landshoff, Leopold Schwarzschild, Emil Ludwig, Aldous Huxley und viele mehr. Feuchtwangers politische Entwicklung, die ihn, ähnlich wie Heinrich Mann, immer stärker in den Einflussbereich der Kommunisten brachte, sorgte allerdings für eine gewisse Entfremdung gegenüber einem Teil der

Villa Valmer, Zustand von 2006.
(Foto: Nathalie Huet)

Emigranten, besonders nach dem Buch über seine Reise in die Sowjetunion 1937, auf der er von Stalin empfangen worden war.

In der chaotischen Exilzeit bewährte sich Feuchtwangers mechanisch wirkende Arbeitsweise, nachdem seine Sekretärin Lola Sernau ihm nach Sanary gefolgt war. Sein Schreibtisch, sein Diktierzimmer, sein System farbiger Blätter für die verschiedenen Stadien eines Manuskriptes wurden zu Mitteln auch des Standhaltens. Mit dem vielschichtigen Roman *Exil* ist ihm das bleibende Zeugnis der deutschen Emigration in Frankreich gelungen. In dieser Arbeitseuphorie versäumte er die rechtzeitige Übersiedlung nach Amerika.

Die Feuchtwangers fühlten sich wohl in Sanary, eine Auswanderung in die USA wurde mehrfach erwogen, aber stets verworfen. Lion war nicht leicht zu beunruhigen, er vertraute seinem guten Stern – er selbst sprach von seinem Fatalismus und seiner Schicksalsgläubigkeit –, wie schon auf der abenteuerlichen Hochzeitsreise mit Marta zwischen 1912 und 1914 in Italien und Nordafrika.

Auch als sich das politische Klima für die Emigranten im Jahr 1938 deutlich verschlechterte, weil in Frankreich eine stark fremdenfeindliche Stimmung aufkam, und sogar als erstmals von Krieg in Europa die Rede war, ließ sie der Charme ihrer Villa nicht los.

1938 war das Jahr, in dem Hitler Österreich »heim ins Reich« holte und in dem die »Kristallnacht« den mörderischen Charakter des NS-Regimes für alle Welt erkennbar machte. Lion Feuchtwanger aber beendete den Roman *Exil* und begann sogleich mit der Arbeit am letzten Band seiner Flavius-Josephus-Trilogie. In Sanary logierten inzwischen auch Franz Werfel und seine Frau Alma. Thomas Mann hingegen war im Sommer 1938 aus der Schweiz nach Princeton übersiedelt. Heinrich Mann verharrte in seiner Lieblingsstadt Nizza.

Fragt man nach der literarischen Gestaltung der südfranzösischen Küste im Werk Lion Feuchtwangers, so muss man mit der Antizipation des Exils im Roman *Erfolg* von 1930 beginnen. Eduard Geyer, Verteidiger des exemplarischen Justizopfers Martin Krüger und zeitweilig Reichstagsabgeordneter der SPD, zieht sich, persönlich und politisch enttäuscht, aus Deutschland zurück. »Es verlautete, Geyer habe sich in einem kleinen Ort an der südfranzösischen Küste angekauft. [...] Der kleine Ort, an dem Geyer wohnte, war ein Fischerdorf. Dunkel bewachsene Hügel liefen die Küste entlang bis nah an die See. Pinien, Kastanien, Korkeichen. [...] Kleine Landhäuser zogen sich über dem Dorf die Höhen hinan. Ein solches Häuschen hatte Geyer gekauft.«

Der 1933 an der Küste geschriebene Roman *Die Geschwister Oppermann* profitiert von der neuen Umgebung des Autors: »Groß, graublau mit kleinen, weißen Wellen im leichten Wind lag das Meer vor ihm, die Landschaft war weit, friedvoll. [...] Er könnte hier eine gute Zeit haben, wenn er sich nur entschlösse zu schweigen. [...] Schade, daß er nicht schweigen darf.« Die Rede ist von Gustav Oppermann, der Berlin verlassen musste und Zuflucht in Bandol gefunden hat. In dieser friedlichen Idylle könnte er leben – aber leider ist da die Erinnerung an die düsteren Zustände in Deutschland. Feuchtwangers Romanheld hat gleich nach dem Reichstagsbrand Deutschland verlassen. Er darf nicht schweigen: auch nicht gegenüber seinem Gast aus Deutschland, seiner einstigen Geliebten Anna, er muss die grauenhaften Dinge berichten, die er erfahren hat und die Anna nicht glauben will. Gustav Oppermann wird unter falschem Namen nach Deutschland zurückkehren, Widerstand leisten und umkommen.

In einem Rückblick auf die französischen Jahre spricht Lion Feuchtwanger von seinem stillen Haus in Sanary, in dem er sich wohlfühlte und das er keineswegs zu verlassen gedachte. Unhold war nur das Finale im Jahr 1940. Die Zeit in Sanary wurde in der Erinnerung geradezu verklärt: »Ich habe während der sieben Jahre meines Aufenthalts an der französischen Küste des Mittelmeeres die Schönheit der Landschaft und die Heiterkeit des Lebens dort mit allen Sinnen genossen. Wenn ich etwa, von Paris mit dem Nachtzug zurückkommend, des Morgens das blaue Ufer wiedersah, die Berge, das Meer, die Pinien und Ölbäume, wie sie die Hänge hinaufkletterten, wenn ich die aufgeschlossene Behaglichkeit der Mittelmeermenschen wieder um mich fühlte, dann atmete ich tief auf und freute mich, dass ich mir diesen Himmel gewählt hatte, unter ihm zu leben. Und wenn ich dann den kleinen Hügel hinauffuhr zu meinem weißen besonnten Haus, wenn ich meinen Garten wiedersah in seiner tiefen Ruhe und mein großes helles Arbeitszimmer und das Meer davor und den launischen Umriß seiner Küste und seiner Inseln und die endlose Weite dahinter, und wenn ich meine lieben Bücher wieder hatte, dann spürte ich mit all meinem Wesen: hier gehörst du hin, das ist deine Welt. Oder wenn ich etwa den Tag über gut gearbeitet hatte und mich nun in der Stille meines abendlichen Gartens erging, in welcher nichts war als das Auf und Ab des Meeres und vielleicht ein kleiner Vogelschrei, dann war ich angefüllt vom Einverstandensein, von Glück.«

Marta und Lion Feuchtwanger zu Gast
im Hause von William Seabrook, August 1933.

Fry, Bingham, Sharp
Die amerikanischen Retter von Lion und Marta Feuchtwanger

Sie haben vielen Menschen das Leben gerettet, haben mit Vorschriften und Vorgaben gebrochen, haben ihre Stellung und zuweilen ihr Leben riskiert, aber später mussten sie selbst dem Vergessen entrissen werden. Dank haben sie kaum erhalten, Anerkennung erst nach ihrem Tod erfahren. Dass sie in einer Epoche von Krieg und Verbrechen Menschlichkeit, Mut und Klugheit bewiesen haben, macht sie zu bleibenden Vorbildern. Die Flucht von Lion und Marta Feuchtwanger aus dem besetzten Frankreich des Jahres 1940 und ihre sichere Ankunft in den Vereinigten Staaten können als ein Beispiel für die heldenhaften Taten ihrer amerikanischen Retter gelten.

Mitte März 1939 besetzte die deutsche Wehrmacht die Tschechoslowakei. In Spanien errang General Franco die Macht. Am 1. September begann der deutsche Angriff auf Polen. Als Reaktion darauf erklärten England und Frankreich Deutschland den Krieg. Zugleich traten in beiden Ländern Bestimmungen in Kraft, die seit Monaten vorbereitet worden waren: Alle Personen, die als Angehörige des Deutschen Reiches angesehen wurden, wurden als »feindliche Ausländer« eingestuft, alle Männer im wehrfähigen Alter wurden interniert. Das galt auch für Emigranten aus Deutschland oder Österreich, gleichgültig ob sie Juden waren oder nicht oder ob sie von den Nazis schon ausgebürgert worden waren wie Lion im August 1933 und Marta im Sommer 1936. Kriegshandlungen gab es zunächst kaum, abgesehen von gelegentlichem Artilleriebeschuss über die Rhein-

Lion Feuchtwanger, Les Milles, September 1939.
(Foto: Georg Feith)

grenze hinweg. Deshalb sprach man auch von einem Sitzkrieg, in Frankreich drôle de guerre genannt, in England phoney war.

Lion Feuchtwanger und andere Emigranten wurden am 17. September 1939 in einer großen schmutzigen Garage in La Rode interniert, einem östlichen Stadtteil von Toulon. Sechs Tage mussten sie es dort aushalten, dann wurden sie unter scharfer Bewachung durch die Stadt zum Bahnhof geführt. Über Marseille ging es mit dem Zug bis zu einer stillgelegten Ziegelei in Les Milles, einem Vorort von Aix-en-Provence. Mehrere tausend Männer kampierten unter scheußlichen Bedingungen in einem staubigen hohen Ziegelbau, direkt neben dem kleinen Bahnhof von Les Milles. Marta hielt die Stellung in Sanary; Briefe oder Päckchen konnten nicht ins Lager geschickt werden. Schon am 27. September wurde die Internierung für die meisten Emigranten wieder aufgehoben, und Lion konnte in seine geliebte Villa zurückkehren und weiterschreiben. Bereits gestellte Visa-Anträge und reservierte Schiffstickets für die Überfahrt in die USA ließ er verfallen.

In den Tagen dieser ersten Internierung hatte sich Lion Feuchtwanger von dem Mitgefangenen Georg Feith fotografieren lassen. Man sieht Lion hinter einem Stacheldrahtzaun auf dem Gelände vor der Ziegelei. Hinter ihm erkennt man den Schriftsteller Friedrich Wolf, der seit 1938 als Emigrant in Sanary lebte. Mitte Dezember, kurz bevor Feith mit dem Schiff von Genua aus nach Südamerika aufbrach, schickte er seine Aufnahmen nach Sanary, »als Erinnerung an die gemeinsame Leidenszeit in Les Milles«. Am 20. Dezember schrieb Lion Feuchtwanger in sein Tagebuch: »Eindrucksvolle Fotos aus dem Lager bekommen.«

Am 28. Dezember sandte Lion ein Dankschreiben nach Valparaiso in Chile, wo Feith inzwischen angekommen war. Er hoffe, dass dieses »Bildchen« ihm noch gute Dienste leisten werde. Am 9. April 1940 wandte sich Feuchtwanger noch einmal an Feith und bat ihn, »das schöne Foto von mir, das Sie gemacht haben, in meinem Auftrag an meinen amerikanischen

Verleger, Herrn B. W. Huebsch c/o Viking Press [...], New York, zu senden, unter Bezugnahme auf mich.« Einen Monat später wurde Feuchtwanger erneut interniert, und das Bild spielte dann in der Tat eine wichtige Rolle. Benjamin W. Huebsch hatte seinen Erfolgsautor zwischen 1934 und 1937 dreimal in Sanary besucht und ihn auch in Paris getroffen.

Mit dem Vorstoß der Wehrmacht durch Holland und Belgien ins nördliche Frankreich wandelte sich nach dem 10. Mai 1940 der Sitzkrieg in einen Blitzkrieg. Die deutschen Panzer unter General Guderian stießen wie in einem Sichelschnitt zwischen den Verteidigungsanlagen der Maginot-Linie und den an der belgischen Grenze massierten französischen und englischen Truppen über die bewaldeten Hügel der Ardennen hinweg rasch bis zur Kanalküste vor. In wenigen Tagen war die Schlacht um Frankreich entschieden; am 14. Juni paradierte die Wehrmacht in Paris. Am 17. Juni kapitulierte die bis dahin stärkste Militärmacht der Welt, am 22. Juni wurde ein Waffenstillstand unterzeichnet. Das Land wurde geteilt in eine besetzte Nordzone, die auch die Atlantikküste umfasste, und eine »freie« Südzone, die der neuen französischen Regierung unterstand, die unter der Leitung von Marschall Pétain in den leerstehenden Hotels des zentralfranzösischen Kurortes Vichy Quartier bezog. Zwischen beiden Zonen verlief eine bewachte Demarkationslinie. Für die Emigranten bedrohlich war die Klausel 19 des Waffenstillstandsabkommens, in dem sich die Franzosen verpflichteten, alle Personen auszuliefern, die von den Deutschen verlangt würden.

Bald nach Beginn der Kriegshandlungen waren die Emigranten Mitte Mai zum zweiten Mal aufgefordert worden, sich in Internierungslagern einzufinden. Die Altersgrenze war auf 65 Jahre heraufgesetzt worden. Dieses Mal wurden auch Frauen interniert, und so musste Marta Feuchtwanger Bekanntschaft machen mit dem Leben in Holzbaracken auf schlammigem Gelände, im riesigen Lager von Gurs, am Nordrand der Pyrenäen gelegen.

Am 21. Mai fuhr Lion Feuchtwanger mit dem Taxi von Sanary nach Les Milles, mit dabei waren der Maler Anton Räderscheidt und der Opernsänger Wilhelm Ulmer. Auch für diese Fahrt, deren Kosten Lion beglich, war ein Passierschein erforderlich, und das Auto wurde unterwegs mehrfach kontrolliert. In dem weitläufigen Ziegelei-Gebäude von Les Milles wurde Feuchtwanger als Gefangener Nummer 187 registriert. Nach dieser zweiten Einlieferung machten sich bei vielen Internierten Depressionen breit, bis hin zu Selbstmordgedanken. Auch Lion verlor fast den Mut.

Am 22. Juni wurden die Internierten von Les Milles plötzlich in einen Güterzug verfrachtet, der in Richtung Südwesten fuhr, über Sète, Tarbes, Lourdes und Pau bis zum Bahnhof von Bayonne. Doch dann kehrte der Zug um und rollte dieselbe Strecke zurück, wobei einige die Chance zur Flucht nutzten. In Lourdes erfuhren die Emigranten vom Abschluss des Waffenstillstands. Die Fahrt endete in Nîmes, von wo es zu Fuß bis zum fünf Kilometer nördlich der Stadt gelegenen Militärlager Saint-Nicolas ging (auf Provenzalisch: San Nicola).

Auf weiten umzäunten Wiesen brachte man die »feindlichen Ausländer« in runden weißen Kolonialzelten mit hohem Spitzdach unter, »Marabout« genannt. Lion teilte sich Zelt 54 mit 15 Leidensgenossen. Das Leben dort war etwas erträglicher als in Les Milles, von den Stunden im Zug ganz zu schweigen. Neben dem Lager konnte man im nahegelegenen Fluss Gardon baden, in einem Landgasthaus am Ufer speisen oder Waren von Schwarzhändlern kaufen. In diesem Chaos aus halbherziger Bewachung, schlampiger Bürokratie und normalem Alltag wäre eine Flucht kein Problem gewesen, man hätte aber offizielle Papiere gebraucht und ein sicheres Quartier. Denn es galt Kriegsrecht: Alle Straßen und Bahnhöfe wurden überwacht, auf den Straßen der großen Städte konnte man verhaftet und den Deutschen ausgeliefert werden. Ausländer durften nur mit Sondererlaubnis (sauf conduit) unterwegs sein.

Lion Feuchtwanger verließ das Lager durch ein Loch im

Zaun, verbrachte ein paar Tage direkt neben der römischen Arena von Nîmes in einer kleinen Wohnung, in der die Emigrantin Nanette Lekisch mehrere Flüchtlingen versorgte, dazu ihren irischen Terrier Peterlein, den sie aus Mainz mit in die Fremde genommen hatte. Ihr Mann, ein Arzt, war ebenfalls in Saint-Nicolas interniert. Nach ein paar Tagen kehrte Lion diskret ins Zeltlager zurück, weil er eine legale Entlassung erhoffte, zu der es aber nicht kam.

Ende Juni hatte sich Marta aus Gurs abgesetzt, war kurz nach Sanary zurückgekehrt, hatte dort das Gerücht verbreitet, Lion befände sich schon in der Schweiz, denn inzwischen hatten sich Polizisten nach seinem Verbleib erkundigt. Sie wusste, wo sich Lion nunmehr aufhielt, sie schaffte es sogar, bis zum Lagerzaun von Saint-Nicolas vorzudringen und mit Lion zu sprechen. Erste Fluchtpläne mit Hilfe vorgetäuschter Krankheiten scheiterten. Allmählich wurde klar, dass man die Hilfe des amerikanischen Konsulats in Marseille brauchte, um nicht nur das Lager zu verlassen, sondern auch das besetzte Land.

Außer in England gab es im Europa des Jahres 1940 keine auf Dauer sichere Zuflucht vor dem Zugriff der Nazis, und selbst Englands Lage blieb durchaus prekär, auch nach der erfolgreichen Abwehrschlacht gegen die deutsche Luftwaffe. Im Übrigen wurden auch dort Emigranten als feindliche Ausländer interniert, wie etwa Lions Bruder Ludwig Feuchtwanger. Somit blieben die USA die eigentliche Hoffnung aller Flüchtlinge.

»Ich wünschte, wir könnten mehr tun«, schrieb Präsident Roosevelt im Jahr 1938 an den Gouverneur des Staates New York, in dem damals die Hälfte aller amerikanischen Juden lebte. Roosevelt hatte sein Amt im Jahr 1933 angetreten und war 1936 mit triumphalem Ergebnis wiedergewählt worden. Auch im Kongress verfügten seine Demokraten über eine deutliche Mehrheit. Und doch musste er Rücksicht nehmen auf die Stimmung im Lande und auf die Ansichten der Volksvertreter, und die waren mehrheitlich gegen erhöhte Zuwanderungszahlen und nicht immer judenfreundlich eingestellt. Immerhin hatte Roosevelt ein Notvisa-Programm für bedrohte Künstler und Politiker durchsetzen können. Auch die Feuchtwangers sollten von diesem Emergency Visa Program profitieren, das allerdings sehr sparsam angewandt und im Juli 1941 ganz eingestellt wurde.

Von besonders starkem Einfluss jüdischer Organisationen konnte, anders als es die NS-Propaganda darstellte, keine Rede sein. Roosevelt stand allerdings in ständigem Kontakt mit Vertretern jüdischer Organisationen und einzelnen jüdischen Persönlichkeiten wie Rabbi Stephen S. Wise. Mit dem Finanzminister Henry Morgenthau Jr., der das besondere Vertrauen des Präsidenten genoss, saß nur ein einziger Jude in seinem Kabinett. In seinen öffentlichen Äußerungen vermied es Roosevelt, von »jüdischen Flüchtlingen« zu reden, es ging immer nur um »politische Flüchtlinge«. Im Übrigen waren die jüdischen Organisationen in den USA untereinander stark zerstritten und blieben es bis in die Kriegsjahre hinein.

Nach 1933 standen innenpolitische Belange im Vordergrund. Zunächst mussten die Folgen der schweren Wirtschaftskrise von 1929 überwunden werden. Es galt, neue Arbeitsplätze für die amerikanischen Arbeiter zu schaffen sowie im Rahmen des New Deal die soziale wie die technische Infrastruktur der Gesellschaft zu erneuern und auszubauen, was leidlich erfolgreich geschah. Außenpolitisch hatten die Isolationisten das Sagen. 1937 hatte der Kongress ein Gesetz zur ständigen Neutralität beschlossen, das 1939 erneuert wurde, womit vorerst jede außenpolitische Intervention gebremst wurde. Roosevelt verdankte seine zweite Wiederwahl im Jahr 1940 dem Versprechen, nicht in das europäische Kriegsgeschehen einzugreifen (während er heimlich längst den Briten half).

Für die Einwanderung in die USA galt seit 1924 ein starres Quotensystem pro Land, das nach 1933 nur unwesentlich ausgeweitet wurde. Eine Initiative für die Aufnahme jüdischer Kinder aus Europa scheiterte im Kongress. Die Republikaner wären in der Flüchtlingsfrage nicht großzügiger gewesen, doch selbst einige Demokraten aus den Südstaaten verweigerten sich einer erleichterten Zuwanderung. Eine Meinungsumfrage vom März 1938 zeigte, dass nur 17 Prozent der amerikanischen Bevölkerung eine Erhöhung der Quote für jüdische Flüchtlinge aus Deutschland befürworteten; nach der »Kristallnacht« im November desselben Jahres stieg diese Zahl kaum. Präsident Roosevelt hatte keine Illusionen über den Charakter des Dritten Reichs, er hatte Hitlers Buch *Mein Kampf* im Original gelesen und nannte den Diktator »einen Verrückten, der glaubt, eine Mission zu haben«.

Der Präsident bemühte sich aktiv, andere Zufluchtsorte für verfolgte Juden aus Europa zu finden, in Afrika oder in Südamerika sowie im britischen Mandatsgebiet Palästina, doch gerade die Briten wollten dort jüdische Zuwanderung verhindern. Der Präsident hoffte auf eine Einigung mit arabischen Politikern wie dem König von Saudi-Arabien. Roosevelt war auch der Initiator der Flüchtlingskonferenz, die Anfang Juli 1938 im französischen Ort Évian stattfand, doch nicht zu einer weltweiten Verteilung von Flüchtlingen führte. Lediglich zwei von 32 teilnehmenden Ländern waren bereit, ihre Einwanderungsquoten zu erhöhen: Costa Rica und die Dominikanische Republik. Die Nazi-Propaganda schlachtete den Misserfolg der Konferenz weidlich aus.

Als der Krieg in Europa ausbrach, nahm nicht die Hilfsbereitschaft in den USA zu, sondern der Wunsch nach Abschottung. Nun grassierte die Furcht vor der Fünften Kolonne, vor Nazi-Agenten, die als Flüchtlinge getarnt ins Land strömen könnten. Diese Befürchtung wurde der Öffentlichkeit gegenüber vom FBI wie vom Außenministerium noch verstärkt, während man dort Berichte über Gräueltaten der Nazis herunterspielte. Noch bis 1939 hatte man versucht, mit dem Dritten Reich zu verhandeln, um wirtschaftliche Interessen amerikanischer Firmen zu wahren, aber auch um deutschen Juden die Ausreise zu ermöglichen, was jedoch nicht gelang. Das Außenministerium erließ im Juni 1940 an alle amerikanischen Generalkonsulate in Europa die Verfügung, die Erteilung von Visa sehr restriktiv zu handhaben. Angesichts dieser Entwicklung war die Lage der (insgesamt über 150 000) Emigranten im besetzten Europa sehr bedrohlich. Zu den Abgewiesenen gehörte auch die Familie von Anne Frank in Amsterdam.

Eine offizielle Rettungsinstanz wurde erst 1943 mit dem War Refugee Board (WRB) gegründet, auch dies eine Initiative des Präsidenten, der einem Vorschlag von Henry Morgenthau folgte. Das WRB konnte etwa 200 000 Juden aus Europa retten (die zum Teil nach Süd- und Mittelamerika gelangten); zwischen 1933 und 1940 hatte die Zahl der in den USA Aufgenommenen bei knapp über 100 000 gelegen.

Nur von privaten Rettungskomitees in den USA war noch Hilfe zu erwarten für Gefährdete oder schon Inhaftierte sowie zur Unterstützung von Auswanderungswilligen, etwa von der bereits 1933 gegründeten International Relief Association (IRA), der auch Albert Einstein beitrat. Der österreichische Sozialdemokrat Karl Borromäus Frank von der Widerstandsgruppe »Neu Beginnen«, der nach 1933 vor allem von Prag und Wien aus unter dem Pseudonym Paul Hagen agierte, nutzte seine Kontakte in die USA, um auch dort Hilfskomitees ins Leben zu rufen. Sein wichtigster Partner war der protestantische Theologe Reinhold Niebuhr, der ihn 1935 in Europa besucht hatte. Niebuhr gründete 1936 in den USA die Vereinigung American Friends of German Freedom (AFGF). Unterstützt wurde er von der Emigrantin Ingrid Warburg, die in über 200 amerikanischen Städten Vorträge hielt, um über die Lage im Dritten Reich zu informieren. Im Zuge dieses Engagements kam sie in Kontakt mit der Frau des Präsidenten Roosevelt, die zum Schutzengel der Flüchtlinge werden konnte, weil sie keine politischen Rücksichten nehmen musste.

Eleanor Roosevelt war eine entfernte Kusine ihres Mannes,

Eleanor Roosevelt, Washington DC, 1942.

hatte denselben Geburtsnamen wie er. Ursprünglich war sie nicht sehr politisch gewesen, galt auch nicht gerade als projüdisch. Erst im Verlauf der 30er Jahre wurde sie öffentlich aktiver. Hilfsversuche zugunsten der Bedrohten im besetzten Frankreich 1939/40 konnten auf ihre Unterstützung rechnen. In den Kriegsjahren trat sie wie Henry Morgenthau Jr. für eine harte Bestrafung Deutschlands ein. Nach Ende des Krieges wurde die Witwe des im April 1945 verstorbenen Präsidenten amerikanische Vertreterin bei den sich gründenden Vereinten Nationen. Sie übernahm den Vorsitz des Ausschusses, der die Allgemeine Erklärung der Menschenrechte erarbeitete, und sie verkündete diese Charta 1948 öffentlich in Paris.

Als Karl B. Frank alias Paul Hagen 1939 über London schließlich selbst in die USA emigrierte, hatte die AFGF schon beträchtliche Aktivitäten entfaltet und mehreren hundert Personen geholfen. Inzwischen hatte sich ein Führungsgremium gebildet, das von vielen Prominenten unterstützt wurde. In dieser Zeit gab es in New York über ein Dutzend Rettungskomitees wie American Guild for German Cultural Freedom, Jewish Labor Committee, Exiled Writers Committee, American Committee to Aid Spanish Democracy.

Die besorgniserregenden Nachrichten aus dem besetzten Frankreich führten zu einer neuen Initiative. Mit der Unterstützung von Eleanor Roosevelt lud die AFGF zu einem Fundraising Dinner am 25. Juni 1940 im Hotel Commodore ein, an dem auch Erika und Klaus Mann teilnahmen. Dort wurde die Gründung des Emergency Rescue Committee (ERC) beschlossen. Innerhalb weniger Tage wurde eine Leitungsriege bestimmt und ein Büro angemietet im eleganten Wolkenkratzer des Chanin Building, schräg gegenüber vom Grand Central Terminal in der 42. Straße Ost. Man war sich dort bewusst, dass viele Emigranten in Frankreich durch das Auslieferungsersuchen laut Artikel 19 des Waffenstillstandsabkommens gefährdet waren. In dieser Zeit wurde das Foto, welches Lion Feuchtwanger hinter dem Stacheldraht von Les Milles zeigte, in der amerikanischen Presse abgedruckt, wofür der Verleger Ben Huebsch gesorgt hatte. Das Bild machte augenfällig, wie dringend praktische Hilfe geboten war.

Die nominelle Leitung des ERC lag bei Frank Kingdon, methodistischer Theologe und erster Präsident der University of Newark. Ihn unterstützten Freda Kirchwey und Reinhold Niebuhr; die praktische Arbeit lag meist in den Händen von Karl B. Frank, der auch einige seiner Mitarbeiter abstellte. Zahlreiche amerikanische Journalisten, Akademiker und Künstler unterstützten das Komitee, darunter die Autorin Janet Flanner, der Philosoph John Dewey, die Journalistin Dorothy Thompson, der Romancier Upton Sinclair, ferner Präsidenten und Professoren verschiedener Universitäten.

Um erfolgreiches Fundraising zu betreiben, musste sich das ERC spezialisieren und eine eigene Liste von zu Rettenden aufstellen, in diesem Fall Künstler, Schriftsteller, Musiker, Wissenschaftler und Intellektuelle. Um Namen von Gefährdeten zusammenzutragen, wandte man sich an bekannte Persönlichkeiten, die schon in die USA emigriert waren, Thomas Mann und Hermann Kesten für Deutschland, Joseph Buttinger für Österreich, Max Ascoli für Italien, Alvarez del Vayo für Spanien, für Frankreich Jacques Maritain und Jules Romains, für Osteuropa der Tscheche Jan Masaryk und andere.

Das ERC brauchte jemanden, der die Rettungsaktionen in Frankreich leiten konnte. Mitte Juli 1940 traf man sich deshalb in der Wohnung von Ingrid Warburg in der 54. Straße West. Alle Kandidaten, die vorgeschlagen wurden oder sich selbst ins Gespräch gebracht hatten, wurden abgelehnt. An dem Tag war auch der 33-jährige Journalist Varian Fry anwesend, der einen Freund begleitet hatte. Er war sehr beeindruckt von allem, was er dort gehört hatte, und war durchaus geneigt, sich zu bewerben; er besprach sich aber vorher mit seiner Frau. Als er Karl B. Frank anrief, war dieser sehr zögerlich, hielt einen so jungen Amerikaner für ungeeignet. Ein paar Tage später besann er sich anders, auch weil Eile geboten war, und bat Fry zu sich. Nach einem ausführlichen Gespräch wurde Fry von Frank und dann auch vom ERC akzeptiert. Unvorbereitet war der Kandidat keineswegs, wenn es auch für seine Rolle kein Vorbild gab.

Am 15. Oktober 1907 in New York geboren, war Varian Mackey Fry in Ridgewood, New Jersey, aufgewachsen. Sein Vater arbeitete an der Wall Street, seine Mutter war Lehrerin. Er hatte in Harvard Politikwissenschaft und alte Sprachen studiert und 1930 seine Studienkollegin Eileen Avery Hughes geheiratet, die in New York als Lehrerin arbeitete, während er dort als Journalist wirkte. Im Mai 1935 war er im Auftrag der Zeitung *Boston Globe* nach Deutschland gereist, wo er Eindrücke von der grausamen Realität des NS-Regimes gewann. Gleich nach seiner Rückkehr äußerte er in einem Artikel in der *New York Times* die Befürchtung, dass den deutschen Juden die physische Vernichtung drohe. Bis zum Krieg war er als Herausgeber und Redakteur außenpolitischer Magazine tätig. Er veröffentlichte 1939 eine Analyse über die fatale Entwicklung nach dem Ende des Ersten Weltkriegs (*The Peace That Failed*).

Vor seiner Abreise nach Europa wurde Fry am 25. Juni 1940 von Eleanor Roosevelt empfangen. Die Spendenaufrufe des ERC hatten bis dahin 3400 Dollar erbracht, die Fry in bar mitnahm. (Nach heutigem Wert entspräche das dem Zehnfachen.) Am 8. August 1940 flog er mit dem Dixie Clipper, einem Boeing Flugboot der Pan American Airways, nach Lissabon und reiste ein paar Tage später mit dem Zug nach Marseille, wo er am 14. August 1940 eintraf. In seiner Brieftasche steckte eine Liste von etwa 200 Gefährdeten.

Varian Fry erhielt von der französischen Regierung nur ein befristetes Besuchervisum, das in einer umständlichen Prozedur immer wieder erneuert werden musste. Er durfte bei seiner Flüchtlingsarbeit nicht als Beauftragter des ERC erscheinen, weshalb er sich mit einem Empfehlungsschreiben des YMCA (CVJM = Christlicher Verein Junger Menschen) legitimierte, der als unabhängige Organisation galt und schon seit längerem

Varian Fry, 1935 in Berlin.

eine Vertretung in Marseille hatte. Für Fry galt es zunächst, eine Übersicht über die Lage der Flüchtlinge in Marseille zu gewinnen und sich in dem Durcheinander dieser chaotischen und schmutzigen Hafenstadt zurechtzufinden. Dabei half ihm der Vertreter der amerikanischen Gewerkschaft AFL (American Federation of Labor), der irischstämmige Frank Bohn, der sich um gefährdete politische Persönlichkeiten kümmern sollte. Bohn verschaffte Fry ein Zimmer im eigentlich ausgebuchten Hôtel Splendide, einem repräsentativen Jugendstilgebäude am Fuße der mächtigen Freitreppe, die zum Bahnhof Saint-Charles hinaufführte. Außerdem erklärte er Fry die komplizierte Situation im Konsulat. In Südfrankreich gab es drei amerikanische Konsulate; jene in Lyon und Nizza waren für ihre besonders restriktive Haltung bekannt, überdies unterstanden sie dem Generalkonsulat in Marseille, dessen Chef John P. Hurley seit 1935 im Amt war und im September 1940 abgelöst wurde durch Hugh Fullerton. Von den fünf Vizekonsuln waren nur zwei bereit, die Beschränkungen zu unterlaufen, Myles Standish und Hiram Bingham, die zu den wichtigsten Helfern von Varian Fry werden sollten. Mit Bohn konnte Fry nur kurz zusammenarbeiten, da er schon im Oktober 1940 von den französischen Behörden ausgewiesen wurde.

Seine Freunde nannten ihn Harry, aber eigentlich hieß er Hiram Bingham IV, denn in seiner (in allen Generationen kinderreichen) Familie wurde dieser Vorname mit monarchenartiger Zählung weitervererbt. Die Familie war wohlhabend und einflussreich, verschwägert mit den Tiffanys. Zu den Vorfahren zählten einige protestantische Missionare. Sein Vater, Hiram Bingham III, war eine Abenteurernatur gewesen; als junger Mann hatte er sich einen Namen gemacht durch die Mitwirkung bei der Entdeckung der Inka-Kultur und der Kultstätte Machu Picchu. In seinem zweiten Leben war er kurzzeitig Republikanischer Gouverneur von Connecticut und schließlich Senator dieses Bundesstaates.

Hiram Bingham IV absolvierte Yale und die Harvard Law

School, entschloss sich nach kurzem Studium für den Auswärtigen Dienst. Seine erste Station war Peking, nach ein paar Jahren in Fernost wurde er nach Polen und schließlich nach London versetzt, wo er seine künftige Frau Rose Lawton Morrison kennenlernte, die aus Georgia stammte und in England als Lehrerin arbeitete.

1937, mit 34 Jahren, wurde Bingham nach Marseille versetzt. Mit seiner Frau und den bislang vier Kindern bewohnte er im Osten der Stadt ein geräumiges Haus mit Garten und Swimmingpool, die Nummer 64 in der Rue du Commandant-Rolland, im vornehmen Stadtviertel Périer, das zum 8. Arrondissement von Marseille gehört, keinen Kilometer vom Meer entfernt. Als 1940 der Krieg ausbrach, schickte Bingham die Familie heim in die USA. Erst 14 Monate später sollte er Frau und Kinder wiedersehen. Vor dem Eingang des amerikanischen Konsulats, dem Haus Nummer 6 an der Place Félix-Baret, drängten sich Tag und Nacht die Gefährdeten, die auf ein Visum hofften. Keine 200 Meter weiter beherrschte das mächtige Gebäude der Präfektur den Platz. Der Polizeichef von Marseille, Maurice de Rodellec du Porzic, war ein ergebener Diener des Vichy-Regimes.

Frys Agentur in Marseille nannte sich Centre Américain de Secours (CAS; beziehungsweise American Relief Center). Sein kleines Zimmer auf der Hofseite des Splendide diente als sein erstes Büro. Da seine Anwesenheit sich schnell herumgesprochen hatte und der Andrang von Hilfesuchenden zu groß wurde, bezog das CAS Anfang September 1940 drei kleine Zimmer im ersten Stock des Hauses Nummer 60 der Rue Grignan. Im Januar 1941 wurde das Büro verlegt nach 18, Boulevard Garibaldi.

Fry, der es verstand, wie ein argloser Amerikaner aufzutreten, eine Mischung aus Missionar und Tourist, hatte bald eine bunte Truppe von Helfern zusammen, den jungen französischen Sozialisten Daniel Bénédite, den Elsässer Jean Gemähling, die junge Amerikanerin Miriam Davenport, die 1939 zum Studium der Kunstgeschichte nach Paris gekommen war. Die mehrsprachige Pariser Sozialarbeiterin Lena Fiszman wurde Frys Sekretärin. Es wirkten auch Emigranten mit wie der Berliner Wirtschaftswissenschaftler Otto-Albert Hirschmann (von Fry Mister Beamish genannt, weil er immer so strahlte), der Wiener Zeichner Bil Spira, der deutsche Dichter Hans Sahl, aber auch Helen Hessel, die Frau des Schriftstellers Franz Hessel, sowie beider Sohn Stéphane Hessel, einstiger Klassenkamerad von Bénédite und sehr bald ein enger Freund von Varian Fry, mit dem er die Stadt Marseille und die nähere Umgebung erkundete.

Bis zu 15 Personen arbeiteten (gegen ein kleines Honorar) in Frys Büro. Mary Jayne Gold, eine reiche Amerikanerin, die schon länger in Südfrankreich lebte, machte eine großzügige Spende für das CAS, übernahm auch immer wieder Hilfsarbeiten, so die schwierige Aufgabe, durch Gespräche mit den bis zu 100 Besuchern pro Tag diejenigen herauszufinden, die den Kriterien für eine Fluchthilfe entsprachen. Flüchtlinge, die nicht als Intellektuelle oder Künstler gelten konnten, wurden an andere Organisationen verwiesen oder zumindest finanziell unterstützt. Die geheimen Aktionen des Büros waren nur wenigen Mitarbeitern bekannt, denn es gab diskrete Helferinnen und Helfer, die beim Beschaffen von gefälschten Ausweisen oder beim Grenzübertritt nach Spanien mitwirkten und die man heute nicht mehr oder nur unter jenen Decknamen kennt, die Fry in seinen Memoiren nannte, etwa »Richard Ball«, der für die Fluchtwege über die Pyrenäen zuständig war, wahrscheinlich ein Amerikaner namens Leon, der schon länger in Frankreich gelebt hatte.

Die französischen Behörden und die Polizei observierten Frys Aktivitäten äußerst misstrauisch, ja sie ließen wiederholt das Büro des CAS durchsuchen. Das State Department in Washington beschwerte sich über die Großzügigkeit der Vize-Konsuln beim Ausstellen von Einreiseerlaubnissen; gegen Fry

Helen Hessel in Cebère, 1941.

führte es eine regelrechte Kampagne, um ihn aus Marseille zu entfernen. Washington wollte die Franzosen nicht brüskieren, denn es bestand eine Sonderbeziehung zwischen der Vichy-Regierung und den USA, die einen Botschafter dorthin entsandt hatten, Admiral William D. Leahy. Vichy rechnete damit, im Falle späterer Verhandlungen als Vermittler zwischen Deutschland und den USA wirken zu können, und die USA wollten diesen Kanal erhalten, solange sie noch nicht direkt in den Krieg involviert waren. Gegenüber diesem beiderseitigen politischen Kalkül erschien die Rettung von Flüchtlingen aus Frankreich als nachrangig.

Im Hintergrund stellten die Emissäre der deutschen Besatzungsmacht eine Gefahr dar, die auch in die unbesetzte Zone und gerade nach Marseille kamen. Wiederholt wurden Emigranten nach ihrer Verhaftung durch die französische Polizei der deutschen Besatzungsmacht übergeben, darunter prominente Politiker wie Rudolf Hilferding oder Rudolf Breitscheid, die beide in NS-Haft starben. Unter Frys Helfern betraf dies den begabten Passfälscher Bil Spira, der denunziert wurde und ein Gefängnis in Marseille sowie das Lager von Le Vernet kennenlernte. Von dort wurde er über Drancy deportiert und durchlebte eine Leidensstrecke durch mehrere KZs, die er überstand, ohne seinen Humor zu verlieren, wie seine Memoiren bezeugen.

Mit Varian Fry ist auch die letzte Blüte des Surrealismus verbunden. In einem abgelegenen Vorort von Marseille hatte Fry die Villa Air Bel gemietet, in der Künstler wie André Breton (mit Frau und Tochter), André Masson, Max Ernst, Wifredo Lam, Victor Serge sowie einige von Frys Helfern unterkamen. Diese Unternehmung wurde unterstützt von der Kunstsammlerin und Galeristin Peggy Guggenheim, die auch für die Arbeit des CAS spendete. Das reichlich baufällige Gebäude, von seinen Bewohnern nur das Schloss genannt, diente immer wieder als Quartier für Emigranten, und Fry fuhr gern an Wochenenden mit der Tram zur Erholung hierher. Im März 1941 konnte das Schiff Capitaine Lemerle von Marseille nach Casablanca aufbrechen und über Lissabon in die französischen Antillen gelangen. An Bord waren die von Fry protegierten Surrealisten, aber auch die deutsche Schriftstellerin Anna Seghers mit ihrem Mann und ihren zwei Kindern. Nicht allen gelang die spätere Einreise in die USA, viele mussten nach Mexiko ausweichen oder in der Karibik bleiben.

Im Grunde war Frys Komitee ein Fluchthilfe-Unternehmen, wenn möglich in Kooperation mit den französischen Behörden und wenn nicht, dann eben illegal oder mit gefälschten Papieren über die Pyrenäengrenze. Das Problem bestand darin, aus Frankreich herauszukommen, mit oder ohne Ausreisevisa – aber bis Jahresende 1940 stellte Vichy keine solchen mehr aus. Anfang 1941 wurden die französischen Behörden plötzlich großzügiger mit Ausreiserlaubnissen. Um überhaupt in die USA eingelassen zu werden, benötigten die Flüchtlinge nicht nur Notvisa des Konsulats, sondern auch Affidavits (finanzielle Garantien) durch amerikanische Staatsbürger. Diese zu beschaffen war Aufgabe des ERC in New York, doch auch Hiram Bingham und Myles Standish fungierten mehrfach als »sponsor«.

Die Einreise nach Spanien und die Weiterfahrt nach Lissabon waren nicht so riskant wie von den Flüchtlingen befürchtet. Franco-Spanien verhielt sich neutral im Weltkrieg, allerdings brauchte man für die Durchreise einen »Entrada«-Stempel von spanischen Grenzposten; ohne diesen konnte man verhaftet und ausgewiesen werden. Gefährlich war es in Lissabon, wo es von Geheimdienstvertretern aller Länder nur so wimmelte, darunter Agenten der Deutschen, die vor Entführungen nicht zurückschreckten. Zu den dort Entführten gehörte der Journalist Berthold Jacob, den die Gestapo bereits 1935 an der Schweizer Grenze in Basel festgenommen hatte, nach einer internationalen Protestkampagne und diplomatischen Demarchen der Schweiz aber wieder freiließ. Diese Episode hat Lion Feuchtwanger in seinem Roman *Exil* verarbeitet. Die zweite Entführung überlebte Jacob nicht. Trotz alledem blieb Lissabon im besetzten Europa das letzte Tor zur Freiheit.

In Marseille drängten sich im Sommer und Herbst 1940 bis zu 50 000 Flüchtlinge, und alle hofften auf ein Schiff nach Nordafrika oder Amerika oder zumindest auf einen Zug nach Spanien. Schiffsverkehr gab es jedoch kaum bis zum Frühjahr 1941 oder höchstens heimlich. Für Fluchtwillige wie die Feuchtwangers galt es, einen Weg über die Pyrenäen zu finden; dafür war Fry zuständig, zunächst galt es, der französischen Internierung zu entkommen. Das gelang nur dank Martas Entschlusskraft.

Nachdem sie dem Lager in Gurs entkommen war, fuhr Marta Feuchtwanger nach Marseille und erreichte, alle Kontrollen umgehend, das amerikanische Konsulat. Sie schaffte es, sich vorzudrängeln und den Vizekonsul Myles Standish aufzusuchen, der die Feuchtwangers ein Jahr zuvor in Sanary besucht hatte. Später hatte sie ein schlechtes Gewissen wegen dieses Vordrängelns, aber sie glaubte Lion in akuter Gefahr und hatte damit wohl nicht Unrecht. Standish erkannte Marta kaum wieder, so sehr hatten ihr die Zeit im Lager und die Flucht zugesetzt.

Myles Standish war überzeugt, dass er selbst handeln musste, um Lion aus dem Lager Saint-Nicolas zu befreien. Als Diplomat hatte er Anrecht auf unbegrenzte Mengen Benzin. Mit seiner Frau fuhr er nach Nîmes, damit es wie ein Ausflug wirkte. Marta, die vorsichtshalber die Expedition nicht begleiten würde, gab Standish einen Zettel für Lion mit, auf dem nur stand: »Frag nichts, sag nichts, geh mit.« Er würde schon ihre Handschrift erkennen.

In Nîmes holten die Standishs Nanette Lekisch ab, die diesen Zettel überbringen sollte. Lion würde ihr vertrauen. Das Diplomatenauto parkte etwas abseits vom Lager. Frau Lekisch passte Lion ab, als er gerade vom Baden im Fluss kam, wo die Internierten nicht bewacht wurden, wie Marta gewusst hatte. Mit seinem letzten Hemd und einer dünnen Leinenhose be-

Nanette Lekisch und ihr Hund, 1936.

kleidet, folgte er der Botin. Auf der Straße erblickte er Myles Standish, der in einem weißen Anzug und mit weißen Handschuhen neben seinem eleganten Wagen stand. Sobald Lion im Auto saß, gab man ihm einen dünnen Mantel mit einem englischen Abzeichen darauf, eine Sonnenbrille und einen bunten Schal. In dieser Verkleidung konnte man ihn für eine ältere englische Dame halten. Auf der Fahrt wurde der Wagen wiederholt kontrolliert, wobei Standish die »Dame« auf dem Rücksitz als seine Schwiegermutter ausgab. In Nîmes musste man Aspirin besorgen, da Lion unter starken Kopfschmerzen litt. Nanette Lekisch kehrte zu ihrem speziellen Flüchtlingsheim zurück.

Da Lion keine gültigen Papiere hatte und aus dem Lager geflohen war, brauchte er in Marseille eine Unterkunft, in der er vor dem Zugriff der französischen Polizei sicher war. Hiram Bingham bot sein privates Heim an, was mit seinen Dienstvorschriften kaum vereinbar war; Lion beschrieb es als ein angenehmes, stilles Haus mit großer englischer Bibliothek, Garten und Swimmingpool. Über seinen Gastgeber notierte er, Bingham sei ein ungeschickter, gutwilliger, puritanischer, pflichttreuer, etwas trübseliger Neu-Engländer. Lion hatte gleich wieder mit dem Schreiben begonnen, das half am besten gegen Sorgen und Ängste.

Einige Nächte verbrachte er gemeinsam mit Marta, dann fuhr sie zurück nach Sanary, weil sie sich um die Bücher, Manuskripte, Kunstwerke und Dokumente in der Villa Valmer kümmern wollte, die nach Lissabon geschickt werden sollten. Jahre später gelangte ein Großteil dieser Besitztümer in die USA. Ihre Haushaltshilfe Léontine Busatta, eine junge Frau aus Sanary mit italienischen Vorfahren, erwies sich in diesen schwierigen Tagen als große Hilfe.

Lion durfte Binghams Haus nur selten verlassen. Einmal verlief er sich dabei und fand erst nach Stunden zurück. Nun begann ein langes nervöses Warten auf die Flucht. Es wurde diskutiert, ob Marta ihren Mann auf der Flucht begleiten oder in Frankreich bleiben solle. Bingham riet von gemeinsamer Flucht ab, was bei Marta wie bei Lion Unbehagen auslöste. Der Plan, mit einem gecharterten italienischen Schiff von La Ciotat aus nach Nordafrika zu gelangen, musste aufgegeben werden, nachdem die französische Polizei das Schiff beschlagnahmt hatte. Bei dieser riskanten Fahrt wären Heinrich und Nelly Mann dabei gewesen, die Nizza verlassen hatten und in einem bescheidenen Hotel unterhalb des Bahnhofs, gleich gegenüber dem feinen Hotel Splendide logierten, ferner Thomas Manns Sohn Golo, der auch in Les Milles interniert gewesen war, und auch die Werfels, die sich nach einer unglaublichen Odyssee über Bordeaux und Lourdes in Marseille einfanden und dort unter falschem Namen (aber leicht erkennbar) in dem Luxuspalast Hôtel du Louvre et de la Paix in Hafennähe logierten – genau wie eine Abordnung deutscher Offiziere.

Varian Fry verabredete sich telefonisch mit den Werfels. Bei dem Gespräch auf einer Caféhausterrasse über Fluchtwege wurde Alma misstrauisch und raunte Franz zu: »Der Mann ist vielleicht ein Nazi-Agent.« Varian Fry warf ein: »Madame, vergessen Sie nicht, dass ich etwas Deutsch verstehe.« Er verstand nicht nur Deutsch, er verstand sogar die Lage der Emigranten. Doch sie verstanden nicht, unter welchen Voraussetzungen er handeln musste und dass er ihnen nicht alles sagen konnte, was er wusste oder fürchtete.

Varian Fry fasste den Entschluss, die Feuchtwangers nicht zusammen mit den anderen über die Grenze zu schicken, weil er vermutete, dass nach Lion gezielt gefahndet wurde. Noch vor ihnen sollte eine erste Gruppe den Fluchtweg ausprobieren. Sie würde zu Fuß den Pass hinauf müssen, während das Gepäck von Fry mit dem Zug durch den kurzen Grenztunnel gebracht würde. Die beiden Werfels, Heinrich und Nelly Mann sowie Golo Mann verließen Marseille am 12. September 1940. Sie übernachteten in Cerbère und wagten am Freitag, dem 13. September, trotz der Bedenken des abergläubischen Franz Werfel, den Aufstieg. Varian Frys Mitarbeiter Richard Ball zeigte den Flüchtlingen, wie sie den 163 Meter hohen Pass erreichen könnten, ohne von den französischen Grenzbeamten bemerkt zu werden. Alma trug Bargeld, Schmuck sowie Original-Partituren von Anton Bruckner und Gustav Mahler in einer großen Handtasche. Alma und Franz gingen vorweg. Nelly musste den 69-jährigen Heinrich Mann stützen, ihre Strümpfe klebten zerfetzt an ihren blutenden Waden. Bei den Feuchtwangers sorgte das Zurückbleiben in Marseille für viele schlaflose Nächte.

In Cerbère bestieg Fry den Zug, wobei die Papiere sämtlicher Reisender streng kontrolliert wurden. Niemand hinderte ihn daran, insgesamt 17 Koffer einzuladen, von denen allein 12 Alma Mahler-Werfel gehörten. Die Fahrt durch den Grenztunnel dauerte keine zehn Minuten. Am Bahnhof von Portbou traf man sich am Abend wieder. Am nächsten Tag begleitete Fry seine Schützlinge über Barcelona und Madrid bis nach Lissabon. So konnte er sich ein Bild von den Fluchtbedingungen machen. Aus der portugiesischen Hauptstadt setzte er einen Bericht an das ERC in New York ab, in dem er seine Probleme schilderte, um weitere Unterstützung und um mehr Geld bat und wissen ließ, dass seine Mission länger dauern müsse als die ursprünglich geplanten vier Wochen. Außerdem schickte er ein Telegramm an den Vizekonsul Bingham in Marseille, in dem es hieß, Harry könne nun »seine Freunde« schicken, das Codewort für das Ehepaar Feuchtwanger.

Varian Fry stand in jenem Herbst 1940 noch am Anfang seiner Mission. Nach den ersten Erfahrungen mit Fluchtgruppen wurde seine Organisation mehrfach umgebaut. Im Januar 1941 lief sein Pass ab. Das Außenministerium in Washington weigerte sich, ihn zu verlängern, und so arbeitete er ohne den Schutz eines amerikanischen Passes weiter. Sein Gehalt, das bis dahin vor allem von der Foreign Policy Association getragen worden war, wurde nicht mehr ausgezahlt, was ihn nicht davon abhielt, weiterzumachen. »This job is like death«, schrieb er an seine Frau Eileen, man könne nicht einfach aufhören damit.

Den größten Ärger hatte Fry mit den amerikanischen Instanzen, insbesondere mit der Botschaft in Vichy. Auch beim ERC verstand man seine Situation nicht wirklich, außerdem gingen Dutzende von Briefen verloren, die Fry nach New York schickte, vielleicht von den französischen Behörden konfisziert. Telegramme oder ein im Januar 1941 über die Schweiz abgesetzter ausführlicher Bericht waren die einzig zuverlässige Kommunikationsweise. In dem Bericht hieß es, er arbeite härter als je in seinem Leben, empfinde aber gleichwohl eine innere Befriedigung, die ihn selber überrascht habe. Mit Sport, Spaziergängen und ausgiebigen Lektüren hielt er sich geistig und körperlich in Form. Es war längst seine ganz persönliche Mission geworden.

Da Fry noch nicht aus Lissabon zurückgekehrt war, übernahm Hiram Bingham die Verantwortung für die Flucht der Feuchtwangers. Er schlug vor, Lions amerikanische Einreise-Erlaubnis auf einen Decknamen auszustellen. Lion erinnerte sich an das »englische« Pseudonym, unter dem er in Berliner Tagen Gedichte veröffentlicht hatte (Wetcheek = feuchte Wange), doch hieß er auf den falschen Papieren – aus Vorsicht oder als Schreibfehler – James L. Wetchek. Die Zeit war zu knapp, um ein entsprechendes Notvisum von Washington bestätigen zu lassen. Der Vizekonsul Bingham verschaffte dem deutschen Flüchtling also einen falschen Ausweis! Marta hingegen reiste unter ihrem echten Namen, denn sie besaß noch eine gültige französische Aufenthaltserlaubnis (carte d'identité). Wegen dieser unterschiedlichen Papiere sollte sie die Grenze nicht gleichzeitig mit Lion passieren. Vor allem aber beschloss Bingham, den Feuchtwangers auf dem schwierigen Weg zuverlässige Begleiter mitzugeben. Und so erweiterte ein bemerkenswertes Ehepaar den Kreis der Retter und Helfer.

Waitstill Hastings Sharp war Pastor bei den Unitariern in Wellesley, Massachusetts, östlich von Boston, seine Frau Martha Dickie Sharp ebendort eine geachtete Sozialarbeiterin.

Geheiratet hatten sie im Jahr 1928; aus der Ehe gingen ein Sohn und eine Tochter hervor. Anfang 1939 waren die Sharps einem Hilferuf der Unitarier in Prag gefolgt, wo sie im Februar 1939 eintrafen. Dort halfen sie nicht nur ihren Glaubensbrüdern, sondern auch einigen Juden heimlich das Land zu verlassen, nachdem es am 15. März unter deutsche Besatzung gekommen war. Im August 1939 verließen sie das Land wieder, denn man hatte sie gewarnt, dass die Gestapo sie verhaften wolle. Bis zum Kriegsbeginn wirkten sie als Helfer in Paris, gelegentlich auch in Südfrankreich. Wenige Tage bevor die Wehrmacht Paris besetzte, machten sie sich auf nach Lissabon, wo sie am 20. Juni 1940 eintrafen. Dort richteten sie eine Hilfsstation für durchreisende Flüchtlinge ein. Die Arbeit der Unitarier im besetzten Europa wurde vom Unitarian Service Committee (USC) koordiniert.

Als sie verstanden, wie dramatisch die Lage im besetzten Frankreich war, kehrten sie zurück in die Südzone. Dort kümmerten sie sich um die Versorgung und Ausreise von Emigrantenkindern, deren Eltern interniert worden waren. Martha Sharp begab sich wiederholt nach Vichy, um Ausreisevisa für Kinder zu beantragen, darunter neun jüdische, zum Teil aus Wien geflohene; sie betreute auch Kinder von aus Spanien geflohenen Franco-Gegnern. Den Auftrag, die Feuchtwangers nach Lissabon zu begleiten, nahmen die beiden Unitarier ohne zu zögern an.

In Marseille mieteten die Sharps ein Zimmer im Hôtel Terminus, das quer zum Bahnhofsgebäude von Saint-Charles stand und einen unterirdischen, nicht kontrollierten Zugang zu den Bahnsteigen besaß, der eigentlich nur für Gepäck gedacht war. Durch diesen Tunnel begann die Flucht von Lion und Marta Feuchtwanger, ungesehen von französischen oder deutschen Wachposten. Martha Sharp hatte sich am Tag der Abreise wie ein Marktweib gekleidet. Lion fand Reverend Sharp effizient, robust und energisch, ganz anders als Vize-Konsul Bingham, der sich betont aristokratisch gab.

Vu au Consulat de Portugal
Bon pour se rendre au Portugal en transit pour les États-Unis
Marseille, le 19 Août 1940
Pour être utilisé dans les 30 jours
p. Le Consul
F. de Castro
Chancelier

Visto no Consulado de Portugal em Marselha, prorogado por 30 dias até 17 de Outubro de 1940
VISTO: Consulado Geral de Portugal em Barcelona 19 de Setembro de 1940
O Cônsul

CONSULADO DA REPÚBLICA PORTUGUESA EM MARSELHA
CONSULADO DE PORTUGAL BARCELONA

Pagou ao cambio de frs 1,60 a Quantia de cento e vinte francos
Segundo o nº 17º da tabela ... a importancia acima
... no livro de receita sob o nº 2962

ESTA PROHIBIDA EN ESPAÑA LA IMPORTACION Y EXPORTACION DE BILLETES DE BANCO ESPAÑOLES Y PLATA

Nº 2590 a favor de J. L. WETCHEK
Visto en este Consulado de España
Bueno para Portugal via terrestre en tránsito por España; sin facultad de detenerse. Validez 30 dias.
Marsella a 20 de Agosto 1940
El Consul de Espana
EL VICECONSUL
Carlos de RAFAEL MARES

CONSULADO DE ESPAÑA MARSELLA

DERECHOS CONSULARES ESPAÑOLES
MARSELLA
... del Arancel
Disposición ...
Cambio aplicable del Consulado
1100 %. Francos 11

PORT-BOU
ENTRADA 19-9-40
Procedencia
PORT-BOU

ADUANA DE PORT-BOU
Entra hoy 19 de Septiembre 40
con cien dolares y seiscientos treinta francos

Los cambios de las anteriores divisas a la entrada en España son voluntarios. Si precisan cambiar durante su permanencia, deben hacerlo en Bancos oficiales ...

Se le hace entrega de declaración de divisas
Delegación del Banco de España en la Aduana de Port-Bou
DELEGACION DE LA ADUANA PORT-BOU

SALIDA 22 SEP. 1940
Procedencia
Viaja en

Visa pour se rendre à ...
Marseille le 26 Août 1940
Le Consul général

Lion Feuchtwangers Reisedokument.

In Cerbère angekommen, wies ihnen an diesem Donnerstag, dem 19. September, wiederum Richard Ball den Weg am östlichen Ortsrand: an einer Friedhofsmauer entlang, dann neben einem kleinen Weinberg geradewegs hinan, über Gestrüpp und steiniges Gelände, bis hinauf zur spanischen Grenzkontrolle genau auf der Passhöhe von 163 Metern, in deutlichem Abstand zum weißen französischen Grenzhaus. Marta ließ Lion zuerst über die Grenze gehen und folgte zwei Stunden später. Die Diskussion mit den spanischen Zöllnern in ihrem winzigen Feldstein-Häuschen kürzte sie ab durch das hastige Verschenken der Zigarettenpäckchen, die ihr Bingham mitgegeben hatte. Der Weg hinab nach Port-Bou war so steil, dass man den Serpentinen der Straße folgen musste. Nach längerem Suchen fand sie ihren Mann, nicht im Reisebüro Cook, wie verabredet, sondern in einem Restaurant, in dem er es sich gemütlich gemacht hatte.

Die Sharps konnten mit ihren amerikanischen Ausweisen problemlos den Zug durch den Grenztunnel benutzen. Mit den Feuchtwangers fuhren sie nach einer Nacht in Port-Bou weiter nach Barcelona und mussten erst den dortigen US-Konsul in seiner privaten Residenz aufsuchen, um von ihm Geld für die weitere Reise zu erbitten. Aus Sicherheitsgründen sollte Lion ein Abteil in der Ersten Klasse belegen und stets eine Tasche mit dem Abzeichen vom Roten Kreuz bei sich führen; Marta sollte aus Gründen der Sparsamkeit wie der unterschiedlichen Papiere separat in der Dritten Klasse reisen. Nach einigen kuriosen Begegnungen mit spanischen Kontrolleuren, hilfreichen Schweizer Geschäftsleuten und deutschen Offizieren, die gleich neben Lion ein Abteil belegt hatten, sowie einigen Stunden Wartezeit an der portugiesischen Grenze, erreichten die Flüchtlinge und ihre Helfer Lissabon.

Die Manns und die Werfels, die sie hier wiedertrafen, zogen es vor, außerhalb der Stadt im Küstenort Estoril abzuwarten, bis Schiffsplätze frei würden. Amerikaner hatten Vorrang bei der Buchung auf amerikanischen Schiffen oder Flugzeugen, und so erhielt Waitstill Sharp sofort zwei Schiffsplätze, damals für 3 000 Francs zu haben (= 60 Dollar; wenige Wochen später kosteten sie das Doppelte), einen für sich und einen für seine Frau, die ihn an Lion abtrat. Denn man hatte beschlossen, dass Lion und Sharp sofort nach New York fahren sollten, während Marta Feuchtwanger auf ein späteres Schiff warten würde. Martha Sharp reiste zurück nach Südfrankreich und kümmerte sich erneut um Kinder von Emigranten und spanischen Republik-Anhängern, betreute auch Fluchtgruppen, die einen Weg in die Schweiz suchten.

Während Lion in abgeschabter Sportkleidung und nur mit einem alten Rucksack ausgestattet nach Amerika übersetzte, erkundete Marta Feuchtwanger die Stadt an der Tejo-Mündung, besuchte die Werfels in Estoril, lieh sich Geld bei Alma und kaufte Winterkleidung, denn sie wusste, dass ein New Yorker Winter sehr kalt werden konnte. Mitte Oktober kam ihr Schiff, die SS Exeter im Hafen von New York an; noch an Bord wurde Marta von Reportern interviewt und fotografiert. Der Verleger Ben Huebsch hatte für sie und Lion im Hotel St. Moritz ein schönes Zimmer mit Blick auf den Central Park reservieren lassen. Berichte über den Fluchtweg der Feuchtwangers und anderer Emigranten gingen aber auch bei der Gestapo in Berlin ein. In den USA legte das FBI gleich nach der Ankunft »linker« Emigranten wie Heinrich Mann oder Lion Feuchtwanger Dossiers über sie an.

Das Wochenblatt *Time* druckte am 11. November 1940 einen scharfen Angriff gegen Lion, verfasst von William S. Schlamm. Er warf ihm nicht nur seine kommunistischen Sympathien vor, sondern auch seine Äußerungen über die Umstände seiner Flucht, die am 6. Oktober auf der Titelseite der *New York Times* abgedruckt worden waren, was alle gefährde, die noch in Frankreich warteten. Tatsächlich ließ Varian Fry nach Erscheinen des Interviews die Route über die Pyrenäen mehrfach ändern. Vor allem erließen Spanien und Portugal verschärfte Transitbestimmungen, und die Franzosen setzten bewaffnete Grenzschützer ein. Der direkte Aufstieg bei Cerbère wurde aufgegeben, neue und längere Routen mussten gefunden werden.

Außerdem war in New York ein Streit ausgebrochen, weil sich eine kommunistisch gelenkte Organisation das Verdienst an Lions Rettung zuschrieb. Das empörte Frank Kingdon, den Vorsitzenden des ERC, für das Varian Fry arbeitete. Mit seinem gewohnten Talent war Lion längst mitten im Trubel von Empfängen, Reden und Polemiken. Achtzehn Jahre blieben ihm in Amerika. Es wurde eine kreative Zeit, in der zwei Theaterstücke und umfangreiche Romane entstanden, von denen einige zu seinen besten gehören. Martas amerikanische Epoche sollte siebenundvierzig Jahre umfassen, fast die Hälfte ihres Lebens.

In der Neuen Welt angekommen, waren alle Flüchtlinge sogleich mit neuen Sorgen konfrontiert: Fragen des Aufenthalts, der Umwandlung der Notvisa in langfristig gültige Papiere, Fragen von Unterkunft, Versorgung, Eingewöhnung. So wurden die Umstände der Rettung und die Leistungen der Retter schnell vergessen. Meist wussten die Geretteten auch nicht so genau, wem sie alles verdankten, und da es eine Geheimoperation war, sollten sie auch nicht unbedingt alles wissen. Und so blieben nach 1945 viele Dinge und Namen und Umstände vergessen oder wurden nur ungenau erinnert, konnten andererseits Legenden entstehen, weil sich manche als Mitarbeiter von Fry ausgaben, die nur von seiner Hilfe profitiert hatten.

Lion Feuchtwanger, in New York angekommen, zählte die ansehnliche Reihe von Helfern auf, die bei seiner Flucht aus Frankreich eine Rolle gespielt hatten: Standish, Bingham, Fry, Sharp, Huebsch sowie Präsident Roosevelt. Er hätte eher dessen Frau Eleanor nennen sollen. Nach Ankunft der Feuchtwangers, der Werfels und anderer prominenter Emigranten wurden in New York wiederholt Spendenaufrufe erlassen und Fundraising Dinners veranstaltet, um weitere Mittel für das ERC zu sammeln. Über 20 000 Dollar gingen in den ersten vier Monaten an Varian Fry und seine Leute in Marseille. Andere Mittel wurden zur Unterstützung von Emigranten nach ihrer Ankunft in den USA verwandt.

Seine Erlebnisse in der französischem Internierung wie auf der Flucht schilderte Lion Feuchtwanger in seinem rasch diktierten Buch *Der Teufel in Frankreich*, einem packenden Bericht, in dem er einige Namen und Details wegließ, als Folge des bösen Echos auf sein Interview in der *New York Times*. Ein Exemplar seines Buches schickte er an Nanette Lekisch, die es mit vielen ergänzenden Anmerkungen versah, welche erst nach ihrem Tod veröffentlicht wurden. Ihre Familie war ebenfalls nach Amerika entkommen, wo ihr Mann und ihr schon früher emigrierter Sohn als Ärzte in Midland/Texas arbeiteten. Ihr Hund war auf der Überfahrt in die Neue Welt gestorben und hatte eine Seebestattung erhalten.

In literarischer Form stattete Lion Feuchtwanger Dank an Amerika 1947/48 in dem Romanzyklus *Waffen für Amerika* ab. Darin geht es um den amerikanischen Unabhängigkeitskrieg im 18. Jahrhundert, um Benjamin Franklin und seine französischen Verbündeten. In Zeiten des Kalten Krieges konnte der Titel leicht missverstanden werden, und so änderte ihn der Autor den Freunden in Ost-Berlin und in Moskau zuliebe in *Die Füchse im Weinberg*, nach einem kaum bekannten biblischen Gleichnis.

Im Rückblick wurde klar, dass die Rettung der Feuchtwangers und so vieler anderer nicht nur irgendeine abenteuerliche Fluchtgeschichte war, sondern dass es sich um ein Ereignis am Rande des gigantischen Verbrechens handelte, das wir heute mit den Begriffen Holocaust oder Shoah bezeichnen. Im Nachhinein mussten die Retter erkennen, wie klein die Zahl derer, denen geholfen werden konnte, tatsächlich war. Seinerzeit hatten praktische Probleme und schnelle Hilfe in Notlagen die gesamte Aufmerksamkeit gefordert. Die nachträgliche Einsicht in die Tragik und die Tragweite der Ereignisse im besetzten Frankreich nach dem Juni 1940 setzte Rettern wie Varian Fry oder Hiram Bingham erheblich zu.

Nach wiederholten Drohungen aus Vichy im Frühjahr 1941 wurde Fry am 28. August 1941 von der französischen Polizei verhaftet und ausgewiesen. Eine kleine Gruppe von Mitarbeitern begleitete ihn bis nach Cerbère. Auf dem Bahnsteig machte Fry ein Foto von ihnen, bald darauf entschwand sein Zug im Grenztunnel. Seine Organisation, die unter der Leitung von Daniel Bénédite noch eine Zeitlang weiterarbeitete, wurde am 2. Juni 1942 von den französischen Behörden verboten. Bis dahin hatten sich etwa 6000 Hilfesuchende an das Büro gewandt, über 1000 Emigranten konnte zur Flucht verholfen werden. Fry war auch in Konflikt mit dem ERC in New York geraten. Er hatte einen scharfen Briefwechsel mit Kingdon geführt, der ihm einen »Unentbehrlichkeitskomplex« vorwarf. Der Streit führte dazu, dass Frank Kingdon, der Leiter des ERC, Frys Job kündigte, ohne einen Nachfolger zu ernennen. Aber Fry hatte sich in einer unübersichtlichen und beispiellosen Situation, deren Komplexität von New York aus nicht recht zu erkennen war, gut eingearbeitet. Und er konnte durchaus behaupten, einen Teil der kulturellen Elite Europas gerettet zu haben, wie Alfred Döblin und Hannah Arendt, Max Ernst und Wilhelm Speyer, Friedrich Torberg und Stefan Zweigs erste Frau Friderike, Wissenschaftler wie den Ethnologen Claude Lévi-Strauss oder den Medizin-Nobelpreisträger Otto Fritz Meyerhof, Komponisten wie den Tschechen Bohuslav Martinů oder den Franzosen Darius Milhaud, französische Künstler wie André Breton, André Masson oder Marc Chagall. Er hatte aber auch viele Nichtprominente gerettet.

Ein Magengeschwür hinderte Fry daran, in der amerikanischen Armee zu dienen, wie er es gewollt hätte. Er übte wechselnde journalistische Tätigkeiten aus und stand weiterhin in Verbindung mit Informanten im besetzten Europa. Ende Dezember 1942 veröffentlichte er in *The New Republic* den Artikel »The Massacre of the Jews« – einen der frühesten Hinweise auf den Holocaust. Weitere Artikel in diesem Sinne folgten, ohne dass sie politische Reaktionen bewirkten, genauso wenig wie die Berichte von anderen warnenden Stimmen. Für die Alliierten galt die Devise, dass die Rettung der bedrohten Juden in Europa allein durch den militärischen Sieg über Nazi-Deutschland erfolgen könne.

Noch vor Kriegsende beteiligte sich Fry in New York an Diskussionen über die Frage, wie mit den NS-Kriegsverbrechern umzugehen sei und sprach sich frühzeitig für ein internationales Tribunal aus, das auf klarer völkerrechtlicher Basis agieren sollte. Perfiderweise hatte man ihn beim FBI als Kommunistenfreund angeschwärzt, wogegen er in einem längeren Briefwechsel mit Edgar Hoover verzweifelt ankämpfte. Sein Verhalten und seine Publikationen wurden sorgfältig beobachtet. Auch Frank Kingdon geriet auf die schwarze Liste des FBI.

In Marseille hatte Fry kein Tagebuch geführt und aus Gründen der Vorsicht kaum Aufzeichnungen über seine zum Teil illegalen Aktionen gefertigt. Zudem wusste er, dass sowohl Gemähling wie Bénédite in Résistance-Aktivitäten eingebunden waren. 1942 wurde es ihm ein unabweisbares Bedürfnis, die »intensivste Phase seines Lebens« schriftlich festzuhalten. Die Erinnerungen an die Monate in Marseille, insbesondere an die Fehlschläge, die Verhaftungen, die miterlebte Verzweiflung ließen ihm keine Ruhe, quälten ihn wie böse Geister. Er sei in jener Zeit ein anderer Mensch geworden; durch das Schreiben hoffe er, wieder in das normale amerikanische Leben zurückzufinden und Verständnis bei denen zu finden, die sich von ihm zurückzogen.

Diese dramatischen persönlichen Passagen (»es ist eine Schreckens-Geschichte«) fehlten in der Fassung, in der seine Memoiren Anfang 1945, also noch vor Kriegsende, unter dem Titel *Surrender on Demand* (*Auslieferung auf Verlangen*) erschienen. Sie erzielten einen kurzzeitigen Achtungserfolg, wurden durchaus wohlwollend besprochen, verkauften sich aber nur mäßig. Nach dem Krieg engagierte sich Fry in Bürgerrechtsorganisationen wie der American Civil Liberties Union und in der International League for the Rights of Man.

Nach seiner großen Zeit in Marseille folgten schwere ökonomische und seelische Probleme. Er scheiterte in allen Tätigkeiten, die er probierte, bei der Presse oder beim Rundfunk, ebenso als Angestellter bei Coca Cola. Überdies litt sein Privatleben unter den Nachwirkungen der Frankreich-Mission. Ein paar Monate nach seiner Rückkehr wurde seine erste Ehe geschieden. Eileen hatte seine Tätigkeit in Marseille nie recht verstanden, auch weil er in den Briefen an sie keine Einzelheiten schildern durfte. Da sie selber keine Kinder haben konnte, interessierte sie sich vor allem dafür, ob Varian einen französischen Jungen mitbringen könne, den sie adoptieren würde. 1948 starb sie an Krebs; Varian hat sich in ihren letzten Monaten um sie gekümmert.

Aus seiner zweiten Ehe mit einer 20 Jahre jüngeren Frau, 1950 geschlossen, gingen drei Kinder hervor. Annette Riley interessierte sich durchaus für die Erlebnisse in Marseille, hat auch darüber geschrieben, aber glücklich wurde diese Verbindung auch nicht. Er trennte sich von Annette, ging eine Beziehung zu einer Ärztin ein.

Anfang der 1960er Jahre kam Varian Fry in Kontakt mit dem International Rescue Committee, der Nachfolge-Organisation des ERC. Er schrieb eine Kurzfassung seiner Erinnerungen für den Schulgebrauch unter dem Titel *Assignment Rescue* (*Mission Rettung*). Das IRC beauftragte ihn, eine Mappe mit Kunstdrucken zusammenzustellen, die zum 25. Jahrestag der Rettung aus Südfrankreich zu wohltätigen Zwecken verkauft werden sollte. Mitwirken sollten einstige Flüchtlinge und deren Freunde wie Marc Chagall, André Masson, Wifredo Lam oder Max Ernst, aber auch Hans Arp, Oskar Kokoschka und Pablo Picasso. Das Projekt kam nie zustande, doch führte es zu einer Frankreichreise von Fry, auf der er von Kulturminister André Malraux empfangen wurde. Als Folge dieser Begegnung wurde ihm am 12. April 1967 in New York die einzige Ehrung zuteil, die er zu Lebzeiten erfuhr: Der französische Kulturattaché verlieh ihm das Kreuz eines Ritters der Ehrenlegion, allerdings für seine Verdienste um die Résistance, nicht für seine Rettungsaktion. Im September dieses Jahres fand man Fry tot in seinem Zimmer in der Joel Barlow High School in Redding, Connecticut, wo er einen beruflichen Neuanfang als Lehrer für alte Sprachen versuchen wollte. Der 59-jährige war an einer Hirnblutung gestorben; neben seinem Bett lag ein angefangenes Manuskript, vielleicht der Versuch einer Neufassung seiner Memoiren, die er wohl als unvollständig empfand.

Erst Mitte der 70er Jahre wurde in Deutschland, in Frankreich und schließlich auch in Amerika an sein Wirken erinnert. In Jerusalem wurde er 1994 von der dafür zuständigen Holocaust-Gedenkstätte Yad Vashem als erster von bisher fünf US-Amerikanern zum »Gerechten unter den Völkern« erklärt. In Marseille fand im März 1999 ein großes Kolloquium zu seinen Ehren statt, und der Platz vor dem dortigen amerikanischen Konsulat, wenige hundert Meter vom alten Standort entfernt, wurde nach ihm benannt. Auf der französischen Gedenktafel dort wird er ausdrücklich als Widerständler gewürdigt. Ebenfalls 1999 brachte das Holocaust Memorial Museum Washington eine Neuausgabe von *Surrender on Demand* heraus, versehen mit einem Vorwort des Außenministers Warren Christopher und einem Nachwort von Mitarbeitern des Museums.

In Berlin hatte Frys einstiger Helfer, der Dichter Hans Sahl, seinen Freund Edzard Reuter, Sohn des Berliner Bürgermeisters Ernst Reuter und mit diesem einst selber Emigrant in der Türkei, überzeugen können, auf dem Gelände der Daimler-Benz AG am neuen Potsdamer Platz einer sehr kurzen Straße den Namen des amerikanischen Menschenhelfers zu geben (im Jahr 1997). An der Varian-Fry-Bushaltestelle gleich um die Ecke in der Potsdamer Straße installierte 2004 der Künstler Ronnie Golz Fotos und Texttafeln, die über Varian Fry informieren. Wer dort aussteigt, gelangt in wenigen Minuten zur Heimstätte der Berliner Philharmoniker. In der Spielzeit 2012/23 gründeten vier Mitglieder dieses Orchesters das Varian-Fry-Quartett. Bei jedem ihrer Konzerte würdigen die Musiker das Engagement dieses mutigen Amerikaners. Und so ist die Erinnerung an Varian Fry tagtäglich präsent im Zentrum von Berlin, wo ihm bei seinem Besuch im Jahr 1935 die größte Herausforderung seiner Epoche bewusst geworden war.

Hiram Bingham hatte sich mit seiner Großzügigkeit in Visumsfragen bei seinen Vorgesetzten unbeliebt gemacht. Man versetzte ihn 1941 nach London und alsbald nach Buenos Aires, erlaubte ihm zuvor einen kurzen Heimaturlaub. Auch auf seinem argentinischen Posten fiel er seinen Vorgesetzten unangenehm auf, weil er immer wieder auf die Zusammenarbeit der Peronisten mit deutschen Nazis aufmerksam machte. Nachdem man ihn mehrfach bei Beförderungen übergangen hatte, quittierte er den Dienst nach Kriegsende und zog sich in das Privatleben zurück, kümmerte sich um seine insgesamt elf Kinder, malte, musizierte, machte kleinere Erfindungen. Seine Familie wusste nichts von seinen Rettungstaten in Marseille. Kurz vor seinem Tod hat ihn eine Enkelin interviewt, und Jahre später fand man in seinem Haus, hinter einem Kamin versteckt, einige Dokumente aus seiner französischen Zeit.

Lange nach seinem Tod wurde er für sein Engagement geehrt. Außenminister Colin Powell würdigte Bingham in einer besonderen Zeremonie am 30. Mai 2006. Sein Konterfei wurde in eine Briefmarkenserie mit sechs eminenten amerikanischen Diplomaten aufgenommen. In Jerusalem wurde er von der zuständigen Kommission zwar nicht als Gerechter anerkannt, doch lobte man seine Haltung und sein Engagement:

»Der Fall von Mr. Bingham wurde von der Kommission für die Bestimmung der Gerechten sorgfältig erwogen. Der Titel ›Gerechter unter den Völkern‹ wird an Nicht-Juden verliehen, die ihr Leben riskiert haben, um während des Holocausts Juden zu retten. Das Element des persönlichen Risikos ist für jede Anerkennung wesentlich. Dies festgestellt habend, betrachtet die Kommission den Fall von Diplomaten auf etwas andere Weise. Angesichts der Tatsache, dass manche Retter diplomatische Immunität genossen, wertet die Kommission im Fall von Diplomaten danach, inwieweit sie gegen Befehle oder Vorgaben verstoßen haben.

Nach sorgfältiger Prüfung der Dokumente, die sich auf Bingham beziehen, hat die Kommission beschlossen, ihn nicht als Gerechten anzuerkennen, weil nicht ersichtlich ist, dass er gegen die Instruktionen seiner Regierung verstoßen hat; dass er Visa entgegen bestehenden Regelungen erteilt hat; dass er gegen irgendein Gesetz verstoßen hat oder für sein Verhalten büßen musste. Gleichwohl hat die Kommission angesichts seiner wohlwollenden Haltung und seiner lobenswerten Aktionen zugunsten von Juden gegenüber Binghams Familie ihre Anerkennung und Dankbarkeit zum Ausdruck gebracht.« (Schreiben von Gili Diamant, Yad Vashem, im Mai 2016)

Als Marta Feuchtwanger in den 70er Jahren nach ihren Erinnerungen befragt wurde, wechselte sie einige Briefe mit Hiram Bingham, um die Umstände der Flucht aus Frankreich zu rekonstruieren. Der einstige Vizekonsul erinnerte sich noch gut an seine Verzweiflung, nicht allen Flüchtlingen helfen zu können. Doch er versicherte Marta, die Wochen, als Lion in seinem Haus in Marseille lebte, gehörten zu seinen schönsten Erinnerungen. Außerdem wies er sie auf das Buch von Varian Fry hin, das ihr noch unbekannt war. Erst bei dessen Lektüre wurde ihr bewusst, in welcher Gefahr sie 1940 geschwebt hatten und warum Varian Fry so handeln musste, wie er es getan hatte.

Im Jahr 1948 traf Marta Feuchtwanger noch einmal mit Martha Sharp zusammen, die nun als Kandidatin der Demokraten für den Senat kandidierte. In einer üblen Verleumdungskampagne der Republikaner, hinter der Edgar Hoovers FBI stand, hat man sie als Kommunistin verdächtigt und zugleich als politisch ahnungslose Hausfrau karikiert; ihr Telefon wurde abgehört, in ihr Wahlkampfbüro wurde eingebrochen. Trotz dieser negativen Erfahrung wurde sie Mitarbeiterin im Regierungsapparat von Präsident Truman. Die Ehe der Sharps zerbrach in dieser Nachkriegszeit und wurde 1950 geschieden. Sie heiratete einen jüdischen Geschäftsmann, engagierte sich für zionistische Frauenorganisationen. Auch Waitstill heiratete erneut und arbeitete noch einige Jahre in Chicago als Geistlicher der Unitarier. Für ihre Rettungsarbeit in Europa wurden sie gemeinsam geehrt, lange nach ihrem Tod (sie starb 1999, er 1984). Am 9. September 2005 wurde in Yad Vashem beschlossen, beide Sharps zu Gerechten zu erklären. Bei der offiziellen Zeremonie im Juni 2006 war auch eine Frau anwesend, die als Kind im Jahr 1940 in Südfrankreich von den Sharps gerettet worden war.

Die Geschichte der Internierungslager in Frankreich wird erst seit wenigen Jahren aufgearbeitet. Inzwischen sind einige Bücher zu diesem Thema erschienen, wurden auch einige Gedenkstätten eröffnet, eine kleinere in Gurs zum Beispiel. Nach jahrelangen Vorarbeiten konnte im September 2012 in der alten Ziegelei von Les Milles ein Museum eröffnet werden, das die ganze Geschichte des Exils anschaulich macht. Der französische Premierminister Jean-Marc Ayrault hat bei dieser Gelegenheit Lion Feuchtwangers gedacht und aus dessen Buch *Der Teufel in Frankreich* zitiert.

Die Feuchtwangers waren im Frühsommer 1941 von New York nach Los Angeles gezogen. Dort begegneten sie vielen Menschen wieder, die einst zur Künstlerkolonie in Sanary gehört hatten, den Manns, den Werfels, den Franks und den Huxleys. Nach sechs verschiedenen Quartieren fanden die Feuchtwangers im Jahr 1943 ihr ideales Haus, das alle Etappen ihres Lebens zusammenzufassen schien, eine Villa in Pacific Palisades mit herrlichem Blick auf den Stillen Ozean. Das »Feuchtwanger Home«, wie ihre Freunde es nannten, war im spanischen Stil im Jahr 1928 errichtet worden, hatte zuletzt vier Jahre lang leer gestanden und musste erst wieder bewohnbar gemacht werden. So konnte das gesellschaftliche Treiben der Emigranten und Exilanten und zuweilen neuen Amerikaner am Pazifik wieder aufleben, mit gegenseitigen Besuchen, Abendessen, Partys und Leseabenden, noch vielfältiger und entspannter als einst in Sanary.

Das Notvisum der Flüchtlinge war bei einer eintägigen Aus- und Wiedereinreise in der mexikanischen Grenzstadt Nogales in eine dauerhafte Duldung umgewandelt worden. Da er nicht die amerikanische Staatsbürgerschaft erhielt, hat Lion Feuchtwanger das Land nie mehr verlassen. Marta erhielt ihren amerikanischen Pass erst einige Monate nach Lions Tod im Dezember 1958. Gemäß Lions testamentarischer Verfügung erbte die University of Southern California (USC) den Besitz, einschließlich sämtlicher Dokumente, Manuskripte, Briefe sowie der umfangreichen und wertvollen Bibliothek. Marta erhielt eine Anstellung von der USC und wohnte bis zu ihrem Tod im Jahr 1987 in der Villa. Der Nachlass von Lion und Marta Feuchtwanger (wie auch der von anderen deutschsprachigen Emigranten) wird bis heute aufbewahrt und zugänglich gemacht in der Feuchtwanger Memorial Library, angesiedelt im zweiten Stock der historischen Doheny Memorial Library auf dem Campus der USC. Die Universität hatte noch zu Martas Lebzeiten eine Immobilienfirma beauftragt, einen späteren Käufer für das Feuchtwangerhaus zu finden, und diese Agentur (Miramar Estates) war es, die den Namen »Villa Aurora« aufbrachte, der also nicht von den Feuchtwangers stammt, aber durchaus angemessen ist im Hinblick auf die Geschichte des Hauses wie auf seine neue Mission.

In Deutschland wurde ein Verein gegründet, der Kreis der Freunde und Förderer der Villa Aurora, der für den Plan warb, die Villa als Künstlerresidenz und als deutsch-amerikanische Begegnungsstätte zu erhalten. Ankauf und Umbau des Hauses wurden durch politische Instanzen in Berlin wie auf Bundesebene nachhaltig unterstützt. Nach aufwändiger Renovierung konnte die Künstlerresidenz im Jahr 1995 ihre Arbeit für den transatlantischen Austausch und die interkulturelle Verständigung aufnehmen. Damit gedenkt die Villa Aurora der Geschichte des Exils, wirkt im Geiste der Gastfreundschaft und Weltoffenheit von Marta und Lion Feuchtwanger und ehrt zugleich die Menschlichkeit, den Mut und die Selbstlosigkeit ihrer amerikanischen Retter.

Der Verfasser bedankt sich für die Möglichkeit, diese beispielhafte, sehr komplexe, durchaus abenteuerliche Rettungsgeschichte darzustellen und dabei auch Neues zusammenzutragen.

Für moralische und praktische Hilfe bedanke ich mich bei Dorothee Peiper-Riegraf und bei Annette Rupp.

Hilfreiche Anmerkungen und Hinweise kamen von Marianne Heuwagen (Berlin), Helena Finn (New York, NY), Robert K. Bingham (Salem, CT), Mila Ganeva (Oxford, OH), Roland Jaeger (Hamburg) und Barbara Lekisch (San Rafael, CA) ferner Edgar und Adrian Feuchtwanger (Sparsholt, Hampshire, GB). Dank auch an die historische Kommission im amerikanischen Außenministerium sowie an Gili Diamant von der Gedenkstätte Yad Vashem in Jerusalem.

Lisa Fittko
Engagement und Zeugenschaft

Lisa Fittko, geboren 1909 in Wien als Elizabeth Ekstein, war die Tochter des jüdischen Journalisten Ignaz Ekstein und der Malerin Malva Schalek. 1922 zog die Familie nach Berlin, wo sich Lisa dem sozialistischen Schülerbund anschloss und sich politisch engagierte. Anfang 1933 wurde Lisa Fittko wegen Herstellung und Verbreitung antinazistischer Flugblätter denunziert und floh zunächst nach Prag. Mit ihrem späteren Mann, Hans Fittko, einem politischen Flüchtling, den sie 1948 in Havanna heiratete, flüchtete sie 1938 über Basel und Apeldoorn nach Paris. 1940 wurde sie von den Franzosen als feindliche Ausländerin im Lager Gurs interniert. Nachdem ihr die Flucht aus dem Lager gelungen war, lebte sie in Marseille sowie in der Nähe des Küstenortes Banyuls am Fuße der Pyrenäen. Der dortige Bürgermeister Vincent Azéma stellte ihr falsche Papiere aus. In den folgenden Monaten agierten sie und ihr Mann als Fluchthelfer.

1941 gelang den Fittkos selber die Flucht nach Kuba, wo Hans in Havanna in einer Ausbildungsstätte für jüdische Flüchtlinge arbeitete.

1948 siedelten beide nach Chicago über. Dort arbeitete Lisa als Fremdsprachenkorrespondentin und Angestellte der Universität und erlangte die amerikanische Staatsbürgerschaft. Politisch engagierte sie sich in der amerikanischen Friedensbewegung. Hans Fittko starb 1960 in Chicago. In Israel hat man ihn mit der Yad-Vashem-Medaille geehrt.

Lisa Fittkos Buch *Mein Weg über die Pyrenäen*, 1985 im Hanser Verlag München erschienen, markierte eine bedeutende Wendung im Rahmen der Erforschung des Exils von Kulturschaffenden in Frankreich nach 1933. Es lenkte den Blick auf die schwierigen Bedingungen beim Versuch, das seit Juni 1940 besetzte Land zu verlassen. Die Vichy-Regierung stellte keine Ausreisevisa mehr aus, und so blieb den Flüchtlingen oft nur der beschwerliche Fußweg über die Pyrenäen, um spanisches Gebiet zu erreichen und später Portugal. Von Lissabon aus gab es Aussicht auf ein Weiterkommen in die USA mit dem Schiff oder in seltenen Fällen mit dem Flugzeug.

Lisa Fittko schildert in ihrem Buch, wie sie und ihr Mann Hans Fittko in Zusammenarbeit mit Varian Fry und dem Emergency Rescue Commitee den Emigranten halfen, auf Schleichwegen die Pyrenäengrenze zu überwinden. Bedeutsam ist ihr Zeugnis, weil zu ihren Schützlingen der Philosoph Walter Benjamin gehörte. Sie hatte ihn mit Henny Gurland, einer anderen Helferin, über die Grenze bis nach Portbou geführt. Die spanische Polizei verlangte ein französisches Ausreisevisum und wollte Benjamin nach Frankreich zurückschicken. Um der drohenden Auslieferung an die Deutschen zu entgehen, nahm er sich am 27. September 1940 in Portbou das Leben. Panik eines Flüchtlings, der große Strapazen hinter sich hatte, führte zu diesem tragischen Suizid. Kurz darauf brauchte man das französische Ausreisevisum nicht mehr. Über Benjamins Ende ist viel reflektiert und spekuliert worden, wobei man oft nicht bedacht hat, dass er damals nicht sehr bekannt war und dass sein großer Ruhm ein postumes Phänomen war. Auch in den Berichten von Zeitzeugen, oft viele Jahre nach dem Krieg verfasst, überlagern sich Erinnerungen und Schilderungen der politischen wie der geographischen Verhältnisse.

Im Januar 2001 wurde in Banyuls-sur-Mer auf der französischen Seite der Grenze für Hans und Lisa Fittko eine Gedenkstätte errichtet. Dort beginnt ein Pfad, auf dem man in etwa sechs Stunden die Fluchtroute von Banyuls über Cerbère

Grabstein für Walter Benjamin auf dem Friedhof von Portbou.
(Foto: Nathalie Huet)

in das spanische Portbou nachgehen kann. Diese nach den Fittkos benannte »F-Route« ist seit Juni 2007 als »Chemin Walter Benjamin« ausgeschildert. Wie ungenau die Angaben auf den Informationstafeln sind, die auf Lisa Fittko zurückgehen, zeigt ein Aufsatz von Verena Boos, die der F-Route gefolgt ist. [*Nachgehen*, in: https: // Zeithistorische Forschungen.de / 3-2018/id=5619 vom 6. 1. 2019. Für diesen Hinweis danke ich Irmtraudt Kuss.]

Auf dem außerhalb des Städtchens Portbou gelegenen ummauerten Friedhof wurde nachträglich eine Grabstätte für Walter Benjamin geschaffen. Was mit seinem Leichnam nach dem Freitod (ausgerechnet in einem Hotel mit dem Namen Francia) geschah, ist unbekannt.

Noch vor dem Friedhofsareal wurde im Mai 1994 ein Denkmal zu Ehren von Walter Benjamin eingeweiht, das der israelische Künstler Dani Karavan entworfen hatte. Es heißt »Passagen«, nach dem nachgelassenen Manuskript des Philosophen, der diese eine Passage nicht meistern, diese letzte Grenze nicht überschreiten konnte. Es besteht aus fünf kleinen Stahlstufen rechts eines Weges und einer von Stahl ummantelten Treppe mit 70 Stufen, die sich links des Weges steil wie die Felsenküste zum Meer hinabbeugen und an einer gläsernen Wand enden, auf der ein Satz von Benjamin zitiert wird: »Schwerer ist es, das Gedächtnis der Namenlosen zu ehren als das der Berühmten. Dem Gedächtnis der Namenlosen ist die historische Konstruktion geweiht.«

Lisa Fittko, die Zeugin von Benjamins vergeblicher Flucht, reiste zur Denkmalseinweihung aus Chicago an, wo sie bis zu ihrem Tod am 12. März 2005 lebte. Ihre Asche wurde, ihrem letzten Wunsch gemäß, bei Bandol ins Mittelmeer gestreut.

Exzesse des Herzens
Bruno und Liesl Frank

Als Thomas Manns Freund und Nachbar im Münchener Herzogpark, der Dirigent Bruno Walter, 1925 mit seiner Familie nach Berlin zog, übernahmen der Schriftsteller Bruno Frank und seine Frau Elisabeth (genannt Liesl) das Haus Mauerkircherstraße 43. Bruno Frank hatte Thomas Mann bei den französischen Passagen im *Zauberberg* geholfen; dafür setzte sich Thomas Mann 1928 für Franks *Politische Novelle* ein, die vor der Gefahr einer neuen Feindschaft zwischen Deutschland und Frankreich warnte und Kritik aus den Reihen der Nationalisten erfuhr.

Am 13. Juni 1887 in Stuttgart als Sohn eines Bankiers geboren, diente der promovierte Jurist und Philosoph im Ersten Weltkrieg bei der Kavallerie, lebte danach als freier Autor und schrieb Romane, Gedichte, Theaterstücke, Erzählbände, Essays und Filmdrehbücher. Seine wichtigsten Romane sind *Trenck* (1926), *Politische Novelle* (1928), *Cervantes* (1934 in Sanary geschrieben), *Der Reisepass* (1937) und *Die Tochter* (1943). Der letzte Roman war vielleicht sein bester – frei gestaltet nach dem Schicksal seiner Schwiegermutter Fritzi Massary, in Österreich und in Deutschland bis 1930 der Operettenstar schlechthin.

Am 28. Januar 1933 nahmen die Franks am Berliner Presseball teil, und Bruno Frank erhielt am nächsten Tag einen lukrativen Verlagsvertrag – der ihm nichts nützen sollte. Hitler wurde Reichskanzler, aber die Franks stürzten sich in den Münchener Fasching. Am 27. Februar war Rosenmontagsball, Bruno blieb zu Hause, Liesl ging mit einem Freund und Liebhaber tanzen. Mitten in der Nacht kam ein Anruf aus Berlin: Der Reichstag brennt! Am Morgen ging Bruno Frank zur Bank, hob Geld ab und fuhr mit dem Zug nach Salzburg; Liesl kam später nach. Sie fuhren nach Bissone am Luganer See, wo Fritzi Massary und ihr Mann Max Pallenberg ein Haus besaßen. In Lugano trafen sie Thomas Mann, Leonhard Frank, Wilhelm Speyer und andere Emigranten.

Im März 1934 mieteten sie in Sanary die Villa Le Fayet, spektakulär am Felsen über der Bucht gelegen und schräg gegenüber der Villa La Tranquille, in der ein Jahr zuvor die Manns gelebt hatten. Den Sommer verbrachte Fritzi Massary bei ihrer Tochter in Sanary, während Max Pallenberg, der immer ein rastloser Reisender war, durch Europa jagte. Am 25. Juni 1934 kam er bei einem Flugzeugabsturz in der Nähe von Prag ums Leben.

Liesl hatte eine leidenschaftliche Affäre mit Lion Feuchtwanger; ihr Mann war duldsam, hatte er sich doch selber um die Gunst Marta Feuchtwangers bemüht. Ende 1934 zogen die Franks nach London, kamen aber wiederholt zu Besuch nach Frankreich. 1938 verlegten sie ihren Wohnsitz nach Los Angeles, Fritzi Massary begleitete sie. Bruno Frank schrieb Romane und Drehbücher, Liesl kümmerte sich gemeinsam mit Salka Viertel um die Flüchtlinge aus Europa. Im kalifornischen Exil trafen die Manns mit den beiden »Brunonen« (Frank und Walter), wie Katia Mann sie nannte, wieder zusammen. Seit 1944 ging es mit Bruno Franks Gesundheit bergab. Er starb am 20. Juni 1945.

In einem Gespräch mit Klaus Mann hatte Frank die Frage nach seinem künstlerischen Ideal so beantwortet: »Äußerste Klarheit, das scheint mir von allem das schönste. Ein Minimum an Wortaufwand – das Komplizierteste in schlichten Worten sagen. Eigentlich sollte man schreiben wie Tacitus.« In der *Politischen Novelle* kontrastierte er schon 1928 das politischhektische Deutschland mit der Ruhe des Südens, wie man sie in Italien, aber auch an der Côte d'Azur erleben könne. Er sprach vom »Luxus dieser Winterküste«. Im Roman heißt es: »Blickte man aus südlich heiterer Ferne auf dies wolkenüberhangene Vaterland zurück, so schien es einem, als sei der Himmel dort von allen den aufgestiegenen Phrasen und nebelhaften Halbgedanken so trübe und undurchsichtig geworden. Ach, wer sollte Lust haben zur Rückkehr! Wer sollte nicht wünschen, das alles dort zu vergessen, und, wenn er dort lebte, eben einsam zu leben, in der eigenen Wahrheit, im verschlossenen Hause.« Das erinnert an das »südliche Denken«, das Albert Camus beschwört, zugleich ist es eine Vorahnung des Lebens in Sanary.

Zehn Jahre nach Franks Tod und nur wenige Wochen vor seinem eigenen gedachte Thomas Mann des zuverlässigen Freundes und rühmte dessen Redlichkeit, Sonntagskindlichkeit, Melancholie, die vollkommene Zivilisiertheit seines Geistes und Herzens, seine schlichte und feinfühlige Verskunst, seine lautere, gesittungsvolle Prosa. »Aber es kam die Entwurzelung, und, anfangs als Episode verstanden, nahm sie mehr und mehr Endgültigkeitscharakter an. Das deutsche Elend währte zu lange, fraß zu tief, es zehrte an ihm wie an uns allen. [...] Sie starben an überanstrengtem Herzen, einer nach dem anderen, die Genossen der Emigration.«

Zwölf Fenster
Franz Werfel und Alma Mahler-Werfel

»Ich empfinde das Exil als einen Schicksalsruf zur Erneuerung. An alle Verbannten und Emigranten ergeht ja der Auftrag zum erbarmungslosen Neubeginn.« Das lässt Franz Werfel den Ich-Erzähler seines Romans *Der veruntreute Himmel* sagen, den er 1939 in Sanary vollendete. Franz Werfel und Alma Mahler-Werfel lebten in den Jahren 1938 bis 1940 in einem alten Windmühlenturm über der Bucht von Sanary, »le moulin gris« genannt und von dem Pariser Maler und Graphiker Jean Gabriel Daragnès bewohnbar gemacht. Dieser Turm liegt gleich neben dem Anwesen der Familie von Jacques Cousteau und hatte damals zwölf Fenster, die heute bis auf drei der Bucht zugewandte zugemauert sind.

Noch am 19. März 1937 war Franz Werfel von Kanzler Schuschnigg mit dem Österreichischen Verdienstkreuz für Kunst und Wissenschaft Erster Klasse ausgezeichnet worden. Kurz darauf gaben er und seine Frau Alma, verwitwete Mahler, geschiedene Gropius, liierte Kokoschka *et alii*, ihr Domizil, die Villa Ast auf der Hohen Warte bei Wien, auf. Bücher, Bilder und andere Kunstschätze wurden eingepackt und vorerst eingelagert. Die Werfels waren schon wohnungslos vor dem Exil. In Wien sollten sie nur noch in Hotels leben. Beim Abschiedsfest in der Villa, einst Ort glanzvoller Empfänge, muss es am 12. Juni 1937 turbulent zugegangen sein, einen Abend, eine Nacht und einen Morgen lang. Werfel fiel in den Gartenteich, der betrunkene Carl Zuckmayer schlief in der Hundehütte.

Die Ehe der Werfels war ein sonderbarer Zustand. Sie hatte

Liebschaften am laufenden Band, er war ihrem Temperament nicht gewachsen. Und obwohl sie zum zweiten Mal mit einem Juden verheiratet war, gab sie immer wieder antisemitische Torheiten von sich, die oft nur Ausdruck von Frustration, Empörungslust oder anderen Krisenzuständen waren. Auch ihre späteren Memoiren strotzten vor solchen Sätzen, die dann von wohlmeinenden Lektoren gestrichen wurden. Im Exil wirkte sie zuweilen wie eine Fehlbesetzung, und doch hat sie dieses Schicksal geteilt.

Im Oktober 1937 reiste sie für drei Tage nach Berlin und war über die Militarisierung der Gesellschaft erschrocken, während man sich andernorts noch amüsierte. Ein Handleser sagte ihr ein baldiges Exil voraus – mit dem geliebten Mann. Sie mochte es nicht glauben. Gleich nach dem Weihnachtsfest 1937 fuhren die Werfels nach Mailand, dann nach Neapel und Capri. Von der politischen Entwicklung in Wien wurden sie überrascht. Am 28. Februar 1938 reiste Alma nach Wien, wo sie eine völlig veränderte Atmosphäre vorfand. Sie lebte dort weitgehend anonym, löste alle Bankkonten auf. Eine Bekannte schmuggelte ihr Geld in die Schweiz. Am 12. März verabschiedete sich Alma von ihrer Mutter und sagte, sie käme in acht Tagen wieder. Sie wollte die Schwerkranke nicht beunruhigen. Ende November starb Almas Mutter in Wien. Deren zweiter Mann, Carl Moll, ein bedeutender Maler der Wiener Secession, hielt sich danach in Südfrankreich auf.

Am 13. März, mitten in den turbulenten Tagen des Anschlusses, reiste Alma nach Prag, von dort über Budapest, Zagreb und Triest nach Mailand, wo sie ihren Mann wieder traf. Gemeinsam ging es in die Schweiz, zu Werfels Schwester Marianne Reiser in Rüschlikon, dann über Paris nach Amsterdam, schließlich am 9. Mai nach London. Werfel fühlte sich dort wohl und wäre gern geblieben. Alma erlitt einen Nervenzusammenbruch. Die Stadt war ihr zu kalt, sie wollte nach Frankreich. So ging es zunächst nach Paris, Mitte Juni 1938 zogen sie nach St. Germain-en-Laye, in ein großes Hotel. Dort begann Werfel wieder zu schreiben: den Roman *Der veruntreute Himmel*, der auch sein Exil thematisierte. Er blieb dort, um in Ruhe zu arbeiten, während Alma im Juni 1938 nach St. Cyr zu Annemarie Meier-Graefe reiste. Die beiden Frauen kannten einander seit jenem Empfang des Wiener Zsolnay-Verlags, auf dem Annemarie Hermann Broch getroffen hatte. Doppelte Schicksalskreise.

In Almas Erinnerungen liest sich das so: »Ich fuhr allein zur Witwe unseres Freundes Meier-Graefe, die auch unsere Freundin ist, nach Saint-Cyr-sur-Mer, um uns eine Sommerwohnung an der Riviera zu suchen. In Sanary-sur-Mer fand ich eine Unterkunft für uns [...], es war ein alter Wachtturm, den sich ein Maler sehr kultiviert, aber sehr unbequem eingerichtet hatte. Franz Werfel sollte das oberste Rundzimmer, mit zwölf Fenstern, bekommen – ein idealer Arbeitsraum [...], weiter unten war ein schönes Schlafzimmer für ihn. Als Schlafzimmer für mich blieb der Wohnraum, der an die Küche stieß und unerträglich heiß war.« Nun, es war kein Wachtturm, sondern eine ehemalige Mühle. Die Monatsmiete betrug 1000 Francs.

Am 1. Juli 1938 rief ein Telegramm Alma nach Paris, Werfel hatte einen leichten Infarkt erlitten. Er verbrachte noch einige Zeit in Paris. Kurz vor der Abreise nach Sanary erfuhr er, dass sein Freund Ödön von Horváth bei einem Spaziergang auf den Champs-Élysées von einem abbrechenden Ast tödlich getroffen worden war. Werfel hielt die Grabrede. In den Tagen danach erlitt er eine bedrohliche Nikotinvergiftung. »Als es Franz Werfel besser ging, fuhren wir Ende Juli nach Marseille, blieben einen Tag dort und übersiedelten am nächsten Tag nach Sanary-sur-Mer, wo wir fast zwei Jahre, mit Pariser Unterbrechungen, leben sollten«, schrieb Alma später.

In Sanary feierte sie ihren 59. Geburtstag und war sehr deprimiert. Sie hatte Heimweh nach Wien, konnte sich mit dem Exil nicht abfinden. Auch grenzte sie sich von Werfel ab, leistete sich im Beisein Marta Feuchtwangers antisemitische Ausfälle. Sie scheint sogar die Scheidung und die Rückkehr nach Wien erwogen zu haben, und vor allem ließ sie über ihren Schwager geheime Verhandlungen mit dem Propagandaministerium in Berlin führen. Sie besaß die Partitur der 3. Sinfonie von Anton Bruckner, die dieser Gustav Mahler geschenkt hatte. Die Deutschen schlugen ihr vor, den Autographen in der deutschen Botschaft in Paris zu deponieren. Als sie dort nachfragte, wusste man von nichts, Instruktionen aus Berlin waren noch nicht eingetroffen. Alma wurde das Geschäft zu unsicher. Doch später, von New York aus, gingen die Verhandlungen weiter. Aber sie forderte einen zu hohen Preis, so zerschlug sich der Deal. Franz Werfel hat von diesen Verhandlungen wohl nie erfahren.

Zu Feuchtwangers bestand in Sanary ein zwiespältiges Verhältnis. Diese besuchten sie öfters, aber das Beisammensein war kaum ein ersprießliches. Dennoch: »Von den vielen, die wir sehen, ist Feuchtwanger der weitaus interessanteste, trotzdem wir nie seiner Meinung sein konnten.« Aus Feuchtwangers Aufzeichnungen geht hervor, dass man sich oft stritt, über Politik natürlich, dass man sich aber immer wieder traf und gemeinsam köstlich speiste.

Als Werfel in Sanary krank wurde, konsultierte er Friedrich Wolf, der inzwischen auch dort lebte. Alma litt unter der Hitze, unter den Stechfliegen und unter dem Emigrantenmilieu. Sie lebe in einem jüdisch-kommunistischen Klüngel, zu dem sie nicht gehöre, notierte sie. Manchmal reiße ihr die Geduld, und sie sage laut ihre Wahrheit. Es tröstete sie, dass Werfel jetzt absoluter Antikommunist war. In einem Brief schrieb sie: »Die Emigration ist eine schwere Krankheit« und: »Unser Leben hier im Turm, vollkommen vereinsamt, wäre fast schön zu nennen, wenn es nicht eine erzwungene Einsamkeit wäre.« Sie fragte sich auch: »Wohin gehören wir eigentlich? In die Niemandszeit, ins Niemandsland.«

Den Winter 1938/39 verbrachten die Werfels in Paris, Sanary war ihnen zu einsam. Während Werfel einen Abstecher in die Schweiz unternahm, besuchte Alma ihre Tochter Anna in London. Den Sommer 1939 war man wieder in Sanary, wohin auch Anna zu Besuch kam. Im September wurde die Lage in Sanary unangenehm, sie waren jetzt Schikanen aller Art ausgesetzt. Das holde Frankreich zeigte sich plötzlich sehr streng, wie Werfel fand. Täglich kamen die Gendarmen, um die Papiere zu kontrollieren. Es gab Hausdurchsuchungen unter den seltsamsten Vorwänden. Einmal wurde Werfel auf der Hafenpromenade angehalten und durchsucht (»Sie sind doch Kommunist!«), später zitierte man ihn nach La Seyne zur Ausweiskontrolle. Es war unmöglich, alle zwölf Turmfenster vorschriftsmäßig zu verdunkeln. Als Werfel eines Nachts ein Manuskript mit der Taschenlampe suchte, kam die Polizei: Er sei ein Spion, der den Deutschen Lichtsignale gebe.

Gemeinsam mit Wilhelm Herzog plante Werfel für den 2. April 1940 eine Feier zu Zolas 100. Geburtstag, auf der sich das Verhältnis der Emigranten zu Frankreich artikulieren sollte, die Umstände aber verhinderten das Projekt. Herzog und Werfel trafen sich im Café Le Nautique oder im Café de Lyon. Dort diskutierte man über Nietzsche und die Nazis, über den Glauben an Gott und die Alltagssorgen im Exil. Von Sanary aus unternahm Herzog briefliche Aktionen, um Werfel für den Nobelpreis ins Gespräch zu bringen. Thomas Mann verweigerte seine Unterstützung, er wollte Hermann Hesse vorschlagen.

Noch vor Kriegsbeginn waren Werfels Eltern und seine Schwester Hanna aus der Schweiz nach Vichy übergesiedelt, wo der Vater einen Schlaganfall erlitt. Werfel brauchte eine Reiseerlaubnis, fuhr täglich mit der Straßenbahn nach Toulon. Erst nach Wochen erhielt er das Papier und konnte die mühselige Reise über Lyon nach Vichy antreten. Sein Vater starb am 31. Juli 1941. Nach seiner Rückkehr erschien Werfel das Leben in Sanary fast paradiesisch. Man könne nirgendwo besser leben, beschied er dem skeptischen Wilhelm Herzog.

Schließlich aber waren die Werfels der Schikanen in Sanary müde und retteten sich Anfang Juni 1940 nach Paris, wo sie genau am 10. Mai eintrafen, dem Tag, an dem die deutsche Westoffensive begann. Alma notierte verbittert: »Ich wollte

Le moulin gris. In dem Mühlenturm lebten Franz Werfel und Alma Mahler-Werfel von 1938 bis 1940. (Heutiger Zustand)

schon vor zwei Jahren nach Amerika. Franz Werfel aber weigerte sich. Sein Glaube an die Unüberwindlichkeit der Franzosen hielt uns in Frankreich fest [...]. In unbegreiflicher Schwäche gab ich nach, und nun suchten wir, wie eine Maus in der Falle, irgendein Schlupfloch [...], aber keines stand mehr offen! Werfel aber sagte immer wieder: ›Ich lasse den letzten Zipfel von Europa nicht aus meiner Hand.‹«

In Marseille bemühten sie sich um ein Visum für die USA. Als sie von der Besetzung von Paris hörten, mieteten sie ein Auto für 8000 Francs, das sie nach Bordeaux bringen sollte. Der Fahrer verlor die Orientierung, fuhr im Kreis, nach erzwungenen Zwischenstationen erreichten sie schließlich Bordeaux. Dort herrschte blankes Chaos. Der Weg führte weiter nach Biarritz, aber an einen Grenzübertritt war nicht zu denken. So gelangten sie nach Lourdes, wo sie ein Zimmer im Hôtel du Vatican nahmen. Sie wollten wieder nach Marseille, aber erst nach Wochen in Lourdes erhielten sie das Papier, das zur Reise in die Hafenstadt berechtigte. Bei seinem letzten Besuch in der Grotte tat Werfel das Gelübde, er würde über Bernadette Soubirous schreiben, sollte er Amerika erreichen. Sein Stück *Jakobowsky und der Oberst* ist eine literarische Verarbeitung dieser unsicheren Wochen.

Wieder in Marseille, nahmen sie ein Zimmer in jenem Hotel an der Canebière, in dem auch die deutsche Militärkommission residierte, dem Hôtel du Louvre et de la Paix. Im August 1940 erhielten sie endlich das Visum für die USA, das aber wertlos war, weil sie kein Ausreisevisum aus Frankreich erhielten. Selbst der Kunsthistoriker Louis Gillet von der Académie Française, der sich um die Flüchtlinge kümmerte, konnte nicht helfen. Erst mit Hilfe des Flüchtlingskomitees von Varian Fry gelangten sie im September über die Pyrenäen, auf dem Weg, der kurz zuvor Walter Benjamin ins Nichts geführt hatte.

Welch ein Film ließe sich über diese erlesene Fluchtgemeinschaft drehen, die am Freitag, dem 13. September 1940, den Fußweg über die Berge nahm: Franz Werfel und Alma Mahler-

Werfel, Heinrich und Nelly Mann und Golo Mann, der bei einer Rast an der Küste beinahe den Anschluss verpasste, weil er zu lange im Meer schwamm. Bis Lissabon gab es allerhand Aufregungen, danach zwei erholsame Wochen im Grande Hotel d'Italia in Estoril. Auf dem griechischen Schiff *Nea Hellas* trafen Werfels am 13. Oktober 1940 in New York ein.

»Die Emigration gewann plötzlich einen höheren Sinn, denn sie vereinigte mich mit meinen Freunden auf einer neuen Stufe des Lebens.« Auch das steht im *Veruntreuten Himmel*, Werfels Abrechnung mit der Abkehr vom Glauben, die für den zum Katholizismus Konvertierten und dann doch zum Judentum Zurückgekehrten das Grundübel unserer Zeit darstellte.

Sanary war für ihn eine markante, aber zuletzt ungemütliche Zwischenstation des Exils.

Arzt auf Abwegen
Friedrich Wolf

Zu den »trüben Gästen« in Sanary gehörte auch der Arzt und Schriftsteller Friedrich Wolf (1888–1953), der im Sommer 1933 und dann noch einmal von 1938 bis 1941 im französischen Exil war. Am Strand bemerkte man den schönen sportlichen Mann, der elegante Kopfsprünge vom kleinen Turm an der Bucht von Portissol machte und ansonsten den ganzen Tag in seiner Dachwohnung mit Blick auf Promenade und Hafen saß und schrieb.

Der aus Neuwied am Rhein stammende Wolf hatte sich zunächst für die Lebensreform-Bewegung engagiert. Nach dem Ersten Weltkrieg schloss er sich der Künstlergemeinschaft auf dem Barkenhoff in Worpswede an. 1928 trat er der KPD bei. Neben seinen Dramen schrieb er volkspädagogische Bücher über gesunde Lebensweise durch Sport, richtige Ernährung, hygienisches Wohnen. Zu jener Zeit stand er auch im Mittelpunkt der kontroversen Abtreibungsdebatte, die sein Stück *Cyankali* ausgelöst hatte. Der deutschen Rechten und insbesondere den Nazis war er seither als »Mörder unserer Ungeborenen« verhasst. Ein Skiurlaub in Österreich Anfang März 1933 wurde zum Beginn seines Exils. Über Basel fuhr er nach Metz. Dort drängte ihn der französische Geheimdienst zur Mitarbeit und drohte mit der Auslieferung nach Deutschland. Den Sommer 1933 verbrachte Wolf mit Frau und Kindern auf der Île de Bréhat im Haus von Elsa Triolet. Dort vollendete er das Stück *Professor Mamlock*, das den Beginn der Nazi-Barbarei behandelt. Wolfs Name stand 1933 auf der ersten Ausbürgerungsliste.

Die Dachwohnung von Friedrich Wolf,
gleich neben der Kirche von Sanary.

Abgesehen von Reisen nach Skandinavien und in die USA, lebte Wolf bis 1937 in Moskau, doch als auch in seiner Umgebung Personen von Stalins Häschern verhaftet wurden, wollte er nach Spanien gehen. »Ich warte nicht, bis man mich hier verhaftet, da will ich lieber etwas Nützliches tun«, soll er gesagt haben. Die sowjetische Staatsbürgerschaft war ihm stets verweigert worden, im Gegensatz zu seiner Frau und den beiden Söhnen Markus und Konrad. Auch die Erlaubnis, sich den Internationalen Brigaden in Spanien anzuschließen, verweigerte man ihm zunächst. Als er dann 1938 endlich ausreisen durfte, blieb er in Frankreich stecken. Nach einigen Wochen in Paris ging er nach Sanary, wo er eine Dachwohnung in dem ersten Haus links vor der Kirche bezog, direkt über der Hafenpromenade. In den Monaten vor dem Krieg vollendete er den Roman *Zwei an der Grenze*, arbeitete an Drehbüchern und schrieb über den Widerstand gegen das Dritte Reich.

Über seine Zeit in Sanary liegt ein Zeugnis von Selma Gessner vor: »Ich traf Wolf im Juli 1938. Wir verbrachten den Sommer in Sanary und trafen ihn am Strand. [...] Es gab viele Gemeinsamkeiten, ich war Kommunistin wie er, mein Vater war auch Schriftsteller, mein Mann war Arzt. [...] Er kam nie vor zwölf, ein Uhr zum Strand, badete mit uns, spielte eine Weile Schach, und ging wieder weg. Er hatte zu arbeiten. Er hatte seine Zeit streng eingeteilt. Ich glaube, er konnte gar nicht anders. Er schrieb und schrieb und schrieb.«

1939 und 1940 musste Wolf dann bittere Monate im Internierungslager von Le Vernet durchmachen. Als er im Januar noch einmal nach Sanary kam, traf ihn Alfred Kantorowicz in schlechter körperlicher Verfassung an. Am 13. Mai, als er im Lager Le Vernet interniert war, wurde ihm in Toulon eine Tochter geboren: Catherine. Ihre Mutter war die Berliner Jüdin Ruth Herrmann, die Wolf 1938 in Paris kennengelernt hatte. Die Umstände der Geburt waren dramatisch. In diesen Tagen wurden alle Deutschen interniert, wobei die französischen Behörden viel strenger vorgingen als im September 1939. Auch

Friedrich Wolf

die Krankenhäuser wurden durchsucht. Die Ärzte und Schwestern verweigerten den französischen Gendarmen den Zutritt zum Kreißsaal, so retteten sie Mutter und Kind. Die Geburtspapiere wurden so ausgestellt, dass die Herkunft des Mädchens nicht ersichtlich war.

Seit August 1940 lag für Friedrich Wolf in der sowjetischen Botschaft in Vichy ein Visum bereit, das er nicht abholen konnte, da ihm die französischen Behörden die nötige Reiseerlaubnis innerhalb des Territoriums verweigerten. So musste er sich mit falschem Pass auf den Weg nach Moskau machen, wo er im März 1941 eintraf. Nach dem deutschen Angriff auf die Sowjetunion war er in einer Propagandaeinheit der Roten Armee tätig, verfasste Flugblätter und sprach im Rundfunk. 1943 gehörte er zu den Mitbegründern des Nationalkomitees Freies Deutschland. 1945 kehrte er nach Ost-Berlin zurück. 1948 war er bei der Gründungsversammlung des deutschen PEN-Clubs in Göttingen anwesend. Von Februar 1950 bis Juni 1951 vertrat er als erster Botschafter die DDR in Warschau. Nach politischen Kontroversen aus dem Amt geschieden, zog er sich in das brandenburgische Lehnitz zurück, wo er am 5. Oktober 1953 starb.

In dieser erstaunlichen deutschen Biographie zwischen Worpswede und Moskau, zwischen Literatur, Lebensreform und Politik, auf diesem Schicksalsweg durch das Exil in Ost und in West, war Sanary eine zufällige und doch bezeichnende Station. In einem Brief an Lion Feuchtwanger hatte Wolf 1949 geschrieben: »Lieber Feuchtwanger, wir haben einander, wie Sie selbst feststellten, eigentlich erst reichlich spät kennengelernt – das heißt 1938 im Exil in dem provenzalischen Fischerdorf Sanary. […] Entsinnen Sie sich auch noch unsrer sporadischen Gespräche im Sommer 1938 in Ihrem Zimmer über dem Meer? Wir waren da in vielem durchaus nicht einer Meinung.«

Die Gespräche drehten sich um die Ästhetik des Romans, um die deutsche Sprache, um das politische Engagement. Im

Exil entdeckte Wolf, wie tief seine Liebe zu Deutschland war. »Ich glaube fester als je, niemand kann uns unser Deutschland nehmen, solange wir die deutsche Sprache retten und immer wieder erobern.«

Jules ohne Jim
Franz Hessel

Es war um 1907. Der kleine, rundliche Franz Hessel traf in Montparnasse den großen, schlanken Henri-Pierre Roché. Hessel kam aus München, wo er zur Boheme gehörte, der andere war Kunsthändler in Paris. Es war Freundschaft auf den ersten Blick. Ihr Gespräch, wie sie selbst ihre Beziehung nannten, dauert viele Jahre. Es ging um Kunst, Literatur und Frauen. Roché eröffnete dem Freund die geheimen Pfade in Paris, Hessel brachte seine Kultur ein, seine Geduld und sein Geld. (Es war die einzige Phase seines Lebens, in der er beinahe reich war.)

Das klingt wie der Anfang eines Romans. Es ist auch einer. Man lese Rochés *Jules et Jim*. Wenn vom Autor, Übersetzer und Lektor Franz Hessel die Rede ist, beginnt man am besten mit seinem romanhaften und cineastischen Double: Jules, das ist er. Es ist wie bei Peter Schlemihl, nur umgekehrt: Die Person verschwindet, der Schatten bleibt. Aber die Person ist komplexer und auch anziehender als die Gestalt, die sein Freund aus ihm gemacht hat. Der wahre Roman seines Lebens war eine jüdische Emanzipationsgeschichte nach 1900, sie spielte zwischen Berlin, München und Paris, und sie endete im Exil. Am Anfang und am Ende standen zwei Hafenstädte.

Zwischen Stettin und Sanary verlief der erstaunliche Lebensbogen von Franz Hessel (1880–1941). Seine Existenz als Schriftsteller und Übersetzer war nach einer Berliner Kindheit und Studien- und Bohemejahren in München und seinen literarischen Anfängen 1906 als Dichter untrennbar mit Frankreich

Franz Hessel

verbunden. Er gehörte zu den Säulenheiligen des Café du Dôme. Seine Erzählung *Pariser Romanze* (1920) ist *das* Buch der Paris-Deutschen aus jener Zeit vor 1914. 1913 hatte er Helen Grund geheiratet, die aus Berlin stammte und die er natürlich im Café du Dôme kennengelernt hatte.

Nach 1918 lebte die Familie in Hohenschäftlarn, südlich von München. Inzwischen gab es die Kinder Ulrich und Stephan. 1922 wechselte die Familie nach Berlin. Hessel schrieb weitere autobiographische Romane, der wichtigste davon ist *Heimliches Berlin* (1927). Außerdem arbeitete er im Verlag von Ernst Rowohlt. Er betreute Autoren wie Joachim Ringelnatz, Hans Fallada und Mascha Kaléko. Er gab eine große Balzac-Ausgabe heraus sowie Casanovas Memoiren. Seine Frau Helen, die 1920 eine Affäre mit Roché angefangen hatte, zog 1925 als Modejournalistin nach Paris. Die erhoffte Verbindung mit Roché kam nicht zustande. Ihre Kinder aber gingen nun in Paris zur Schule und wurden ausgezeichnete Franzosen.

Franz Hessel blieb nach 1933 in Berlin. Er wolle das Schicksal der Berliner Juden teilen, soll er gesagt haben, der bis dahin keinerlei Anhänglichkeit an das Judentum gezeigt hatte. Erst 1938, eine Woche vor der »Kristallnacht«, wählte er auf Drängen der Pariser Freunde, und auch weil der Rowohlt Verlag von den Nazis geschlossen worden war, den Weg ins Exil. In Paris fand er seine Frau und seine Söhne wieder und eine symbolische Anstellung als Bibliothekar der Rothschilds.

Noch vor Beginn der Kriegshandlungen auf französischem Boden fuhr er mit seiner Frau und seinem ältesten Sohn Ulrich im Auto nach Sanary, das Helen schon im Sommer 1933 besucht hatte. (In Thomas Manns Tagebuch ist sie als Gast in der Villa La Tranquille vermerkt). 1939 konnten die Hessels zunächst in der leerstehenden Villa von Aldous Huxley unterkommen.

Im Mai 1940 wurden Franz und Ulrich Hessel ins Internierungslager Les Milles gebracht, Helen konnte sich mit Hilfe eines ärztlichen Attestes vor der Internierung retten. Im Herbst

Der Turm, in dem Franz Hessel 1941 starb.

durften die Männer nach Sanary zurückkehren. Zuvor hatten sie allerlei unerfreuliche Erlebnisse erdulden müssen, wie die Fahrt der Internierten im Geisterzug nach Bordeaux. Alfred Kantorowicz berichtet über ihn. »[Da war] der kleine, leise Franz Hessel, den man bemerkte, weil er gar nicht bemerkt sein wollte, sich nie zum Mittelpunkt machte, lieber für sich meditierte, sich andererseits jedoch nie versagte, wenn man seine Zusprache suchte. [...] [Er empfand] den Aufenthalt in Frankreich nicht als Exil [...]. Für ihn war Frankreich seit eh und je die zweite Heimat gewesen. [...] Einer seiner Söhne war Franzose und diente als Offizier in der französischen Armee. Der andere Sohn, ein partiell gelähmter Jüngling, ebenso still und freundlich wie der Vater, war mit ihm im Lager. Franz Hessel klagte nie, obwohl er mit seiner zarten Konstitution ganz besonders unter den Unbilden der Lagerhaft litt.«

In Sanary wohnten die Hessels zuletzt in der Villa Lou Cimaï, die der ehemaligen Opernsängerin und Klavierlehrerin Madame Richarme gehörte. Nach dem Krieg wurde das Haus (28, Montée de la Carreirade) unter dem Namen Hôtel Saint-Christophe zu einem Altersheim umgestaltet. Sein Arbeitszimmer hatte Hessel in einem weißen rechteckigen Türmchen. Über seine letzten Tage in Sanary schrieb Kantorowicz: »Gestern war der alte Hessel bei uns. Wir begegnen ihm oft im Dorf mit einem Schubkarren, einer Markttasche, einem Sack voll Holz. Der gütige alte Mann (den sein gelähmter Sohn und seine kranke Frau nicht von den Alltagssorgen entlasten können) erträgt Hunger und Kälte mit der gleichen Gelassenheit wie die Unbilden der Lagerzeit in Les Milles, des Transportes im Geisterzug und die Krankheit in Saint-Nicolas bei Nîmes. Er hat sogar noch literarische Pläne: er will uns überreden, während der Wartezeit mit ihm einen zeitgemäßen *Dekamerone* zu schreiben. Unter dem Titel *Erzählungen am Lagerfeuer von Saint-Nicolas* sollen Erlebnisse und Schicksale in unserem Jahrhundert eingefaßt werden.«

Nach diesem Besuch in den ersten Januartagen 1941 geleitete Kantorowicz den nur mühselig gehenden Hessel nach Hause. Er musste ihn dabei stützen, doch Hessel scherzte, der starke Frost sei nützlich, weil er ihn so steif mache. Am nächsten Tag lag er entkräftet in seinem Zimmer. Zwei Tage später, am 6. Januar, setzte sein Herz aus. Begraben wurde er im Beisein einer kleinen Emigrantengemeinde auf dem Alten Friedhof von Sanary, an einem regnerischen Tag. Hans Siemsen hielt eine kurze Ansprache: »Unser lieber Hessel hatte viele Freunde. Dieser kleine Friedhof könnte sie nicht fassen, wenn sie alle hier wären.« Und er zitierte Verse von Joachim Ringelnatz, denn der sanfte Franz Hessel, Opfer einer absurden Zeit, war immer ein Liebhaber der Nonsens-Poesie gewesen.

Sein Sohn Stéphane, inzwischen Franzose und Soldat, konnte der Beisetzung beiwohnen. Dann floh er nach London, wo er sich der Bewegung von General de Gaulle anschloss. Bei einer geheimen Mission im besetzten Paris wurde er 1944 verhaftet. Er überlebte die Schreckenslager Buchenwald und Dora und machte nach dem Krieg eine Karriere als französischer Diplomat. Sein Bruder Ulrich und seine Mutter versuchten vergebens, in die Schweiz zu flüchten. Sie wurden ausgewiesen und überlebten bei Bauern im Hinterland von Évian. Nach 1945 half Ulrich beim Aufbau des Jüdischen Dokumentationszentrums in Paris, das heute Mémorial de la Shoah heißt.

Henri-Pierre Roché erfuhr 1941 zufällig von Hessels Tod, als eine Frau aus Sanary nach Dieulefit im Département Drôme kam, wo er Unterschlupf gefunden hatte, wie so viele Pariser Autoren und Künstler. Er begann sogleich, die Geschichte ihrer Freundschaft aufzuschreiben, was ihm in den Jahren zuvor nicht gelungen war. Sein Roman *Jules et Jim*, der erst 1953 erschien, wurde in der Verfilmung von François Truffaut ein Klassiker.

Göttinnen, Sozialisten, Sommergäste

Auf Anregung des Schriftstellers Hansferdinand Döbler wurde am 18. September 1987 in Sanary-sur-Mer eine Gedenktafel eingeweiht. Inzwischen wurde sie von der Felswand gleich hinter dem Platz der einheimischen Boule-Spieler an das Tourismusbüro auf der anderen Hafenseite verlegt. Döbler war Soldat im besetzten Frankreich gewesen. Viele Jahre später unterzog er sich einer Gewissensprüfung und suchte nach einer Form der Wiedergutmachung. Anfang der achtziger Jahre setzte er mit Hilfe eines Freundes im Auswärtigen Amt in Bonn den Prozess in Gang, der zur Erstellung der Gedenktafel führte. Die Liste war weder vollständig noch genau, doch hat sie ihren guten Zweck erfüllt.

Seit einigen Jahren hat sich die Stadt Sanary-sur-Mer dieses Erbes angenommen, und seither gibt es Publikationen und Ausstellungen, Kongresse und Theaterstücke, die in kreativer und gegenwartsbezogener Weise die Erinnerung lebendig halten. Die Häuser der Emigranten sind gekennzeichnet, ein Parcours führt in der weitläufigen Gemeinde von Ort zu Ort. Auf der 2011 erneuerten Tafel stehen auch Namen von Emigranten, die in anderen Orten an der Küste unterkamen, aber heute nimmt Sanary sie alle symbolisch auf, und das ist nur gerecht.

Der Autor und Dramatiker Ernst Toller (1893–1939) und seine Gefährtin, die Schauspielerin Christiane Grautoff-Toller (1917–1974), kamen im Sommer 1935 für ein paar Wochen nach Sanary und dann noch einmal kurz im Sommer 1936. Toller, der 1914 begeistert in den Krieg gezogen war, aus dem er als Pazifist heimkehrte, war eine Hassfigur der deutschen Rechten, seit er eine exponierte Rolle in der kurzlebigen Münchner Räterepublik 1919 gespielt hatte. Dafür wurde er zu fünf Jahren Gefängnis verurteilt. Mit milder Behandlung und vorzeitiger Entlassung wie der in Landsberg einsitzende Putschist Adolf H. konnte er nicht rechnen. Immerhin verschaffte ihm seine Gefangenschaft eine landesweite Bekanntheit. Toller war kein Parteikommunist, eher ein Anarchist, ein Expressionist in Wort und Tat, ein Aktivist. Von einer Moskaureise im Jahr 1924 war er enttäuscht zurückgekommen, seine Stücke wurden in der Sowjetunion verboten. Von seinen expressionistischen Arbeiten war vor allem das Nachkriegsdrama *Hinkemann* erfolgreich. Ausgebürgert aus Deutschland wurde er auf der ersten Liste vom 23. August 1933 – auch eine Form der Ehre.

Toller, der Freund von Millionären und Arbeitslosen, der Kämpfer mit dem sanft-verträumten Blick und Schwarm vieler Frauen, kannte Prinzessinnen und Schauspielerinnen; in einem englischen Salon wurde er als Earl of Toller angekündigt. Aber seine noble Erscheinung verdeckte nur eine innere Unruhe und Getriebenheit, die seiner Gefährtin das Leben schwermachte.

Christiane Grautoff hatte ihre Schauspielkarriere mit 14 Jahren begonnen, sie spielte Pony Hütchen in der Theaterfassung von *Emil und die Detektive.* Bald danach reüssierte sie auch beim Film, spielte neben Stars wie Jarmila Novotna, Gustav Fröhlich und Fritz Kortner. Selbst der kritische Alfred Kerr war von ihrem Spiel hingerissen. Sie war die Tochter von Otto Grautoff, einst Mitschüler von Thomas Mann in Lübeck und in den zwanziger Jahren Gründer der deutsch-französischen Gesellschaft. Er emigrierte 1933 nach Paris, während seine Frau Erna, eine erfolgreiche Autorin, im Reich blieb und sich anpasste. 1932 lernte Christiane über eine Kollegin Ernst Toller kennen, dem sie 1933 ins Exil folgte.

Als die Nazis an die Macht kamen, hielt sich Toller gerade in der Schweiz auf – das war sein Glück. Christiane Grautoff, mit der er seit kurzem zusammenlebte, spielte Theater in Darmstadt, besuchte ihn in der Schweiz, beriet mit ihm die Zukunft. Es gelang ihr, ein Engagement in Zürich zu erhalten, das erleichterte ihren Entschluss. Im Mai 1933 fand in Ragusa, dem heutigen Dubrovnik, ein internationaler PEN-Kongress statt. Toller hielt eine vielbeachtete Rede zur Verteidigung der Geistesfreiheit. Die deutsche Delegation, die aus regimekonformen Autoren bestand, verließ den Saal unter Protest, ebenso wie die Vertreter aus Österreich und der Schweiz. Der Präsident, der englische Autor H. G. Wells, wollte aber sehr wohl die Unterdrückung der Geistesfreiheit und die Bücherverbrennung zum Thema machen. Kurz darauf wurde der PEN in Deutschland verboten.

Toller wurde in der Folge einer der politisch aktivsten Emigranten. Er reiste unentwegt und trat in vielen Veranstaltungen auf. Noch 1933 erschien im Amsterdamer Querido Verlag innerhalb einer Exilreihe, die sein Freund Fritz H. Landshoff begründet hatte, als eines der ersten Bücher seine Autobiographie *Eine Jugend in Deutschland*. Sie wurde ein Erfolg: Schnell waren 6000 Exemplare verkauft.

Im Februar 1934 zogen Toller und Grautoff nach England. Im August 1934 nahm er in Moskau am Schriftstellerkongress teil, aber die Genossen fanden ihn kleinbürgerlich-sentimental, bestimmt auch zu anarchistisch. Im Juni 1935 sprach er auf dem Schriftstellerkongress in Paris, im Anschluss daran fuhr er nach Sanary. 1936, nachdem er Christiane geheiratet hatte, machte er bei einer Autofahrt nach Spanien noch einmal Station dort.

In ihren unvollendeten Erinnerungen *(Die Göttin und ihr Sozialist)* erwähnt Christiane Grautoff-Toller den Sanary-Aufenthalt im Sommer 1935. Sie erinnert sich, dass es bei Feuchtwanger guten oder schlechten Cognac gab, je nach Wertschätzung des jeweiligen Gastes. »Der lustigste Tag in Sanary war, als ET und Marcuse mich zum Dorffriseur brachten, damit der aus meinen hellen Seidenhaaren einen Lockenkopf machen sollte,

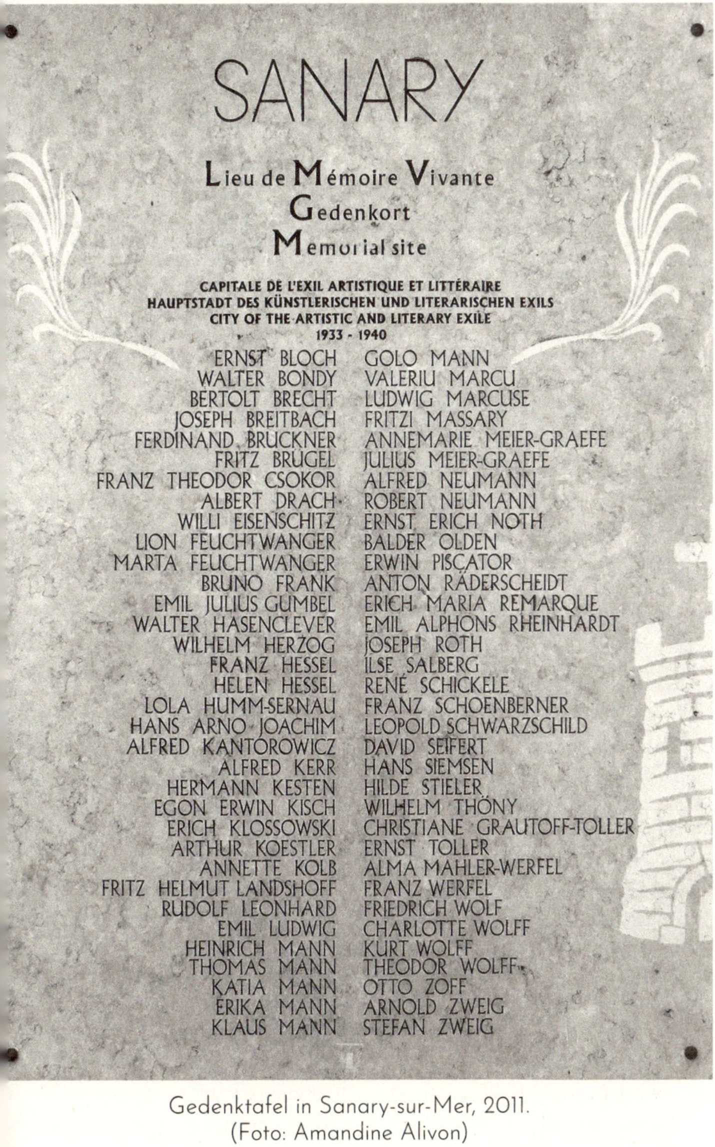

Gedenktafel in Sanary-sur-Mer, 2011.
(Foto: Amandine Alivon)

so, wie sie beide mich als Kronprinz im Königin-Luise-Film (mit Henny Porten) gesehen hatten. [...] Ich glaube, es war Marcuses Idee, auf jeden Fall gingen wir zu dritt zum ›Maison de Monsieur Charles‹. Beide Männer gaben ausführliche Anweisungen [...] und mir sagten sie: ›Du bekommst einen Tituskopf.‹«

Nun, Sanary war kein Dorf mehr, und der Friseur hieß Chazal. Sein Laden lag gleich neben dem Café der Witwe Schwob. Monsieur Chazal behauptete, er sei Theaterfriseur gewesen. »Man verstand gar nicht, warum er in Sanary ein Lädchen hatte, da er, wie er sagte, Marlene Dietrich seit Jahren bediente.« (Doch die kam nur bis Antibes, mit ihrem Freund Remarque, aber nie nach Sanary.) Die Prozedur dauerte lange. Toller verschwand; Marcuse las aus seinem neuen Manuskript über Loyola vor. Christiane schlief dabei ein. Die elektrischen Apparate zischten bedenklich. »Madame Schwob hatte längst von unserem Unternehmen gehört und sandte Kaffee und Brioches.« Nach Waschen und Kämmen kam der Schock: »Meine winzigen Löckchen blieben hart wie Stein und stumpf wie unpolierter Fußboden. Ich hatte keinen Wuschelkopf bekommen, nein, ich hatte eine Krause! ET und Marcuse waren entsetzt und schimpften mit Monsieur Charles, der sich so gut als möglich verteidigte, indem er mein Seidenhaar als unnatürlich und einen Fehler der Natur beklagte.« Erst allmählich wurden die Löckchen zu Locken, aber noch immer sah sie aus wie ein Hexenkind. Gerade mit dieser Frisur hat Walter Bondy sie auf einem Foto verewigt. Die Grautoff mit der Kräuselfrisur gefiel Bondy so gut, dass er mit ihrem Bild seine Werbung bestritt, auf Visitenkarten und in Zeitschriften wie *Var-Magazine*.

Ein wenig trug auch Christiane Grautoff-Toller zur Chronique scandaleuse von Sanary bei. »Ich befreundete mich sehr mit Ludwig Marcuse. Er verstand mich.« Toller hatte keinen Grund, eifersüchtig zu sein, sie liebe ihn mit jeder Faser, schrieb sie, aber damals liefen solche Gerüchte um. Erst Jahre später in Amerika gestand ihr Marcuse, er habe sie schon damals geliebt. Und erst in Kalifornien wurde es ein Verhältnis.

Toller war damals längst von anderen Ängsten geplagt, er fürchtete als Künstler zu versagen. So fuhren sie unruhig an der Küste entlang. Als der Spanische Bürgerkrieg ausbrach, fand er ein neues Engagement. Im Oktober 1936 machte er eine Amerika-Tournee, hielt viele Reden, sammelte Geld für die republikanische Seite. Er musste sich überall einmischen.

»Du bist Dichter, kein Soldat«, rief ihm Christiane zu. »Vor was läufst du überhaupt weg?« Seine Ängste waren größer als seine Liebe. Nach Abschluss seiner Autobiographie wollte ihm kein Text mehr gelingen, weder auf Deutsch noch auf Englisch. Er stürzte sich in politische Aktivitäten und ließ Christiane immer wieder allein; zugleich verzweifelte er daran, dass ein Autor in solch gefährlichen Zeiten so sprachlos war. Dennoch schrieb er weiter. Christiane hatte um seinetwillen das Theater in Deutschland aufgegeben, danach die hoffnungsvoll begonnene Karriere in London. Nun versuchte sie, in Hollywood Fuß zu fassen, was schwierig war. Als Toller es dort nicht aushielt und nach New York zurückwollte, ging es über ihre Kraft. Sie blieb. Sie lebten sich auseinander. Im Sommer 1939 erhängte sich Ernst Toller in seinem New Yorker Hotelzimmer. Dabei hatte er noch 1934 geschrieben: »Wir werden nicht müde werden im Exil. Damit gäben wir uns auf.«

Christiane lebte vorerst in Los Angeles. Am Tag von Tollers Beerdigung hatte sie dort Premiere mit *Wilhelm Tell*. Sie kümmerte sich um die kranke Frau von Valeriu Marcu – und bekam ein Kind von ihm. Später hatte sie Affären mit Ludwig Marcuse, Fritz Landshoff und anderen; mit Klaus Mann war sie befreundet. Zweimal heiratete sie, 1947 Norbert Gutermann; später den Maler Gaston Gerassy, mit dem sie nach Mexico City zog, wo sie 1974 starb. Ihre unvollendeten Memoiren wurden von ihrer Tochter Andrea Valeria ediert.

Der Publizist und Pazifist Wilhelm Herzog (1884 bis 1960) gehörte 1910 zu den Mitbegründern der Zeitschrift *PAN*. 1911 veröffentlichte er eine Biographie über Heinrich von Kleist, dessen Werkausgabe er betreute. Sein Name steht auch in Zusammenhang diverser Zeitschriften: *März* (eine Wochenschrift, 1913), *Das Forum* (eine Monatsschrift, nach 1914), *Die Weltliteratur* (eine Wochenschrift, nach 1915). 1933 erschien von ihm, schon in Zürich, *Die Affäre Dreyfus. Der Kampf einer Republik.*

1909 wurde Wilhelm Herzog Lektor im Paul Cassirer Verlag. Es gelang ihm, Heinrich Mann vom Münchener Verleger Albert Langen abzuwerben und zum Autor seines neuen Verlages zu machen. Wilhelm Herzog und Heinrich Mann unternahmen viele gemeinsame Reisen. In Nizza hausten sie oft in einer kleinen Pension, Nummer 3, Rue de l'Opéra. Heinrich Mann hat sich in Nizza sehr wohl gefühlt, wäre am liebsten für immer dort geblieben. Gelegentlich verspielte er etwas Geld im Casino von Monte Carlo.

Anfang 1930 war Herzog nach Sanary-sur-Mer übergesiedelt, da er anders als die meisten den Beginn des Dritten Reiches erwartete. Im Dezember 1932 und im Januar 1933 hielt er Vorträge in Berlin – auf Einladung der Liga für Menschenrechte. Nach der Machtergreifung riet man ihm, Deutschland schnell zu verlassen, da er beschattet würde. Mit dem Nachtzug vom 13. Februar 1933 ging er endgültig ins Exil, in Berlin ließ er eine Bibliothek mit 8000 Bänden zurück. Er hatte Heinrich Mann vorgeschlagen, mit ihm nach Sanary zu reisen, doch der wollte noch am 3. April die Rede zum 60. Geburtstag von Jakob Wassermann halten, wozu es nicht mehr kommen sollte.

Am 22. Februar 1933 erhielt Herzog ein Telegramm von Heinrich Mann, der aus Straßburg seine Ankunft meldete und darum bat, man solle ihn am Bahnhof von Toulon abholen. »Ich versuchte, ihn zu bewegen, mit mir nach Sanary zu kommen und bei mir in dem kleinen Häuschen zu wohnen, das ich gepachtet hatte. Er zog aber – wie schon früher – die große Stadt vor und ging nach Nizza. Er brauche jetzt die Helligkeit einer großen Stadt. Aber kaum acht Tage später schrieb er mir, daß er sich sehr einsam fühle, und ob ich nicht zu ihm für ein

Wilhelm Herzog

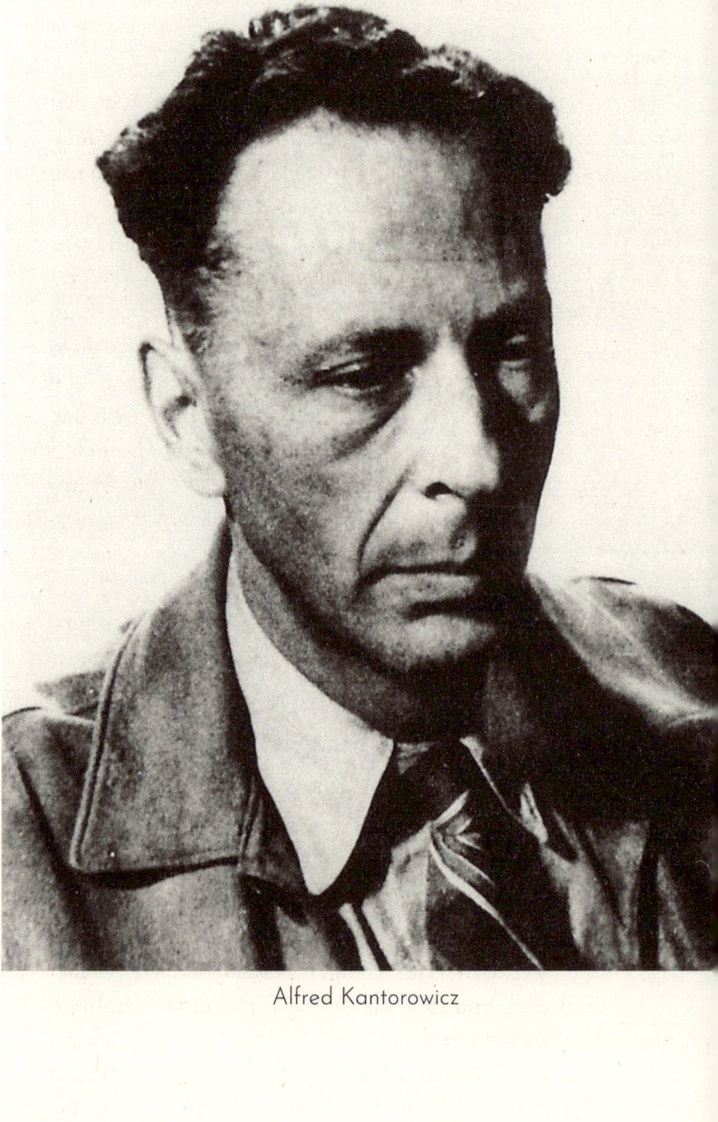

Alfred Kantorowicz

paar Wochen zu Besuch kommen wolle.« Herzog besuchte ihn daraufhin im März 1933 im Hôtel de Nice, das in einem Park inmitten der Stadt lag. Heinrich Mann liebte es nicht, allzu nahe am Meer zu logieren.

Nach 1933 trat eine gewisse Entfremdung zwischen beiden ein, Herzog sah Heinrich Mann zu stark von den Kommunisten beeinflusst, vor allem Willi Münzenberg bemühte sich um den Romancier. Nach einem Wort von Hermann Kesten war Heinrich Mann in politischen Dingen scharfsinnig und verblendet zugleich. Gleichwohl gab es noch brieflichen und persönlichen Kontakt zwischen Herzog und Mann, solange sie an der Küste blieben. 1939 kehrte Herzog nach Sanary zurück, 1940 wurde er im Lager Les Milles interniert, danach gelang ihm die Ausreise, doch wurde er von 1941 bis 1945 in Trinidad festgehalten, trotz eines Visums für die USA. Erst im Juni 1945 traf er in New York ein. 1952 übersiedelte er in die junge Bundesrepublik. Sein Erinnerungsbuch *Menschen, denen ich begegnete* ist ein wichtiges Zeugnis des Exils.

Auch dem Juristen, Journalisten und Kritiker Alfred Kantorowicz (1899–1979) verdanken wir wichtige Zeugnisse über Sanary 1939/40. Seine Verbindung mit Frankreich begann Ende 1927. Als Kulturkorrespondent der *Vossischen Zeitung* in Paris wurde er der Nachfolger von Kurt Tucholsky. Sein eigener Nachfolger 1929 hieß Arthur Koestler. Als Kantorowicz, Sohn einer gutbürgerlichen Familie und Mitglied der KPD seit 1931, im März 1933 in Paris Asyl fand, hauste er in einer Dachkammer desselben Hotels, in dem er einst als Korrespondent logiert hatte.

Im November 1934 stand sein Name auf der dritten Ausbürgerungsliste neben Klaus Mann, Carola Neher, Max Brauer und Willi Bredel. Von 1936 bis 1938 kämpfte er bei den Internationalen Brigaden in Spanien. 1938 zog er in ein Haus des amerikanischen Schriftstellerverbandes in Grasse; von dort übersiedelte er nach Bormes-les-Mimosas, ein Dorf nahe bei Le Lavandou, nicht nach Sanary, das er auf zwei früheren Sommerreisen besucht hatte und sehr schätzte und wohin er Verbindung zu Feuchtwanger unterhielt, den er seit 1922 kannte. In Bormes schrieb Kantorowicz sein *Spanisches Tagebuch.*

Im September 1939 wurde er in dem Sammellager La Rode bei Toulon interniert, schließlich nach Les Milles verlegt. »In den französischen Lokalzeitungen wurden wir alle ausnahmslos als Nazis oder Naziagenten bezeichnet.« Wieder in Freiheit, blieb er in Sanary, ehe er nach Bormes zurückkehrte. Im Mai 1940 wurden die Emigranten erneut interniert. Am 21. Mai 1940 fuhr ein Taxi von Sanary nach Les Milles, die illustren Fahrgäste zum Lager waren Lion Feuchtwanger, Alfred Kantorowicz, Anton Räderscheidt und dessen Sohn. Nach Feuchtwangers Flucht entkam auch Kantorowicz aus dem Lager Saint-Nicolas bei Nîmes. Nach kurzzeitiger neuer Verhaftung in Marseille wurde er freigelassen, allerdings unter Hausarrest gestellt. Als *résidence forcée* wählte er die nun leerstehende Villa Valmer in Sanary. Die Bücherregale dienten als Heizmaterial, während der Nachbar Räderscheidt es mit den gefällten Bäumen aus dem Garten versuchte.

Nach dem Tod von Franz Hessel zog Kantorowicz gegen billige Miete in dessen Turmzimmer ein. Seine Lebensgefährtin Friedel bemühte sich unterdessen in Marseille um Visa und Schiffskarten für die USA. Ende März konnte endlich der Frachter *Capitaine Paul Lemerle* betreten werden, auf dem sich auch andere prominente Ausreisende eingefunden hatten, darunter André Breton und Anna Seghers, der Kantorowicz seine Erlebnisse in Marseille erzählt haben muss, denn in ihrem Roman *Transit* hat sie einiges davon literarisch verarbeitet. Mit der Zwischenstation La Martinique, wo er einen Monat lang festgehalten wurde, gelangten die Kantorowiczs im Juni 1941 nach New York. »Mit der Ankunft in Amerika begann die sorgloseste Zeit unseres Exils. […] Es ging uns gut in Amerika«, schreibt der ehemalige Spanienkämpfer, der bald als Reporter für Rundfunk und Zeitschriften arbeitete, während seine Frau Friedel Sekretärin am Germanistischen Institut der New York

University wurde. 1946 ging Kantorowicz nach Ost-Berlin, wo er das Heinrich-Mann-Archiv leitete. 1957 übersiedelte er nach Hamburg.

Zu den Vergessenen auf der Gedenktafel in Sanary gehört Hans Siemsen (1891–1969). Der Sohn eines Pfarrers hatte in München Kunstgeschichte studiert und auf einer Paris-Reise im Jahr 1913 den Kreis des Café du Dôme kennengelernt; er war persönlich bekannt mit Rudolf Levy, Harry Graf Kessler, Joachim Ringelnatz und Franz Hessel. Nach 1919 lebte er als freier Autor in Berlin, wo er zum Umfeld des Sexualforschers Magnus Hirschfeld gehörte. Er schrieb Gedichte, Feuilletons, Filmkritiken für das *Berliner Tageblatt*, die *Weltbühne*, die *Frankfurter Zeitung*.

1933 entging er in Berlin nur knapp der Verhaftung, lebte für einige Monate in der Illegalität. Im Pariser Exil arbeitete er ab 1934 mit Willi Münzenberg zusammen. 1935 betreute er von Paris aus den Nachlass seines Freundes Joachim Ringelnatz; im Nachwort der Rowohlt-Ausgabe ist Siemsens Name nicht genannt. 1937 wurde er Mitglied im Vorstand des SDS, des Schutzverbandes Deutscher Schriftsteller, der 1933 in Paris gegründet worden war und dem auch Brecht, Anna Seghers und Kisch angehörten.

Sanary lernte er auf zwei Sommerreisen 1937 und 1939 kennen. Ständiger Begleiter war der junge Walter, ein aus Deutschland geflüchteter Hitlerjunge. 1939 und 1940 lernte auch Siemsen die französischen Internierungslager kennen, zuletzt war er im Lager Chambaran bei Lyon, wo er wohl als Letzter Willi Münzenberg lebend gesehen hat vor dessen rätselhaftem Tod auf der Flucht. Siemsens eigene Flucht verlief glücklicher. Er schlug sich nach Sanary durch, wo er bis Anfang 1941 mit seinem Freund im Hôtel Beau-Port lebte. Im Juni 1941 entkam er in die USA. Auf seinem Schiff reisten auch Hans Sahl und Valeriu Marcu. Nach dem Krieg lebte er in der Bundesrepublik, arm und vergessen, lange Jahre in einem Altersheim der Arbeiterwohlfahrt in Essen.

Hermann Kesten, Jahrgang 1900, von 1927 bis 1933 Lektor im Verlag Gustav Kiepenheuer und neben Klaus Mann der wichtigste Organisator des literarischen Lebens im Exil, hielt sich 1933 kurzzeitig in Sanary auf. 1934 bewohnte er in Nizza gemeinsam mit Joseph Roth und Heinrich Mann das Haus No. 121 an der Promenade des Anglais. Im September 1939 wurde er für einige Wochen in verschiedenen französischen Lagern interniert. Im Mai 1940 konnte er von Paris mit dem Zug nach Süden fahren. Seine Frau war im Lager Gurs, konnte aber fliehen. Im September kamen Kestens glücklich in New York an, wo sie Varian Fry bei der Gründung des Emergency Rescue Commitees halfen, um das sich auch andere Autoren bemühten, Thomas Mann, Jacques Maritain, Maurice Maeterlinck, Jules Romains, Sigrid Undset. 1950 übersiedelte Kesten in die Bundesrepublik und starb im Jahr 1996. Das Exil nannte er einen Urzustand, einen politischen und moralischen Akt, ja ein menschliches und politisches Opfer. Es habe eine tragische und eine komische Seite, auch literarisch gesehen sei es nicht ohne gewisse Vorteile.

Der Mathematiker, engagierte Pazifist und Sozialdemokrat Emil Julius Gumbel (1891–1966) hatte schon 1932 in Frankreich Zuflucht gesucht. Bis 1930 war er Privatdozent für Statistik in Heidelberg gewesen, dann wurde er zum außerordentlichen Professor ernannt. Immer wieder mischte er sich in die Politik ein, was seiner Laufbahn nicht förderlich war. Er schrieb Pamphlete gegen die Reichswehr und erstellte eine Dokumentation über faschistische Fememorde. Nach 1933 erhielt er eine Dozentur an der Universität Lyon; sehr aktiv war er in das Bemühen um eine Volksfront der deutschen Emigration eingeschaltet. Wiederholt ist er als Besucher nach Sanary gekommen, war auch Gast bei Lion Feuchtwanger. Er war vermutlich das Vorbild für den Komponisten Trautwein, der Hauptfigur in Feuchtwangers Roman *Exil*. Nach 1940 lehrte Gumbel in den in den USA an verschiedenen Universitäten.

Der Philosoph Ernst Bloch (1885–1977) hielt sich im August/September 1935 zwei oder drei Wochen in Sanary auf. Da Lion Feuchtwanger ihn nicht bei sich aufnahm, (»Feuchtwanger nimmt ›grundsätzlich‹ in seinem 24-Zimmer-Haus niemanden auf«), mietete er sich in einer Pension ein, die nahe am Badestrand von Portissol und nicht allzu weit von Feuchtwangers Villa Valmer entfernt lag, in der Rue de la Ménardière.

Seine Frau Karola war in Paris geblieben. Für die Komintern unternahm sie einige konspirative Reisen in ihre polnische Heimat, durchquerte dabei auch Nazi-Deutschland, mit falschen Papieren, was nicht ohne Risiko war. Solche Aktivitäten hatten ihr 1934 die Ausweisung aus der Schweiz eingetragen. In einem Brief an seine Frau aus Sanary vom 7. September 1935 beklagte Bloch das geringe theoretische Niveau in den Artikeln von Ludwig Marcuse, der gleich um die Ecke wohnte. Über seine Lebensweise meldete Bloch, er arbeite nicht viel, sondern sei vor allem mit Braunwerden beschäftigt, habe auch schon einen Sonnenbrand. Und: »Hier in der Pension esse ich nicht. Die Speise ist kleinbürgerlich, und Kleinbürger sind über sie gebeugt. Ich gehe ins Restaurant am Hafen, wo es auch nicht teurer ist und unvergleichlich besser, auch mehr. Wohl und fein gesättigt steht man auf.« Entspannung und gute Laune spricht aus seinen Briefen, auch ihn berührte der Geist von Sanary.

An Walter Benjamin, mit dem er schon 1926 von Paris aus Sanary besucht hatte, mit Abstechern nach Marseille und Menton, schrieb er am 13. September 1935, Eva Herrmann sei eine »putzige Motte«, aber sie wohne anderthalb steile Wegstunden entfernt. Er selbst sei faul und meist am Strand. Er träfe Feuchtwanger, Gumbel und Marcuse, aber es seien auch immer eine Menge klatschender Weiber von 30, 40 und mehr Jahren dabei.

Bis 1938 blieben die Blochs in Frankreich. In Paris wohnten sie zunächst im Hotel Helvetia, später in der Wohnung von Bruno von Salomon in Montrouge, nachdem dieser von seinen KPD-Genossen in den Spanischen Bürgerkrieg geschickt worden war. 1938 übersiedelten sie in die USA, wo sie vor allem dank Karolas Arbeit als Designerin und Architektin überlebten. 1948 fuhr die Familie (Sohn Jan Robert wurde 1937 geboren) mit dem Dampfer von New York nach Gdynia. Dort waren einige Wochen des Wartens zu überstehen, erst dann ging es mit dem Zug weiter nach Leipzig, wo Ernst Bloch eine Professur übernahm. Nach Jahren fortschreitender politischer Isolierung siedelte er in die Bundesrepublik über, wo er seine Lehrtätigkeit in Tübingen fortsetzte.

Für einen Autor, der sich einen Namen als Parodist gemacht hat, ist es ein tragikomisches Schicksal, mit einem anderen Autor gleichen Namens verwechselt zu werden. So erging es dem Wiener Robert Neumann (1897–1975), den man nicht nur wiederholt mit einem anderen Wiener Autor verwechselte, nämlich Alfred Neumann, sondern den man einmal sogar verhaftete, weil man ihn für den deutschen Kommunisten Heinz Neumann hielt. Der Komintern-Funktionär Heinz Neumann wurde 1938 in Moskau ein Opfer des stalinistischen Terrors (dort verwechselte man allzu leicht Freund und Feind).

Der Schriftsteller und Übersetzer Alfred Neumann (1895–1952) lebte 1938 in Nizza im Haus Nummer 63 an der Promenade des Anglais, ehe er 1941 in die USA emigrierte. Im Jahr 1938 findet sich seine Unterschrift in den Akten der Fremdenpolizei in Sanary, er muss den Exilort also zumindest einmal besucht haben (es sei denn, Robert Neumann habe seine Unterschrift nachgemacht). Alfred Neumann war für Robert Neumann ein charmanter, kultivierter Mann, mit ihm verwechselt zu werden war ihm eine Ehre.

Robert Neumann befand sich im Januar 1933 auf Capri, also fernab der Ereignisse. In der Wiener *Neuen Freien Presse* wurde er zitiert: Er sei durch Deutschland gereist und habe nicht einen Nazi getroffen, so schlimm könne es doch gar nicht sein. Nazis gebe es kaum, mit Hitler müsse es wohl bald vorbei sein. Wenig später schämte er sich für diese Aussage, zumal seine Bücher im Reich verboten wurden. Goebbels sagte, Robert Neumann werde demnächst nur noch auf Hebräisch schreiben dürfen. Kurz darauf wurde in Königsberg ein Mann erschossen, der auch Robert Neumann hieß. (Das Schicksal übertreibt manchmal.)

Nachdem sich der Sohn eines Wiener Bankiers in verschiedenen Berufen versucht hatte (als Bankangestellter, Schwimmlehrer, Spediteur), reüssierte er ab 1927 als Autor. Zwei erfolgreiche kleine Bände mit Parodien (*Mit fremden Federn*, 1927, sowie *Unter falscher Flagge*, 1932) haben seine über zwanzig anderen Bücher, darunter viele Romane, fast vergessen lassen. Neumann selber sprach gern von Schicksalsschüben und zählte das Exil dazu (»das Große Elend der Fremde«). »Die Emigration, *emigratio communis primaria* [...] kennt Zwischenperioden eines trügerischen Sichwohlbefindens, klinisch bezeichnet als Euphorie«, sie wechsele sich ab mit »der großen Verzweiflung, *desperatio emigratica*«. Damals schrieb er *An den Wassern von Babylon*.

Im Frühjahr 1938 reiste er mit seiner Gefährtin Tatjana für einige Wochen nach Sanary, wo er Lion Feuchtwanger besuchte. Dieser war in seinen Augen von herzlicher Naivität, lebte in großem Stil, gab sich wie ein Parvenü, was er gar nicht war, und prahlte gern mit seinen Erfolgen wie ein Anfänger, obwohl er doch ein Weltbestseller-Autor war. Er erschien ihm als »großer Organisator eines soliden Talents«, sehr großzügig und leider schwer zu parodieren.

Friedrich Wolf und Robert Neumann erlaubten sich einen Scherz gegenüber Ludwig Marcuse, der an einer Platon-Biographie schrieb und fürchtete, jemand könne ihm diese Idee stehlen. Als er von den beiden hörte, dass auch andere an dem Thema säßen, bekam er einen Wutanfall und ging aus dem Zimmer. Seine Frau drohte Neumann, ihr Mann werde seine Bulldogge auf ihn hetzen. Der Satiriker suchte das Weite. Die Anekdote wurde oft erzählt, aber erst lange nach dem Krieg erfuhr Neumann, dass Marcuse niemals auch nur das kleinste

Hündchen besessen hatte. So waren sie quitt. Marcuse war für ihn »ein Mann mit den Emotionen eines verwöhnten Babys«, ein »philosophisches Trotzköpfchen mit Löwenmähne«.

Alma Mahler-Werfel soll Neumanns Gefährtin Tatjana einmal gefragt haben: »Heiraten Sie auch immer Juden?« Mit Alma gab es oft Streit, vor allem, wenn sie zu viel getrunken hatte. Sie konnte dann recht ordinär werden; auch ihren Mann habe sie nicht verschont. – »Also Franzl, was du da sagst, ist ein Scheißdreck!« – »Wieso?« – »Weil du doch immer einen Scheißdreck redst.« Auch das sind Szenen aus dem Exil.

Mit seinem Landsmann Werfel gründete Robert Neumann 1938 den PEN-Club der Österreichischen Exilautoren. Werfel, der als nomineller Vorsitzender fungierte, war für Neumann ein jüdischer Prophet aus Prag, weltbrüderlich und großartig provinziell. Über seine Kollegen konnte sich Neumann sehr abfällig äußern; so hat er Hermann Kesten als den »Vorwortführer der deutschen Literatur« und »militante Mimose« bezeichnet. Stefan Zweig gab er den Spitznamen »Erwerbszweig«.

1940 wurde Robert Neumann in England als feindlicher Ausländer in ein Lager gesteckt. Die internierten kommunistischen Emigranten wiederum hielten ihn für einen englischen Agenten. Aber das war nur eine weitere Verwechslung. Bis 1938 waren seine Bücher in der Schweiz erschienen. In London ging er dazu über, auf Englisch zu schreiben. 1947 wurde er britischer Staatsbürger. Seine letzten Jahre verbrachte er vor allem in Locarno; begraben wurde er aber 1975 in München.

»Pappi, es ist herrlich, ein Flüchtling zu sein!« Das rief die elfjährige Judith Kerr aus, als sie das Exil noch wie eine Abenteuerreise empfand. Ihr Vater, der Literaturkritiker und Autor Alfred Kerr (1867–1948), hatte vor 1933 die französische Riviera oft bereist. 1934 war er in Paris und auch kurzzeitig in Marseille, wo er seine Schwester zum Schiff nach Palästina brachte. Seit 1935 lebte er dauerhaft in London, leistete sich allerdings hin und wieder eine kurze Reise nach Nizza. Im September 1938 kam er nach Sanary, um Lion Feuchtwanger zu besuchen. In diesen Tagen wohnte er – wie auch andere Emigranten – einer kleinen Theateraufführung neben dem Haus von Sybille Bedford bei: *The secret of Mayerling*, von dem englischen Dramatiker Brian Howard, der selber mitspielte. Das Stück dauerte eine Stunde, danach gab es eine zweite Vorstellung, diesmal in deutscher Sprache. Den Geist des Exils erfasste er in dem kurzen Gedicht *Auswanderergespräch:*

> Wann endet das? Für uns Verbannte
> Hat ›rasten‹, ›wurzeln‹ wenig Sinn:
> Wir müssen fort ins Unbekannte,
> Kein milder Seher sagt wohin.

Zu den Besuchern und Durchreisenden gehörte auch Egon Erwin Kisch (1885–1948). Ende 1934 brach er von Marseille aus nach Australien auf, zur Teilnahme an einem Gewerkschaftskongress. Da man ihn in Australien nicht an Land lassen wollte, war er von Bord auf den Quai gesprungen und hatte sich dabei verletzt. Von dieser fehlgeschlagenen Reise, die aber publizistisch ausgeschlachtet wurde, erholte er sich im April 1935 an der französischen Küste in Les Sablettes. Im Hôtel de la Plage schrieb er seinen Bericht *Landung in Australien*. Seinen Platz im französischen Exil fand Kisch mit seiner Frau Gisl in Versailles. Anfang 1939 zog er sich in ein Dorf bei Grasse zurück. Von dort aus besuchte er Lion Feuchtwanger in der Villa Valmer, und zwar gerade im März 1939, als die Nazis seine Heimatstadt Prag besetzten. Etwas später gelang ihm über Holland die Ausreise in die USA. Das Motto des rastlos Schreibenden und Reisenden in den Jahren der Vertreibung war: »Emigration ist kein Zustand. Emigration ist eine Tätigkeit.«

Während Helene Weigel im dänischen Skovbostrand ein für 7000 Kronen erworbenes Haus einrichtete, reiste Bertolt Brecht (1898–1956) im September 1933 in Begleitung Margarete Steffins nach Paris, von wo aus sie im Oktober einen Abstecher nach Sanary machten. Dort besuchte er seinen alten Münchener Bekannten Lion Feuchtwanger in der Villa Lazare. Brecht und seine Begleiterin logierten im Hôtel de la Tour. In diesen Wochen schrieb er am *Dreigroschenroman*. Die französische Mittelmeerküste hatte er schon 1928 kennengelernt, als er sich mit Helene Weigel, Kurt Weill und Lotte Lenya in Le Lavandou aufhielt. Dort hatten sie an der *Dreigroschenoper* gearbeitet. 1930 reiste er noch einmal nach Le Lavandou, diesmal mit Elisabeth Hauptmann. Kurt Weill, Lotte Lenya und Walter Benjamin zählten dort zu seinen Besuchern.

Vor Frankreichschwärmerei war Brecht seit jeher gefeit. In der Schule hatte er Probleme mit der französischen Sprache gehabt, in Paris hatte er keinen Zugang zum französischen Theaterleben gefunden. Immerhin entstanden bei Aufenthalten in Paris nach 1933 Werke wie *Die sieben Todsünden der Kleinbürger* (zusammen mit Kurt Weill), *Die Gewehre der Frau Carrar* sowie die erste Fassung von *Furcht und Elend des Dritten Reiches* (ursprünglich mit dem Titel *99 %*). 1935 nahm Brecht in Paris am Kongress zur »Rettung der Kultur« teil, über dessen Benennung er sich lustig machte. Nach Feuchtwangers Moskaureise kam er im Mai 1937 erneut nach Sanary, um Näheres zu erfahren, besonders über Feuchtwangers Unterredung mit Stalin. Von 1941 bis 1947 lebte Brecht in Santa Monica in Kalifornien, in engem Austausch mit Lion und Marta Feuchtwanger.

Walter Hasenclever (1890–1940) bietet das tragische Beispiel eines Autors, der im Exil keinen Ort fand und darüber sein Leben verlor. Er war 1924 als Korrespondent des Berliner *8-Uhr-Abendblattes* nach Paris gekommen. 1925 ging er eine Ehe mit einer Französin ein, die schon nach wenigen Monaten wieder geschieden wurde. Er freundete sich mit Kurt Tucholsky, Jean Lurçat, Ernst Toller und Rudolf Leonhard an, schrieb Theaterstücke und Drehbücher. Den Schauspieler Kurt Wegener besuchte er an dessen Lieblingsort: Nizza.

Ende 1932 war er, zurück von einer Marokko-Reise, ein letztes Mal in Deutschland. Schon im Dezember 1931 hatte er aus Schweden an Kurt Wolff geschrieben: »Tucho und ich sehen düster mit unserem Vaterlande. Die Partie ist verloren. Uns droht Verbannung, Verbot, Ächtung – auf nach Frankreich! Zusammenschluß der Heimatlosen!« Als er 1935 von Tucholskys Freitod erfuhr, notierte Hasenclever: »Er ist mutig vorangegangen.«

1933 irrte er durch Frankreich, England, Italien, Jugoslawien. Den Winter 1934/35 verbrachte er bei Kurt Wolff in Nizza. Seit 1934 war Edith Schäfer seine Lebensgefährtin. Neben Nizza und Florenz war auch London immer wieder ihr Ziel. Im April 1938 wurde er von der italienischen Polizei in Schutzhaft genommen, als Hitler seinen Verbündeten Mussolini besuchte. Danach reiste er mit falschen Papieren nach Frankreich. Im September 1938 mietete er die Villa Saint-Hilaire in Cagnes-sur-Mer. Dann kehrte er nach England zurück, das ihn anzog und immer wieder abstieß. Dass er im September 1939 aus London noch einmal nach Frankreich kam, wieder nach Cagnes, in der Hoffnung, hier eingebürgert zu werden, sollte sich als fatal erweisen.

Mit Kriegsbeginn wurde aus dem ruhelosen Leben im Exil eine Katastrophe: Hasenclever trat einen Weg durch französische Internierungslager an, beginnend auf dem Sportplatz des Fort Carré bei Antibes. Nach einer Intervention von Jean Giraudoux freigekommen, schrieb er den Roman *Die Rechtlosen*, in dem er seine Lagererfahrungen gestaltete. Darin hieß es: »Unsere Liebe zu Frankreich wird auf eine harte Probe gestellt.«

Seit Anfang 1940 trug er sich mit dem Gedanken, in die USA zu emigrieren. Im Mai 1940 wurde er im Lager Les Milles interniert, seine Gefährtin in Gurs. Als der Sieg der deutschen Wehrmacht über Frankreich feststand, sah er keinen Ausweg mehr. Am Abend des 20. Juni 1940 schluckte er eine Überdosis Veronal. Einen Tag später ist er gestorben. Er wurde

Theodor Wolff

zunächst in einem Massengrab in Aix-en-Provence beigesetzt, Jahre später sorgte Edith Schäfer für ein würdigeres Grab.

Theodor Wolff (1868–1943), ein Geistesaristokrat und überzeugter Europäer, einer der großen Mittler zwischen Deutschland und Frankreich, lebte seit 1933 in Nizza, hielt sich aber von der Emigrantenszene bewusst fern. Zu seinen Erfahrungen mit Frankreich, wo er 1894 als Korrespondent des *Berliner Tageblattes* während der Dreyfus-Affäre debütierte, gehörten auch halboffizielle diplomatische Missionen in den Jahren der Weimarer Republik. Von 1906 bis 1933 war er Chefredakteur des liberalen *Berliner Tageblattes*, in welcher Eigenschaft er 1924 einen gewissen Joseph Goebbels ablehnte, der sich auf eine Redakteursstelle beworben hatte. Nach dem Reichstagsbrand erhielt Wolff gezielte Warnungen über eine bevorstehende Verhaftung und setzte sich zunächst nach München und von dort nach Paris ab. Mit 65 Jahren begann er seine Existenz als Emigrant in einer Erdgeschosswohnung an der Promenade des Anglais in Nizza. Zehn Jahre hat er dort gewohnt, von Frankreich zunächst wie ein Ehrengast behandelt.

Sein Sohn Rudolf meldete sich im September 1939 zur Fremdenlegion. Theodor Wolff betrieb nur halbherzig die Ausreise in die USA, ausgestellte Visa ließ er verfallen. Über die Internierungen der Emigranten, denen er wegen seines Alters entging, notierte er: »Was macht Frankreich aus dem liebenden Gefühl so vieler Emigranten, die in frohem Vertrauen, in fester Hoffnung zu ihm gekommen sind? Es stößt sie von sich ab und versetzt auch der am aufrichtigsten dargebrachten Liebe einen verwundenden Tritt.«

Bei einer Hausdurchsuchung von zwei in Zivil gekleideten Polizisten der italienischen Besatzungsmacht wurde Theodor Wolff am 23. Mai 1943 verhaftet und nach Italien verschleppt, wo er der Gestapo ausgeliefert wurde. Seine Leidensstationen waren Marseille, Drancy, Oranienburg. Aus dem KZ Sachsenhausen wurde er schwerkrank ins jüdische Krankenhaus in

Moabit verlegt, wo er am 23. September 1943 starb. Sein Grab liegt auf dem Jüdischen Friedhof in Berlin-Weißensee.

Der Feuilletonist Valeriu Marcu (1899–1942) verbrachte die Jahre 1933 und 1934 mit seiner Frau Eva in Nizza. Er schrieb für verschiedene Emigrantenblätter. 1940 gelang es ihm und seiner Frau, mit dem Schiff nach New York zu kommen. Aus einer Begegnung mit Christiane Grautoff-Toller ging eine Tochter hervor, deren Geburt Marcu nicht mehr erlebte, da er plötzlich starb.

Franz Schoenberner (1892–1970), letzter Chefredakteur des *Simplicissimus* vor dessen Gleichschaltung, Verfasser lesenswerter Erinnerungen an die Jahre um 1933, war über Zürich nach Südfrankreich gekommen, wo er in Roquebrune-Cap-Martin wohnte, einem kleinen Ort zwischen Monaco und Menton. 1933 besuchte er seinen Freund Hermann Kesten in »Sanary-les-Allemands«, wie er es nannte. Die Exilorte an der Küste schilderte er als »kleine Inseln oder wenigstens winzige Korallenriffe in dem weiten Ozean der allgemeinen Gleichgültigkeit«.

Die französische Niederlage im Juni 1940 empfand er als »unsere Niederlage, die Niederlage einer großen menschlichen Sache, die Ziel und Inhalt unseres ganzen Lebens bedeutete«. Diese Anteilnahme ersparte ihm nicht die Internierung durch die Franzosen, 1939 in Antibes, 1940 in Les Milles. Die Atmosphäre dieser Lager hat er anschaulich beschrieben, er schildert auch, wie sich Walter Hasenclever am Abend vor seinem Selbstmord mit Handschlag von allen Bekannten verabschiedete. Nach der Freilassung aus Les Milles durch die Gefälligkeit eines Hauptmanns und nachdem auch seine Frau das Lager Gurs wieder verlassen konnte, begann auch für ihn der Kampf um Visa und Schiffspapiere. Am 21. Juni trafen die Flüchtlinge in der Neuen Welt ein. Schoenberner fand eine Anstellung im Office of War Information in New York, wo er auch nach dem Krieg blieb. Bei seiner Ankunft hatte er kaum Englisch gesprochen, doch schrieb er seine Bücher schon bald als »amerikanischer Autor«.

Von ihm stammt die Formulierung, dass im Exil allmählich auch die Nichtjuden zu Juden würden. Außerdem hat er die paradoxe politische Situation und Frontenverkehrung beschrieben, die einen politischen Emigranten beim Überschreiten der Rheingrenze 1933 erwartete: »Es gab mir einen richtigen Schock, plötzlich zu finden, daß ich diesmal mit den französischen Generälen und reaktionären Chauvinisten völlig übereinstimmte, die ich seit den letzten fünfzehn Jahren immer als meine schlimmsten Gegner betrachtet hatte, weil sie in eigensinniger Opposition zu der deutsch-französischen Verständigung gestanden hatten. Aber nun, in dieser neuen Konstellation, hatten sie wirklich recht, wenn auch immer noch aus den falschen Gründen, und zum Teil sogar hatte gerade ihre falsche politische Haltung diese verhängnisvolle neue Konstellation geschaffen. Andererseits waren die liberalen, fortschrittlichen und sozialistischen Kreise in Frankreich und England, deren internationalistische und pazifistische Grundsätze ich früher geteilt hatte, in diesem besonderen Moment der Geschichte ganz im Unrecht, wenn sie in blinder Prinzipientreue ihre Stimme gegen sogenannte ›militaristische und imperialistische Einmischung in die inneren Angelegenheiten Deutschlands‹ erhoben.«

Eine besonders turbulente Exilerfahrung machte der Schriftsteller, Drehbuchautor und Songschreiber Max Colpet. Was seine Lage in der provisorischen Duldung, in der Illegalität und schließlich auch der Internierung so abstrus machte, war die Tatsache, dass er seit seiner Geburt als staatenlos galt, also von den Behörden der Zufluchtsstaaten nicht als »Deutscher« eingestuft werden konnte.

Geboren wurde er 1905 im ostpreußischen Königsberg unter dem Namen Max Kolpenitzky. Seine Eltern stammten aus dem Baltikum, waren aber nach ihrer frühen Heirat von Litauen nach Königsberg gezogen. Auf ihre russische Staatsbürgerschaft hatten sie längst verzichtet, in Ostpreußen waren sie in jeder Weise integriert, der Vater war ein erfolgreicher und geachteter Kaufmann. Bei Ausbruch des Ersten Weltkriegs wurden alle Familienmitglieder aus der »Festung Königsberg« als Russen ausgewiesen. Ein Wunder, dass Max ein großer Humorist und unverbesserlicher Optimist wurde.

Nach einigen Monaten im thüringischen Bad Liebenstein durfte die Familie, nun auch offiziell als staatenlos anerkannt, nach Hamburg ziehen, wo Max ein jüdisches Gymnasium besuchte, dessen nationalistische Schüler ihn als »Russen« verprügelten, wann immer das deutsche Heer eine Siegesmeldung von der Ostfront verkündete. Erst als ein Lehrer ihm dazu verhalf, sich auch körperlich durchzusetzen, wurde er akzeptiert. Nach dem Abitur wollte er in Berlin Ingenieurwissenschaften studieren, aber das Theaterleben der Hauptstadt schlug ihn in den Bann. Gemeinsam mit Erik Ode gründete er dort das Kabarett Anti. Unter dem Namen Max Kolpe schrieb er Gedichte und Songs, im Ton irgendwo zwischen Tucholsky und Kästner angesiedelt (erst im Exil nahm er den in Frankreich wie in den USA praktischeren Namen Colpet an). Ein Theaterstück *(Reportage)* blieb erfolglos. Zu seinen Liedtexten gehörten »Hoppla, jetzt komm ich« (für Hans Albers geschrieben) und »Allein in einer großen Stadt«. Bis 1933 hatte er sich einen Namen gemacht und wichtige Freundschaften geschlossen, vor allem mit dem in Berlin wirkenden Wiener Billy Wilder, wie auch mit Marlene Dietrich, die seine Lieder sang. Er hatte schon einige erfolgreiche Drehbücher geschrieben.

Eine freche Kabarettnummer gegen die Nazis zwang ihn bald nach der Machtergreifung zur Flucht nach Paris. Das beantragte amerikanische Visum wurde erst nach 1945 genehmigt: Staatenlose hatten es auch als Emigranten schwerer. In Paris logierte er im Hotel Ansonia in der Rue de Saigon, unweit des Triumphbogens. Es war ein rechter Emigrantentreff mit Gästen wie Billy Wilder, Jan Lustig, Franz Wachsmann und

Friedrich Hollaender (der nie ein Flugzeug besteigen wollte und deshalb als der »nichtfliegende Holländer« verspottet wurde).

Um die Aufenthaltsgenehmigung *(carte d'identité)* zu erhalten, musste man sich regelmäßig zum hässlichen und stinkenden Gebäude der Polizeipräfektur begeben, wo man nicht gerade freundlich behandelt wurde. Colpets Glück war, dass sich Marlene Dietrich um ihn kümmerte und ihm zu gutbezahlten Drehbuchaufträgen verhalf, wie sie ohnehin rührend für die hoffnungslosen Ausgewanderten sorgte. Marlenes Freund Erich Maria Remarque ließ sich von Colpet Einzelheiten aus dem Leben der Emigranten-Gruppe des Hotels Ansonia erzählen, die er später in seinem Roman *Arc de Triomphe* verwertete.

Als die anderen Emigranten nach Amerika gingen, das ihm versperrt blieb, ging Colpet für einige Zeit nach Wien, aber kurz vor dem Anschluss 1938 eilte er nach Paris zurück. Bei Kriegsausbruch wollte er sich zur französischen Armee melden, wurde aber, obgleich staatenlos, wie die deutschen Emigranten als feindlicher Ausländer im Stade de Colombes interniert. 3000 Männer mussten dort im Freien logieren, schliefen auf dem Rasen oder auf den Holzbänken der Tribüne. Dass er an Drehbüchern für Danielle Darrieux, Raimu und andere mitgewirkt hatte, schützte ihn nicht. Und doch kam er nach einigen Wochen frei, durfte sogar zusammen mit Max Ophüls ein Hörspiel für das französische Informationsministerium schreiben: *Les sept crimes d'Adolf Hitler* (Die sieben Verbrechen des A. H.).

Als im Juni 1940 die Wehrmacht Frankreich überrollte, versuchte Colpet mit einer Freundin im Auto aus der Hauptstadt zu flüchten, kam aber nur bis zur Loire, wo er den Entschluss zur Umkehr fasste. Einige Monate nun lebte er illegal in Paris. Heimlich schrieb er an einem Drehbuch für Danielle Darrieux *(Premier Rendezvous)*, das von deren Mann Henri Decoin szenenweise und sehr diskret abgeholt und großzügig bezahlt wurde.

Bald sollte er in abenteuerliche und zum Teil groteske Situationen geraten, die sich später in Drehbüchern verwerten ließen (wie *Stalag 17* für Billy Wilder), aber zunächst einmal Lebensgefahr bedeuteten. Bei dem Versuch, einen falschen Pass zu bekommen, wurde er von einer französischen Bekannten in eine Falle gelockt; statt, wie versprochen, zu einem hilfsbereiten deutschen Offizier gebracht zu werden, wurde er mit einem Beamten konfrontiert, der ihm den Ausweis nur gegen das Versprechen ausliefern wollte, Spionage für die Besatzungsmacht zu treiben. Er drohte mit Repressionen gegen seine Eltern, die er noch in Hamburg glaubte (sie waren schon deportiert und wurden später ermordet; sein älterer Bruder, der nach Moskau geflohen war, wurde ein Opfer des stalinistischen Terrors).

Colpet hatte den Deutschen gesagt, er wolle sich das Angebot überlegen. Noch in der Nacht floh er in den Midi, wurde aber in der unbesetzten Südzone von französischen Gendarmen festgenommen. Sein »Gefängnis« in Grenade-sur-Adour war ein verstaubtes Hotel. Man ließ ihn beim Kartenspiel mitmachen und staunte, als er sich in dem sehr französischen Spiel Belote als unschlagbar erwies. Das gewonnene Geld spendete er großzügig der Winterhilfe des Vichy-Regimes, dafür ließ man ihn mit Reiseerlaubnis nach Bordeaux fahren. Von dort eilte er nach Marseille, um sich in die endlose Schlange vor dem amerikanischen Konsulat einzureihen. Als er endlich an der Reihe war, versagte man ihm das Visum, weil er angegeben hatte, dass er noch Angehörige in Deutschland habe.

Also musste er an der Côte d'Azur bleiben, die er von 1934 kannte, als er mit Filmleuten im Hotel Negresco in Nizza logiert hatte; nun zog er ins Grand Hôtel nach Cannes, wo der Casino-Betrieb weiterging. Der Versuch, seine Finanzen aufzubessern, misslang – seine Kleidung war zu schäbig geworden. Dafür traf er einige wohlhabende Emigranten, darunter einen Filmproduzenten, die ihm halfen. Außerdem lernte er den bewunderten französischen Kollegen Jacques Prévert kennen.

In den nächsten Monaten schlug er sich im Vichy-kontrollierten Frankreich durch, jedoch ohne gültige Papiere. Und so wurde er, wohl von einem eifersüchtigen Strandliebchen denunziert, von der Polizei überprüft und aus dem Département verwiesen. Ein paar Wochen konnte er sich in dem nunmehr tristen Monaco aufhalten, aber auch dort schickte man ihn fort. So blieb nur das Département Var. Ein Bekannter, Hans London, wohnte in Bandol. Er hatte eine Frau aus Marseille geheiratet, die temperamentvolle Thérèse. Mitten im Krieg lebte Colpet in aller Seelenruhe an der grandiosen Bucht von Bandol, ernährte sich von Fisch, Tomaten und Artischocken (etwas anderes gab es nicht), sah den Fischerbooten zu, schrieb Gedichte, besuchte die Cafés im benachbarten Sanary, sprach mit Raimu, der aus Toulon stammte, sein Sommerhaus aber in Bandol hatte, schuf sich neue Freunde in den Cafés an der Hafenpromenade oder vergnügte sich am Strand. Am Strand fiel er einem Gendarmen auf, dem der Dichter keine gültigen Papiere zeigen konnte. Die Folge: Man schickte ihn ins Internierungslager St. Aygulf bei St. Raphaël, immerhin unweit des Meeres.

Er hätte eben auf Raimu hören sollen, der ein paar Tage zuvor gesagt hatte: Eine hochgestellte Persönlichkeit habe ihn wissen lassen, es würden bald auf Druck der Deutschen auch in Frankreich Maßnahmen gegen die Juden durchgeführt. (Er konnte nur seinen Freund Pierre Laval gemeint haben.) Raimu hatte es als indirekte Warnung gemeint, aber keine spezielle Hilfe und schon gar kein Geld angeboten.

Im Lager von St. Aygulf waren vor allem Spanier interniert. Emigranten und verhaftete Juden wurden nach Les Milles gebracht, von wo schon erste Deportationszüge zur Zwischenstation Drancy rollten. Lagerkommandant war Capitaine Horeau, der seine Aufgabe ungern wahrnahm und permanent auf die Kollaborateure schimpfte. Er vermied alle Schikanen, dennoch wurden die Häftlinge zu sinnlosen Straßenbauarbeiten herangezogen. Schließlich schickte der Kommandant Max Colpet als Hilfsarbeiter zu einem Bauern nach Bandol, einem Monsieur Chamier. Dort wäre das Leben leichter gewesen, hätte ihm nicht Madame Chamier nachgestellt (wir sind in keinem Drehbuch – noch nicht). Colpet wollte lieber zurück ins Lager, aber Capitaine Horeau riet ihm zur Flucht, da er ihn im Lager nicht vor der Deportation schützen konnte. Ein Beamter aus dem Rathaus von Bandol, der für die Résistance arbeitete, versorgte Colpet mit einem gefälschten Pass.

Thérèse London, die Frau des Freundes, begleitete Colpet zur Schweizer Grenze; sie gab sich als dessen Ehefrau aus und beschützte ihn resolut vor peinlichen Kontrollen. In Thonon-les-Bains bezahlte Colpet Fluchthelfer (passeurs), die ihm den besten Weg über die Grenze zeigten. Zum Glück behielt er die lebenswichtige Schreibmaschine. Da er Verwandte in Zürich hatte, schickten ihn die Schweizer Behörden, die sonst nur Familien mit Kindern einließen, nicht zurück. Aber man internierte ihn, und so lernte er bis Kriegsende einige Arbeitslager kennen. Immerhin konnte er sich dort als Kabarettist und Songdichter betätigen.

1945 zog es ihn gleich wieder nach Paris, und auch dieses Mal half ihm Marlene Dietrich, im Filmgeschäft wieder Fuß zu fassen. In Paris lernte er Roberto Rosselini kennen, mit dem er beim Film *Deutschland im Jahre Null* zusammen arbeitete. Für dieses Projekt kehrte er trotz großen Widerwillens nach Berlin zurück, wo zu dieser Zeit Billy Wilder und Marlene Dietrich *A foreign affair* drehten.

Wilder überredete ihn, nach Hollywood zu kommen. Inzwischen hatte Colpet das Visum für die USA erhalten. In Los Angeles war er nur bedingt erfolgreich, behielt seine skeptische Distanz zu dem Leben dort, während Wilder vollständig integriert war. Kaum hatte Colpet die amerikanische Staatsbürgerschaft erhalten, kehrte er nach Deutschland zurück. Sein weiteres Leben spielte sich zwischen München und Ascona ab. In München arbeitete er für die Lach- und Schießgesellschaft, für den Film und bald auch für das Fernsehen. Viele bekannte Schlager stammten aus seiner Feder, darunter ausgemachte Schnulzen, aber auch die deutschen Fassungen amerikanischer Musicals. Am bekanntesten wurde seine Nachdichtung eines Protestsongs von Pete Seeger: »Sag mir, wo die Blumen sind«.

Die Hafenpromenade mit Kirche und Rathaus,
Sanary-sur-Mer, 2008.
(Foto: Nathalie Huet)

Dieses und andere Lieder haben Marlene Dietrich, aber auch Lale Andersen, Hildegard Knef und später Katja Ebstein gesungen. Neben vielen Liedtexten, Romanen und Gedichten schrieb Colpet seine »Erinnerungen eines unverbesserlichen Optimisten«, unter dem Titel *Sag mir, wo die Jahre sind* (München 1976), nicht immer zuverlässig, was Namen, Orte und Daten betrifft, aber eines der anrührendsten, humorvollsten und erstaunlichsten Lebenszeugnisse aus dem Kreis der Emigration. Max Colpet starb am 2. Januar 1998 in München.

In Le Lavandou sammelte sich eine Gruppe von Exil-Österreichern um den Schriftsteller Emil Alphons Rheinhardt. Das Leben war hier billiger und entspannter als in Paris, aber ein politisch toter Winkel war der kleine Ort keineswegs.

Rheinhardt, geboren am 4. April 1889 in Wien, wuchs in einem streng katholischen Milieu auf, besuchte das Schottengymnasium. Anfang 1918 wurde er Redakteur der expressionistischen Zeitschrift *Daimon*. Er war eine zentrale Gestalt des literarischen Expressionismus in Wien, veröffentlichte mehrere Gedicht- und Prosabände sowie eine Novellensammlung. In München, wohin er 1920 zog, arbeitete er als Lektor im Drei-Masken-Verlag, kam in Kontakt mit Thomas Mann und Lion Feuchtwanger. 1924 ging er nach Italien und schrieb eine Biographie der Schauspielerin Eleonora Duse, die sein kommerziell erfolgreichstes Buch wurde (20 Auflagen). Weitere Biographien verfasste er in Le Lavandou in der Villa Les Chênes. Rheinhardt, der zwei Mal geschieden war, lebte dort mit seiner langjährigen Sekretärin Erica de Behr, einer baltischen Baronin. Zeitweilig gehörten auch die englischen Malerin Theodora Meeres und Gwendolyn (eigtl. Marie Thérèse) Fisher, ebenfalls Engländerin, zu seinem Stab.

Die Villa Les Chênes stand vielen Gästen offen, so machten Klaus und Erika Mann auf ihrer Fahrt entlang der Riviera im Jahr 1931 dort Station. Nach 1933 kamen besonders viele Besucher, nun als Emigranten. Auch Thomas und Katia Mann

Emil Alphons Rheinhardt in Le Lavandou um 1930.

lud er zum Tee oder Lunch ein, seine Bouillabaisse war legendär. Erst nach dem Anschluss Österreichs 1938 begann Rheinhardt, sich politisch zu betätigen. Er gehörte zu den Mitbegründern der *Liga für das geistige Österreich*, hielt Vorträge und verfasste zahlreiche Protestaufrufe. Nachdem Reinhardt nicht mehr von Kurt Lichtenstern unterstützt wurde, zahlte Marie Thérèse die Miete für die Villa. Zwei Mal wurde Rheinhardt, der noch immer österreichischer Staatsbürger war, in Les Milles interniert. Die erste Internierung im September 1939 dauerte nur drei Wochen, die zweite von Mitte Mai bis Ende August 1940. Lange Zeit bemühte er sich vergebens um ein Visum für die USA. Als es im Sommer 1942 vorlag, konnte er sich nicht entschließen, Erica de Behr, die als Staatenlose nur im Besitz eines Nansen-Passes war, zurückzulassen.

Wegen Beteiligung am französischen Widerstand wurde er am 28. April 1943 verhaftet und nach Verhören unter Folter am 2. Juli 1944 vom Sammellager Compiègne aus nach Dachau gebracht. Dort starb er am 24. Februar 1945 an Typhus. Seine Aufzeichnungen aus den südfranzösischen Kerkern und dem Konzentrationslager gelangten nach der Befreiung zu Theodora Meeres in London. Sie verfügte die Vernichtung der Notizen, die jedoch dank Marie Thérèse Fisher erhalten blieben. Die französische Historikerin Dominique Lassaigne hat die Veröffentlichung der Dokumente vorbereitet. Nach ihrem Unfalltod übernahmen Freunde die Herausgabe und Kommentierung, 2015 sind die wertvollen Zeugnisse im Druck erschienen.

Kurt Lichtenstern, 1907 in einem jüdischen Elternhaus geboren, war bald nach der Matura am Schottengymnasium in das Familienunternehmen eingetreten. Als KPÖ-Mitglied wurde er im Ständestaat kurzzeitig inhaftiert und ging 1935 zum Studium der Nationalökonomie nach Zürich. 1937 musste er nach dem Tod des Vaters die Leitung des Betriebs übernehmen. Am 11. März 1938 floh er über Prag nach Frankreich. Sein in der Schweiz deponiertes Vermögen ermöglichte es ihm, die Exil-Zeitschrift *Freies Österreich* zu gründen und Landsleute zu unterstützen. Kurt Lichtenstern gelangte über Algier und Brasilien im Oktober 1940 in die USA, wo er Germanistik studierte. 1942 nahm er den Namen Conrad Lester an und trat in die US-Armee ein. Mit ihr kehrte er nach Europa zurück.

Der promovierte Jurist und Schauspieler Herz-Kestranek hatte in Le Lavandou das Chalet Hélène gemietet. Er nannte die kleine Villa »Helenenheim«, lebte von Deutsch-Unterricht, während seine Gefährtin Hilde Kellner Gymnastikstunden anbot. Im August 1939 heiratete das Paar. Sie züchteten Kaninchen im Garten und bauten Gemüse an. In Le Lavandou wurden viele kulturelle Abende veranstaltet, oft auch Kabarett. Stefan schrieb und spielte Sketche, etwa »Graf Bobby und Graf Rudi in der Emigration«. Im Sommer 1940 wurde er zum zweiten Mal interniert. Mit Geld von Kurt Lichtenstern konnten Stefan und Hilde Herz-Kestranek im folgenden Jahr Visa, Bewilligungen, Fahrkarten und Schiffsplätze für die Überfahrt auf einem Passagierdampfer von Bilbao nach Südamerika finanzieren. Am 23. Oktober 1941 erreichten sie Montevideo. Auch in Uruguay lebten er und seine Gefährtin von Gymnastikkursen und Deutschunterricht. Ende 1945 war Stefan wieder in Wien – mit einer anderen Frau.

Der Österreicher Fritz Brügel und die Tschechin Vera Dubcek gehörten ebenfalls zeitweise zur Kolonie. In Le Lavandou lebte das KPÖ-Mitglied unter falschem Namen, aber jeder wusste, wer er war. 1941 floh er weiter über Spanien und Portugal nach England. Nach 1945 trat er in den diplomatischen Dienst der Tschechoslowakei ein.

Anders erging es Dr. Julius Munk, der mit seiner Frau Liesolotte in Le Lavandou geblieben war. Der frühere Wiener Polizeiarzt engagierte sich wie Emil Alphons Reinhardt für die Résistance, wurde denunziert, verhaftet, gefoltert. Ende 1944 deportierte man Munk in das KZ Katzbach, wo Zwangsarbeiter der Adlerwerke ausgebeutet wurden, und im März 1945 nach Buchenwald. Dort starb er am 18. April 1945, eine Woche nach der Befreiung. 2016 benannte die Stadt Frankfurt am Main eine

Grünanlage im Gallus-Park nach Julius Munk – »stellvertretend für den Einsatz aller Ärzte, die unter schwierigsten Bedingungen im KZ Katzbach Menschenleben zu retten versuchten«.

Auf dem Ehrenmal von Le Lavandou stehen die Namen Emil Alphons Reinhardt und Julius Munk in der Liste der für Frankreich Gefallenen.

Stefan Zweig (1881–1942) kam 1904 erstmals nach Paris, für ihn die Hauptstadt der Kultur. Schnell fand er Anschluss an die literarische Szene, begegnete seinem ›Lehrmeister‹ Romain Rolland, aber auch Rilke, Valéry, Gide, Maurois und anderen. Mittelpunkt seines Lebens wurde bis 1934 Salzburg, aber immer wieder kam er nach Paris und in die französische Provinz, von der Bretagne bis zu den Pyrenäen. Den Sommer 1930 verbrachte er in Antibes, doch liebte er die Côte d'Azur nicht sonderlich, er zog Italien vor.

1934 verließ er Wien, nachdem Austrofaschisten sein Anwesen durchsucht hatten. Mit seiner Frau Friderike nahm er zunächst Quartier im Hotel Westminster in Nizza. Von dort reiste er in die USA. Schließlich wählte er London und Bath als Exilorte. 1939 heiratete er seine Sekretärin Lotte Altmann. Kurz vor seiner Auswanderung nach Amerika machte er im Herbst 1939 in Nizza Station, um Theodor Wolff zu besuchen.

In seinen Erinnerungen berichtet Ludwig Marcuse, Stefan Zweig habe ihn in Sanary zwei Tage besucht, um über ein Manuskript zu sprechen, er nennt aber kein Datum, und im Archiv von Sanary findet sich kein Beleg für Zweigs Anwesenheit. Als Zweig in London Bilder vom Marsch der deutschen Wehrmacht durch das besetzte Paris sah, schrieb er in sein Tagebuch, das Leben sei nicht mehr lebenswert, die kommenden Demütigungen müsse man nicht mehr ertragen. Über New York gelangten die Zweigs nach Brasilien. Am 22. Februar 1942 schieden sie dort gemeinsam aus dem Leben. Der Freitod des erfolgreichen und nicht bedrohten Autors schockierte die Emigranten.

Stefan Zweig hatte die Emigration eine »Gleichgewichtsstörung« genannt, aber auch als kreative Erfahrung verklärt – bevor er dieses Schicksal kennenlernte: »Hat schon jemand den Hymnus des Exils gedichtet, dieser schicksalsschöpferischen Macht, die im Sturz den Menschen erhöht, im harten Zwange der Einsamkeit neu und in anderer Ordnung die erschütterten Kräfte der Seele sammelt? Immer haben die Künstler das Exil nur angeklagt als scheinbare Störung des Aufstiegs, als nutzloses Intervall, als grausame Unterbrechung. Aber der Rhythmus der Natur will solche gewaltsamen Zäsuren. Denn nur wer um die Tiefe weiß, kennt das ganze Leben. [...] Der schöpferische Genius, er vor allem, braucht diese zeitweilig erzwungene Einsamkeit, um von der Tiefe der Verzweiflung, von der Ferne des Ausgestoßenseins den Horizont und die Höhe seiner wahren Aufgabe zu ermessen.«

* * *

Postscriptum I:

Der erste Chronist von Sanary war Barthélémy Rotger, der mit seinen Broschüren und Büchern zur Stadtgeschichte beigetragen und die Erinnerung an die Emigranten wachgehalten hat, die zumeist Kunden im Lebensmittelladen seiner Mutter gewesen waren oder denen er als Junge Lieferungen ins Haus gebracht hatte. Außerdem hat er Forschern und Autoren aus aller Welt selbstlos geholfen, auch dem Verfasser dieses Buches. Heute trägt ein »Rond Point« am nördlichen Ortsrand den Namen des im Jahr 2003 Verstorbenen.

Postscriptum II:

Der Begriff vom Exil im Paradies ist vielleicht etwas zu oft benutzt worden. Schließlich weiß niemand genau, was es mit dem Paradies auf sich hat. In Sanary hingegen kann man sicher sein, Zuflucht, Licht, Gastfreundschaft, Freude und Inspiration zu finden. Hier führen alle Wege der Erinnerung in eine schöpferische Zukunft.

Sanary-sur-Mer

Pour Manfred Flügge

Mer bleu azur
Manteau de brume
Le ciel ouvre le crépuscule

Vagabondages

Formes insolites
Les nuages
Tracent
Des cocons de lumière

Ondes solitaires
Marées éphémères

Au feu des arbres secs
Une pluie d'étincelles
Tombe sur la mer

Entre les pointes de la Cride
Et de la Tourette
Une plage
Émerge de la paroi rocheuse

Havre de paix

Le soleil écarlate
Se meurt
Et le murmure des étoiles
Est le chant
De l'exil en méditerranée

Mireille Podchlebnik

In: Hassoun-Beghin, Sophie und Podchlebnik, Mireille: Exil et Transmissio
Une exposition à Sanary-sur-Mer. Neuilly-sur-Marne 2019, S. 31.

Mireille Podchlebnik
Sanary-sur-Mer
für Manfred Flügge

Azurblaues Meer
zart ummantelt von Nebel
Der Himmel offenbart das Abendrot

diffuse Spuren

wirre Umrisse
Wolken
Ballen sich
Zu Cocons aus Licht

Einzelne Wellen
Flüchtige Wogen

Im Leuchten trockener Bäume
Fällt funkelnder Regen
Aufs Meer herab

Zwischen den Landspitzen von La Cride
Und La Tourette
Erstreckt sich ein Strand
Entlang der Felsenwand

Hort des Friedens

Die scharlachrote Sonne
Erstirbt langsam
Und das Flüstern der Sterne
Wird zum Lied
Des Exils am Mittelmeer.

Übertragung von M. F. und Marie Letrange-Kornetzky, Mitarbeit: Christa Kassner

Installation von Sophie Hassoun Beghin
und Mireille Podchlebnik im Rahmen einer Ausstellung
in Sanary-sur-Mer, Sanary 2018.
(Foto: Bernhard Flam)

Literaturverzeichnis

Bedford, Sybille: *Aldous Huxley*. A biography. London 1973.

–: *Quicksands*. A Memoir. New York 2005.

–: *Zeitschatten*. Reinbek 1992.

Bender, Hans (Hg.): *Annette Kolb – René Schickele: Briefe im Exil*. 1933 bis 1940. Mainz 1987.

Bentmann, Friedrich (Hg.): *René Schickele*. Leben und Werk in Bildern und Dokumenten. Nürnberg 1974.

Bertrand, Louis: *La Riviera que j'ai connue*. Paris 1933.

Bertrand, Nathalie: *Tamaris*. Entre Orient et Occident. Arles 2003.

Betz, Albrecht. *Exil und Engagement*. München 1986.

Boghardt, Julie: *Minna Flake*. Macht und Ohnmacht der roten Frau: Von der Dichtermuse zur Sozialistin. Frankfurt/M. 1997.

Caminade, Pierre: »La statue d'Henri Heine«. In: Actualités de Toulon et du Var, März 1957.

Cassirer, Toni: *Mein Leben mit Ernst Cassirer*. (Ms.) 1950.

Citati, Pietro: *Katherine Mansfield*. Ein kurzes Leben. Hamburg 1998.

Culioli, Raymond: *Portraits et rencontres*. Bandol 2002.

Dumont, Robert: *Stefan Zweig et la France*. Paris 1967.

Eckart, Hanne u. Hubert: *Meine Biographie liegt in der Weltgeschichte. Lisa Fittko (1909–2005) erzählt aus ihrem Leben*. Ein Hörbuch. 3 CDs mit Begleitheft Quedlinbrug 2006.

Feuchtwanger, Lion: *Der Teufel in Frankreich*. Erlebnisse. Tagebuch 1940. Briefe. Berlin ^{2}1992.

Feuchtwanger, Lion: *Ein möglichst intensives Leben. Die Tagebücher*. Hg. von Nele Holdack, Marje Schuetze-Coburn und Michaela Ullmann. Berlin 2018.

Feuchtwanger, Marta: *Nur eine Frau*. München 1983.

Fischer, Klaus-Uwe: *Ludwig Marcuses schriftstellerische Tätigkeiten im französischen Exil 1933–1939*. Kronberg 1976.

Fittko, Lisa: *Mein Weg über die Pyrenäen. Erinnerungen 1940/41*. München 2004.

Fittko, Lisa: *Solidarität unerwünscht. Meine Flucht durch Europa. Erinnerungen 1933–1940*. Frankfurt/M. 1994.

Flügge, Manfred: *Die vier Leben der Marta Feuchtwanger*. Biographie. Berlin 2008.

–: *Gesprungene Liebe*. Die wahre Geschichte zu Jules und Jim. Berlin 1993.

–: Fry, Bingham, Sharp … *Die amerikanischen Retter von Lion und Marta Feuchtwanger*. Hg. vom Kreis der Freunde und Förderer der Villa Aurora e.V. Berlin 2016.

–: *Heinrich Mann*. Biographie. Reinbek 2006.

–: *Muse des Exils. Das Leben der Malerin Eva Herrmann*. Berlin 2012.

–: *Rettung ohne Retter*, oder: Ein Zug aus Theresienstadt. München 2004.

Fontaine, André. *Le camp d'Etrangers des Milles 1939–1944*. Aix-en-Provence 1989.

Fry, Varian: *Auslieferung auf Verlangen. Die Rettung deutscher Emigranten in Marseille 1940/41*. Aus dem Amerikanischen von Jan Hans und Anja Lazarowicz. Hg. von Wolfgang D. Elfe und Jan Hans. München 1986.

Georges-Michel, Michel: *Riviera…, Riviera …* – Chronique. Paris 1934.

Grandjonc, Jacques und Theresia Grundtner (Hg.): *Zone d'ombres*. 1933 bis 1944. Exil et internement d'Allemands et d'Autrichiens dans le sud-est de la France. Aix-en-Provence 1990.

Grautoff-Toller, Christiane: *Die Göttin und ihr Sozialist*. Christiane Grautoffs Autobiographie – ihr Leben mit Ernst Toller. Hg. von Werner Fuld und Albert Ostermaier. Bonn 1999.

Hamann, Brigitte: *Elisabeth*. Kaiserin wider Willen. München 1987.

Hankin, Cherry A.: *Letters between Katherine Mansfield and John Middleton Murry*. London 1988.

Henseling, Louis: *Zigzags dans le Var*. Toulon 1935.

Herrmann, Eva: *Von drüben*. Botschaften, Informationen, Praktische Ratschläge. Remagen 1976.

Herz-Kestranek, Miguel: *… also hab ich nur mich selbst! Stefan Herz-Kestranek – Stationen eines großbürgerlichen Emigranten 1938–1945*. Wien, Köln, Weimar 1997.

Herzog, Wilhelm: *Menschen, denen ich begegnete*. Bern und München 1959.

Hilmes, Oliver: *Witwe im Wahn*. Das Leben der Alma Mahler-Werfel. München 2004.

Hohmann, Lew. *Friedrich Wolf*. Bilder einer deutschen Biographie. Berlin 1988.

Jussieu, Alexis de: *Un dernier chant au Paradis perdu de Milton*. Avignon 1856.

Kantorowicz, Alfred: *Exil in Frankreich*. Merkwürdigkeiten und Denkwürdigkeiten. Frankfurt/M. 1986.

Karavan, Dani: *Hommage an Walter Benjamin. Der Gedenkort Passagen in Portbou*. Hg. von Ingrid und Konrad Hans Scheurmann. Mainz 1995.

Keller, Ulrike: *Otto Zoffs dramatische Werke*. Vom Theater zum Hörspiel. München 1988.

Kerr, Alfred: *Ich kam nach England*. Ein Tagebuch aus dem Nachlass. Hg. von W. Huber und Th. Koebner. Bonn 1979.

Kesten, Hermann: *Deutsche Literatur im Exil. Briefe europäischer Autoren*. Wien, München, Basel 1964.

–: *Lauter Literaten*. Wien, München, Basel 1963.

Klauhs, Harald: *Franz Theodor Csokor*. Leben und Werk bis 1938 im Überblick. Stuttgart 1988.

Köhler, Wolfram: *Der Chef-Redakteur*. Theodor Wolff – ein Leben in Europa. Düsseldorf 1978.

Kolb, Annette: *Memento*. Frankfurt/M. 1960.

Lehfeldt, Christiane: *Der Dramatiker Ferdinand Bruckner*. Göppingen 1975.

Liégeard, Stéphen: *Côte d'Azur*. Paris 1887.

Lützeler, Paul Michael (Hg.): *Der Tod im Exil*. Briefwechsel von Hermann Broch und Annemarie Meier-Graefe. Frankfurt/M. 2001.

Maeterlinck, Maurice: Vorwort zu Borel & Devoluy, *Au gai royaume de l'Azur*. Grenoble 1924.

Mahler-Werfel, Alma: *Mein Leben*. Frankfurt/M. 1987.

Mann, Katia: *Meine ungeschriebenen Memoiren*. Hg. von Elisabeth Plessen und Monika Mann. Frankfurt/M. 1974.

Mann, Klaus: *Der Wendepunkt*. Ein Lebensbericht. Reinbek 1984.

Mann, Klaus: *Tagebücher 1931–1949*. 6 Bde. Hg. von Joachim Heimannsberg u.a. München 1989–1991.

Mann, Klaus und Erika: *Das Buch von der Riviera*. Berlin 1989 (Erstauflage 1931).

Mann, Monika: *Vergangenes und Gegenwärtiges*. Erinnerungen. München 1986.

Mann, Thomas: *Die Briefe*. Regesten und Register. Bd. I. Hg. von H. Bürgin und H.-O. Mayer. Frankfurt/M. 1976.

Mann, Thomas: *Die Tagebücher 1933–1934*. Hg. von Peter de Mendelssohn. Frankfurt/M. 1977.

Mann, Thomas: *Die Tagebücher 1935–1936*. Hg. von Peter de Mendelssohn. Frankfurt/M. 1978.

Marcuse, Ludwig: *Heinrich Heine*. Ein Leben zwischen Gestern und Morgen. Hamburg 1951.

–: *Mein zwanzigstes Jahrhundert*. Zürich 1975.

Maugham, William Somerset: *Auf Messers Schneide*. Zürich 2005.

Meier-Graefe, Julius: *Entwicklungsgeschichte der Modernen Kunst*. München 1966.

–: *Vincent van Gogh*. Der Roman eines Gottsuchers. Berlin, Wien, Leipzig 1932.

Merquiol, André: *La Côte d'Azur dans la littérature française*. Préface de Jules Romains. Nice 1949.

Meyers, Jeffrey: *Somerset Maugham*: A Life. New York 2004.

Mittenzwei, Werner: *Das Leben des Bertolt Brecht oder Der Umgang mit den Welträtseln*. Bd. I. Frankfurt/M. 1987.

Mofett, Kenwoth: *Meier-Graefe as art-critic*. München 1973.

Murray, Nicholas: *Aldous Huxley*. An English Intellectual. London 2002.

Neumann, Robert: *Ein leichtes Leben*. Bericht über mich selbst und Zeitgenossen. Wien, München, Basel 1963.

Nieradka-Steiner, Magali: *Deutsche Emigranten in Sanary-sur-Mer*. Darmstadt 2018.

Olden, Balder: *Paradiese des Teufels*. Biographisches und Autobiographisches. Schriften und Briefe aus dem Exil. Berlin 1977.

Overwien-Neuhaus, Anita: *Eva Herrmann – Zeugin des Exils*. Katalog. Köln 1995.

Parmelin, Hélène: *Une passion pour Sanary*. Paris 1980.

Post-Martens, Annemarie: *PAN-Logismus*. René Schickeles Poetik im Jahr der ›Wende‹ 1933. Frankfurt/M. 2002.

Pross, Steffen: *In London treffen wir uns wieder*. Vier Spaziergänge durch ein vergessenes Kapitel deutscher Kulturgeschichte. Berlin 2000.

Provence, Marcel: *Les Allemands en Provence*. Histoire de l'invasion économique et de l'espionnage allemand dans le midi de la France de 1911–1918. Paris 1919.

Raggam, Miriam: *Walter Hasenclever*. Leben und Werk. Hildesheim 1973.

Renau, Jean-Pierre: *Marius Michel Pacha* (1819–1907). Paris 2006.

Ribot, Henri (Hg.): *Regards sur un terroir: Sanary-sur-Mer*. In: Cahier du Patrimoine Ouest Varois No. 10, Sanary 2004.

Rossmann, Andreas: *Die sanfte Unverschämtheit der Eva Herrmann*. In: Frankfurter Allgemeine Zeitung, 23. 9. 1995.

Rotger, Barthélémy: *La tour romane 1300 racontée par les archives*. Sanary 1996.

–: *Sanary*. Nouveau regard. Sanary-sur-Mer 1991.

Rothe, Frank: *Es ist kein Stein auf ihrem Grab*. In: Freitag, 13. Juli 2001. (Über Katharina Wolf)

Sahl, Hans: *Memoiren eines Moralisten*. München 2008.

Schickele René: *Werke in drei Bänden*. Köln und Berlin 1959.

–: *Die Witwe Bosca*. Roman. Frankfurt/M. 1985.

Schlenstedt, Dieter: *Egon Erwin Kisch*. Leben und Werk. Berlin 1985.

Schmied, Wieland: *W. Thöny*. Porträt eines Einzelgängers. Mit einer Dokumentation von Trude Aldrian. Salburg, 1997

Schoenberner, Franz: *Bekenntnisse eines europäischen Intellektuellen*. München 1964. (Zuerst auf Englisch 1946 in New York erschienen)

–: *Der Weg der Vernunft*. München 1969.

–: *Innenansichten eines Außenseiters*. München 1965.

Schopenhauer, Johanna: *Promenaden unter südlicher Sonne*. Die Reise durch Frankreich 1804. Wien 1825 (Neuausgabe von Gabriele Habinger: Wien 1993).

Schubert, Dietrich: *Jetzt wohin?* Heinrich Heine in seinen verhinderten und errichteten Denkmälern. Köln, Weimar, Wien 1999.

Siemsen, Hans: *Die Geschichte des Hitlerjungen Adolf Goers*. o. O. 1947.

–: *Schriften I, II, III*. Hg. von Michael Föster. Essen 1986 ff.

Skierka, Volker: *Lion Feuchtwanger*. Eine Biographie. Berlin 1984.

Sösemann, Bernd: *Das Ende der Weimarer Republik in der Kritik demokratischer Publizisten*. Berlin 1976.

Souza, Robert de: *Nice – capitale de l'hiver*. Paris 1913.

Stern, Carola: *Die Sache, die man Liebe nennt*. Das Leben der Fritzi Massary. Reinbek 2001.

Sternburg, Wilhelm: *Lion Feuchtwanger*. Ein deutsches Schriftstellerleben. Berlin 1994.

Sternburg, Wilhelm von: *Lion Feuchtwanger. Die Biographie*. Berlin 2014.

Stieler, Hilde: *Die Edelkomparsin von Sanary*. Hg. und übersetzt von Manfred Flügge. Berlin 2009.

Thesing, Susanne: *Der Maler Rudolf Levy* (1875–1944?). München 1975.

Thöny, Wilhelm: … *mit y*. Wilhelm Thöny erzählt und zeichnet. Graz 1953.

Tucholsky, Kurt: *Wandertage in Südfrankreich*. In: Die Weltbühne. Oktober 1925.

Ullmann Wills, Elisabeth: *Babette.* Her life as told to and written by Constance Crawford. New York 2005.

Völker, Klaus: *Bertolt Brecht.* Eine Biographie. München 1976.
von der Heyden-Rynsch, Verena: *Elisabeth von Österreich.* Tagebuchblätter von Constantin Christomanos. München 1983.

Wolf, Friedrich: *Briefe.* Eine Auswahl. Berlin und Weimar 1969.
Wolff, Kurt: *Autoren, Bücher, Abenteuer.* Betrachtungen eines Verlegers. Hg. von Helen Wolff. Berlin 1965.
Worthen, John: *D. H. Lawrence. The Life of an Outsider.* London 2005.
Wunderlich, Heinke: *Spaziergänge an der Côte d'Azur der Literaten.* Zürich 1993.

Dank

Dieses Buch ist eine überarbeitete Fassung des 1998 erstmals erschienenen Bandes *Wider Willen im Paradies. Deutsche Schriftsteller im Exil in Sanary-sur-Mer*. Auch hier stehen Sanary und die deutschen Emigranten im Mittelpunkt, doch werden die englischen Autoren und die Kunstgeschichte der Côte d'Azur stärker berücksichtigt.

Meine jahrelangen Recherchen und Gespräche wurden von der Stadt Sanary großzügig unterstützt. Höhepunkt dieser wundervollen Zusammenarbeit war die Uraufführung meines zweisprachigen Theaterstücks *L'allemand sans peine* im November 2006 im Théâtre Galli (realisiert vom Théâtre-Poème aus Brüssel). Mein Dank gilt Bürgermeister Ferdinand Bernhard, der sich für das kulturhistorische Erbe von Sanary unermüdlich engagiert, und aus seiner Équipe den Damen Patricia Aubert, Annick Ayfre und vielen anderen, aber auch Édouard Leperlier vom Théâtre Galli.

Auch den Archivarinnen der Stadtbibliothek Toulon sei gedankt, allen voran Véronique Gillain, ferner der Kulturdezernentin Colette Gluck.

Unvergessen bleibt mir die Einführung in Geschichte und Geist von Sanary durch den passionierten Chronisten Barthélémy Rotger, der im Jahr 2003 gestorben ist.

Ich bedanke mich bei allen Einwohnern von Sanary, die mir geholfen haben, Anne-Marie Pfeiffer-Bilger (Buchhandlung La Galerie), der Familie Mercier (Hôtel de la Tour), Marcelle und Louis Cavet, Herrn und Frau Chirié, Gilles Iltis, Huguette

Raoulx, Erika Olgiati, Henri Sussman, Colette Haumont, Monique Flepp und Alice Pihan de la Forest, ferner bei Didier Martina-Fieschi (Ollioules), Tink Denis-Hardenbol (Six-Fours) und Anatole Seifert (Six-Fours) sowie bei Madeleine Caminade (La Seyne).

Ohne die treue Unterstützung durch Nathalie J. Huet, vor allem ihre fotografischen Arbeiten, wäre das Buch nicht zustande gekommen.

Mit besonderer Freude denke ich an die vielen Gespräche mit Camille Bondy, deren temperamentvolle Erzählungen mir mehr gaben, als es Lektüre oder Archivstudien gekonnt hätten. Es war ganz natürlich, ihr dieses Buch zu widmen.

Berlin, 1. September 2008

M. F.

Für moralische und praktische Unterstützung während der Arbeit an der Neuauflage unter schwierigen gesundheitlichen Bedingungen bedankt sich der Verfasser bei Amandine Alivon (Sanary), Raphaël Dupouy (Le Lavandou), Gisela Eckstein (Berlin), Bernard Hannotin (Saint-Raphael), Nathalie Huet (Paris), Christa Kassner (Friedenau), Irmtraudt Kuss (Charlottenburg), Peter Knopp (Adlershof) Maria Matschuk (Berlin), Mireille Podchlebnik (Joinville).

Grünau, im März 2019
M. F.

Personenregister

Bildnachweis

Amandine Alivon, Sanary: 253
Akademie der Künste, Berlin: 241
Archiv Aufbau Verlag: 151
CC BY 2.0, FDR Presidential Library & Museum (https: // creative commons.org.licenses/by/2.0/): Eleanor Roosevelt : 191
Deutsches Literaturarchiv Marbach: 111, 137, 143
Feuchtwanger Memorial Library, Special Collections, University of Southern California: 181, 183, 209
Bernhard Flam, Sanary: 289
Bernard Hannotin, Saint-Raphael: 11
Les bibliothèques municipales de Toulon: 83
mauritius images / History and Art Collection / Alamy, Bildnummer: P7WFDX: 157
Nathalie Huet, Paris: 225
Privat: 199, 203
Sammlung Manfred Flügge: 8, 21, 35, 39, 45, 47, 49, 51, 73, 99, 101, 119, 123, 131, 163, 175, 177, 235, 239, 245, 247, 279, 281
Ullstein Bilderdienst: 25, 31, 68, 257, 258, 270
United States Holocaust Memorial Museum: 195
Franz Hessel: Nur was uns anschaut, sehen wir. Ausstellungskatalog. Literaturhaus Berlin 1998: 95